***ACCESO GRATIS** a la Lectura en la Nube*

Para visualizar el libro electrónico en la nube de lectura envíe junto a su nombre y apellidos una fotografía del código de barras situado en la contraportada del libro y otra del ticket de compra a la dirección:

ebooktirant@tirant.com

En un máximo de 72 horas laborales le enviaremos el código de acceso con sus instrucciones.

AUTONOMÍA Y PROTECCIÓN DE LAS PERSONAS CON DISCAPACIDAD EN LA SUCESIÓN MORTIS CAUSA

AUTONOMÍA Y PROTECCIÓN DE LAS PERSONAS CON DISCAPACIDAD EN LA SUCESIÓN MORTIS CAUSA

PILAR MARÍA ESTELLÉS PERALTA

tirant lo blanch
Valencia, 2025

En caso de erratas y actualizaciones, la Editorial Tirant lo Blanch publicará la pertinente corrección en la página web www.tirant.com.

La presente obra ha sido sometida a la revisión de pares ciegos según el protocolo de publicación de la editorial a efectos de ofrecer el rigor y calidad correspondiente tanto en su contenido como en su forma, aplicándose los criterios específicos aprobados por la Comisión Nacional E 016 (BOE num. 286, de 26 de noviembre de 2016).

EDITA: TIRANT LO BLANCH
C/ Artes Gráficas, 14 - 46010 - Valencia
TELFS.: 96/361 00 48 - 50
FAX: 96/369 41 51
Email:tlb@tirant.com
www.tirant.com
Librería virtual: www.tirant.es
DEPÓSITO LEGAL: V-629-2025
ISBN: 978-84-1095-454-0
MAQUETA: Disset Ediciones

Si tiene alguna queja o sugerencia, envíenos un mail a: *atencioncliente@tirant.com*. En caso de no ser atendida su sugerencia, por favor, lea en *www.tirant.net/index.php/empresa/politicas-de-empresa* nuestro procedimiento de quejas.

Responsabilidad Social Corporativa: http://www.tirant.net/Docs/RSCTirant.pdf

Índice

Capítulo 3
Protección de las personas con discapacidad en el derecho de sucesiones del código civil español

Capítulo 4
La desprotección del cónyuge supérstite en situación de discapacidad y/o vulnerabilidad

Capítulo 5
La capacidad en materia sucesoria

La presente obra ha sido financiada por la ayuda CIAORG/2022/42. Conselleria de Innovación, Universidades, Ciencia y Sociedad Digital, Resolución de 26 octubre de 2022. Generalitat Valenciana.

Asimismo, se enmarca en el Proyecto de Investigación PID 2023-1518350B-100 "Impacto social de la tutela civil de las personas con discapacidad", cuyos IP son J.R De Verda y Beamonte y P. Chaparro Matamoros, del Grupo de Investigación Permanente "Persona y Familia" -GIUV 213-1.

Prólogo

Es con gran admiración y respeto que me acerco a la obra de Pilar María Estellés Peralta, "Autonomía y Protección de las Personas con Discapacidad en la Sucesión Mortis Causa". Este libro representa un aporte importante no solo para el ámbito jurídico español, sino para todos aquellos estudiosos y profesionales que, en distintas partes del mundo, se enfrentan a la necesidad urgente de garantizar derechos y protecciones adecuadas para las personas con discapacidad en el contexto sucesorio.

La autora, con una meticulosa y rigurosa investigación, aborda de manera magistral un tema de vital importancia en los tiempos actuales: el equilibrio entre la autonomía personal y la necesaria protección de las personas con discapacidad, especialmente en un momento tan trascendental como el de la sucesión *mortis causa.* Con su profundo conocimiento del derecho civil y su capacidad para contextualizar los cambios normativos en relación con la Convención sobre los Derechos de las Personas con Discapacidad de 2006, Pilar María Estellés Peralta traza un recorrido claro y preciso por los aspectos fundamentales de la sucesión mortis causa, destacando la necesidad de adaptaciones legales que promuevan un enfoque más inclusivo y protector.

El primer capítulo de esta obra, titulado *"Conceptos y grandes líneas del nuevo paradigma de autonomía y protección de las personas con discapacidad"*, constituye un pilar fundamental para comprender las transformaciones legales y conceptuales que subyacen en la normativa actual en torno a los derechos de las personas con discapacidad. La autora, Pilar María Estellés Peralta, introduce con rigor el marco teórico y jurídico que justifica las reformas implementadas en España, con especial énfasis en los principios emanados de la Convención de Nueva York sobre los Derechos de las Personas con Discapacidad de 2006.

El capítulo abre con una retrospectiva histórica que contextualiza el cambio de paradigma hacia una mayor autonomía y protección de este colectivo, evidenciando el impacto transformador de la Convención en el ordenamiento jurídico español. Estellés Peralta subraya no solo la necesidad de adecuar la legislación vigente, sino también la importancia de superar las limitaciones interpretativas que perpetúan modelos paternalistas y restrictivos. Este análisis inicial establece las bases para una discusión más profunda sobre el alcance del artículo 12 de la Convención, eje central en la redefinición de la capacidad jurídica.

A lo largo del capítulo, se aborda de manera exhaustiva el concepto de capacidad jurídica frente a la capacidad de obrar, destacando la relevancia de los apoyos y ajustes razonables para garantizar su pleno ejercicio. La autora, con notable claridad, delimita las implicaciones de estos conceptos en la práctica, explorando cómo deben implementarse mecanismos que respeten la dignidad y la voluntad de las personas con discapacidad. Esta sección no solo es teórica, sino también profundamente práctica, ya que invita al lector a reflexionar sobre los desafíos de aplicar estos principios en contextos concretos.

Otro aspecto crucial tratado en este capítulo es la definición de "persona con discapacidad", tanto en la Convención como en la legislación española. Estellés Peralta examina con precisión los conceptos jurídicos de discapacidad y vulnerabilidad, resaltando las dificultades y lagunas que pueden surgir en su interpretación. Este análisis resulta particularmente valioso, ya que evidencia cómo estas indefiniciones pueden afectar la eficacia de las medidas de apoyo y protección previstas.

En resumen, este primer capítulo no solo introduce los fundamentos teóricos del nuevo paradigma de autonomía y protección, sino que también sienta las bases para las discusiones posteriores de la obra. La claridad y profundidad del análisis de Pilar María Estellés Peralta convierten esta sección en una guía imprescindible para académicos, juristas y profesionales que deseen comprender y aplicar las reformas legislativas en beneficio de las personas con discapacidad. Es un llamado a la reflexión y a la acción, para que el derecho se convierta en una herramienta real de inclusión y respeto a la diversidad.

El segundo capítulo constituye un pilar central en el análisis jurídico contemporáneo orientado a la protección y la autonomía de las personas con discapacidad. En un contexto marcado por las profundas transformaciones introducidas por la Convención sobre los Derechos de las Personas con Discapacidad de 2006 y su implementación en el ordenamiento jurídico español mediante la Ley 8/2021, este capítulo explora con gran profundidad uno de los temas más innovadores y complejos: el diseño y funcionamiento de las medidas voluntarias de apoyo como instrumentos que buscan equilibrar la autonomía individual y la protección frente a la vulnerabilidad.

Desde una perspectiva amplia, la autora aborda el concepto de autonomía como un derecho inalienable que debe estar en el centro de cualquier reforma legislativa relativa a la discapacidad. En este sentido, las medidas voluntarias de apoyo son presentadas no solo como herramientas jurídicas, sino como un medio para que las personas con discapacidad puedan participar activamente en la toma de decisiones que afectan sus vidas, respetando y reforzando su voluntad y preferencias. Este enfoque trasciende la tradicional lógica tutelar, orientándose hacia un modelo emancipador que privilegia el respeto por la dignidad personal, en consonancia con el artículo 12 de la Convención de Nueva York.

El capítulo comienza con una detallada exposición sobre el régimen de las medidas de apoyo voluntarias, explorando los elementos normativos y prácticos que las definen. Pilar María Estellés no solo explica los fundamentos legales de estas medidas, sino que también se detiene en las limitaciones que deben regirlas, como la prevención de la influencia indebida y los conflictos de interés. Estos aspectos son analizados con rigor, destacándose la necesidad de salvaguardar tanto la autonomía del individuo como su protección frente a eventuales abusos. La autora subraya que, aunque la libertad de disponer de medidas voluntarias es amplia, esta no puede ser absoluta, pues debe estar condicionada por principios éticos y jurídicos que garanticen el respeto a la integridad de las personas con discapacidad.

En una segunda sección, el texto profundiza en los tipos específicos de medidas voluntarias de apoyo, haciendo un análisis crítico de las previsiones de autotutela, los poderes y mandatos preventivos, y las transformaciones que estas figuras han experimentado tras la reforma legislativa. La transición conceptual de la autotutela hacia la autocuratela es analizada como una evolución normativa que refleja el cambio de paradigma hacia un modelo más centrado en el protagonismo de la persona con discapacidad. Este cambio, aunque prometedor, no está exento de desafíos, especialmente en lo que respecta a unas dificultades interpretativas y la necesidad de adaptar estas herramientas a la realidad práctica de los usuarios.

Particular interés suscita el análisis sobre los poderes y mandatos preventivos, que la autora disecciona con notable profundidad. Pilar María Estellés examina cuestiones esenciales, como la indefinición legislativa que todavía rodea a estas figuras y la necesidad de distinguir entre representación, mandato y poder en el contexto del nuevo marco normativo. En este sentido, el capítulo ofrece una visión panorámica y detallada de las capacidades y limitaciones de las personas apoderadas, subrayando la importancia de garantizar que los designados cumplan con requisitos específicos de aptitud y compromiso ético para evitar posibles abusos o desvirtuaciones del objetivo de estas medidas.

Una parte significativa del capítulo está dedicada a explorar el papel de las medidas voluntarias de apoyo en el ámbito sucesorio. La autora profundiza en cuestiones prácticas como la capacidad para otorgar testamento, aceptar o repudiar herencias, y participar en la partición de bienes. Este análisis pone de manifiesto cómo las medidas de apoyo pueden adaptarse a las necesidades particulares de las personas con discapacidad, permitiéndoles ejercer sus derechos sucesorios de manera efectiva y respetuosa de su autonomía. La relación entre estas herramientas y las disposiciones testamentarias adquiere especial relevancia, pues la autora no solo analiza el marco jurídico actual, sino que también propone mejoras que podrían contribuir a una mayor protección y efectividad en su aplicación.

Además, el capítulo aborda la problemática de los poderes preventivos otorgados antes de la reforma legislativa, proponiendo soluciones que permitan su modificación o complemento para adecuarlos al nuevo marco jurídico. Este aspecto refleja la preocupación de la autora por ofrecer un enfoque integral que contemple tanto los casos futuros como los ya existentes, evitando lagunas legales que puedan generar inseguridad jurídica o perjuicio para las personas con discapacidad.

En su conjunto, este capítulo no solo es un análisis técnico y exhaustivo de las medidas voluntarias de apoyo, sino también una reflexión profunda sobre los desafíos éticos y jurídicos que plantea su implementación en un sistema legal que busca ser verdaderamente inclusivo. Pilar María Estellés Peralta demuestra una notable capacidad para conectar los aspectos teóricos con las implicaciones prácticas, logrando un equilibrio entre el análisis doctrinal y las propuestas concretas para mejorar la legislación y su aplicación.

Este capítulo, en definitiva, trasciende el ámbito del derecho sucesorio para erigirse como una aportación clave al debate sobre la autonomía y la protección de las personas con discapacidad en el derecho contemporáneo. Su enfoque riguroso y multidimensional lo convierte en una herramienta indispensable para juristas, legisladores y académicos interesados en construir un marco legal que, más allá de proteger, empodere y dignifique a las personas con discapacidad, consolidando su posición como sujetos plenos de derechos en todos los aspectos de la vida jurídica.

El capítulo tercero constituye una aportación fundamental para comprender las innovaciones y desafíos del derecho sucesorio en el marco del nuevo paradigma jurídico. Bajo el título "Protección de las Personas con Discapacidad en el Derecho de Sucesiones del Código Civil Español", la autora realiza un análisis profundo y crítico de las herramientas legales destinadas a garantizar la protección de las personas con discapacidad en el ámbito sucesorio, abordando tanto su diseño teórico como su aplicación práctica.

El capítulo inicia con una introducción que contextualiza la importancia de adaptar el derecho de sucesiones a las necesidades específicas de las personas con discapacidad. En este marco, Pilar María Estellés destaca la transición desde un enfoque tradicionalmente patrimonial hacia uno centrado en la persona, donde la voluntad y las preferencias del individuo con discapacidad ocupan un lugar central. Este cambio, impulsado por la Ley 8/2021, refleja la influencia de la Convención de Nueva York sobre los Derechos de las Personas con Discapacidad y su impacto en el ordenamiento jurídico español.

A partir de esta base, el capítulo desarrolla un análisis exhaustivo de las medidas de protección sucesoria desde diversas perspectivas. En primer lugar, se examinan las disposiciones testamentarias de terceros en favor de personas con discapacidad, identificando las figuras más relevantes, como la delación de curador testamentario, la constitución de administraciones separadas para bienes heredados y las sustituciones fideicomisarias. La autora subraya cómo estas herramientas, aunque diseñadas para proteger, deben equilibrarse con el respeto a la autonomía de la persona beneficiaria, evitando caer en prácticas restrictivas o paternalistas.

Un apartado especialmente valioso es el dedicado al legado del derecho de habitación sobre la vivienda habitual, una figura que la autora explora en detalle por su relevancia práctica y su capacidad para garantizar la estabilidad y seguridad del entorno vital de las personas con discapacidad. Pilar María Estellés destaca aquí la necesidad de adaptar esta institución a las particularidades de cada caso, asegurando que cumpla su función protectora sin vulnerar otros derechos sucesorios.

Otro tema central del capítulo es el análisis crítico de la supresión de la sustitución ejemplar y su conversión en una sustitución fideicomisaria de residuo, tal como establece la Disposición Transitoria Cuarta. La autora argumenta que esta transformación legislativa, aunque bienintencionada, puede generar inseguridades jurídicas y limitar la flexibilidad del testador para diseñar medidas específicas de protección en favor de la persona con discapacidad. En este sentido, se aboga por un enfoque más equilibrado que combine la simplicidad normativa con la adaptabilidad a las necesidades individuales. Si bien la tesis de la autora está muy bien fundamentada, no coincido del todo con este punto. Tal vez influido por la experiencia jurídica italiana, donde esta institución no existe, considero que la eliminación de la sustitución ejemplar representa un avance positivo. No obstante, de haberse querido mantener, habría sido necesario replantearla como una forma particular de apoyo, limitada únicamente a aquellos casos en los que existiera una imposibilidad absoluta y total de la persona con discapacidad para tomar decisiones por sí misma.

El capítulo también aborda la ampliación de la libertad del testador como herramienta para fortalecer la protección de las personas con discapacidad. Este análisis incluye propuestas innovadoras que buscan flexibilizar las restricciones tradicionales del derecho sucesorio, permitiendo a los testadores diseñar disposiciones más personalizadas y eficaces. En este contexto, la autora reflexiona sobre la importancia de redimensionar figuras como la legítima alimenticia o sucesoria, adaptándolas a las realidades de vulnerabilidad y dependencia.

Además, se presta especial atención a otros mecanismos de protección, como la conversión y reducción de las legítimas, y la revalorización de la donación mortis causa con fines asistenciales o retributivos. Pilar María Estellés destaca cómo estas figuras pueden desempeñar un papel crucial en la construcción de un sistema sucesorio más inclusivo, que no solo proteja los derechos patrimoniales de las personas con discapacidad, sino que también garantice su dignidad y bienestar.

Finalmente, la autora examina el recurso al usufructo testamentario como una herramienta flexible y versátil para cubrir necesidades específicas de las personas con discapacidad, particularmente en situaciones de dependencia económica o vulnerabilidad extrema. Este análisis, respaldado por propuestas concretas, refuerza el compromiso del capítulo con un enfoque práctico y orientado a la solución de problemas reales.

En su conjunto, el capítulo tercero de esta obra no solo ofrece un análisis técnico y detallado del derecho sucesorio en relación con la discapacidad, sino que también plantea una reflexión sobre el papel del legislador, el notariado y los operadores jurídicos en la construcción de un sistema más justo e inclusivo. Pilar María Estellés Peralta logra combinar de manera magistral la profundidad académica con la claridad expositiva, convirtiendo este capítulo en una lectura imprescindible para juristas, académicos y legisladores interesados en promover la igualdad y la autonomía de las personas con discapacidad en el ámbito sucesorio.

Con esta aportación, la autora no solo enriquece el debate jurídico, sino que también proporciona herramientas prácticas para abordar los retos y oportunidades que plantea la protección de las personas con discapacidad en el derecho sucesorio contemporáneo.

El cuarto capítulo constituye una reflexión crítica y profunda sobre una de las aristas más desatendidas del derecho sucesorio en el contexto español: la protección del cónyuge supérstite, particularmente cuando enfrenta situaciones de discapacidad o vulnerabilidad. Este apartado se erige como un análisis indispensable que combina una mirada retrospectiva y propositiva, señalando las deficiencias normativas actuales mientras traza caminos para su superación.

El capítulo comienza con una cuestión preliminar que enmarca la problemática central: la necesidad de replantear los derechos sucesorios del cónyuge viudo en función de las transformaciones sociales y jurídicas contemporáneas. En este contexto, la autora denuncia de manera persuasiva la evidente injusticia que supone la insuficiencia de las disposiciones sucesorias para garantizar una protección adecuada al cónyuge sobreviviente, especialmente cuando este se encuentra en condiciones de especial fragilidad.

La exposición de estas deficiencias se aborda desde dos vertientes fundamentales: la legítima y la sucesión intestada. En cuanto a la primera, se pone de manifiesto cómo el marco legal vigente limita el acceso del cónyuge viudo a una legítima que, en términos prácticos, resulta insuficiente para cubrir sus necesidades vitales, especialmente cuando enfrenta una situación de discapacidad que agrava su vulnerabilidad. Por su parte, la regulación de la sucesión intestada es objeto de una crítica igualmente incisiva, evidenciando cómo esta estructura tradicional no responde adecuadamente a las realidades actuales, dejando al cónyuge viudo en una posición de desamparo ante la falta de previsiones específicas que contemplen sus circunstancias particulares.

A partir de este diagnóstico, la autora plantea de manera clara y contundente la necesidad de reconsiderar los derechos sucesorios del cónyuge viudo, presentando argumentos que no solo apelan a la justicia material, sino también a la coherencia con los principios rectores del derecho de familia y de sucesiones. En esta línea, se destacan varias propuestas concretas para reformar tanto la legítima como la sucesión intestada. Estas reformas buscan equilibrar la protección del cónyuge supérstite con los intereses de otros herederos, priorizando siempre el principio del interés superior del individuo en situación de vulnerabilidad.

La discusión sobre la legítima introduce un elemento de innovación jurídica mediante la revisión de la figura de la *cautela socini*, explorando su potencial como herramienta para fortalecer la posición del cónyuge viudo. Este análisis se acompaña de una invitación a revalorar los derechos abintestato del cónyuge, proponiendo ajustes que permitan que el sistema sucesorio sea más inclusivo y adaptable a las necesidades actuales.

En su parte final, el capítulo despliega una reflexión sobre el interés habitacional del cónyuge supérstite, abordando el problema desde diversas perspectivas y ofreciendo soluciones concretas para garantizar la protección del derecho a la vivienda familiar. Entre las propuestas destacan la atribución del usufructo de la vivienda al cónyuge viudo, el reconocimiento del uso preferente de la vivienda familiar para quienes enfrentan discapacidad, y la incorporación de mecanismos legales que faciliten la sucesión en arrendamientos. Estas medidas no solo buscan amparar los derechos del cónyuge supérstite, sino que también reflejan una sensibilidad hacia las particularidades de cada caso, evitando respuestas normativas uniformes que ignoren las realidades individuales.

De manera admirable, la autora no se limita a un enfoque teórico, sino que enriquece su análisis con ejemplos prácticos y un diálogo constante entre las normas existentes y su aplicación en la realidad. Esta capacidad para vincular el derecho sucesorio con los principios de dignidad, autonomía y protección que inspiran las normativas internacionales y nacionales sobre discapacidad, confiere al capítulo una profundidad y relevancia únicas.

Aunque las consideraciones de la autora del libro son en gran parte compartidas y bien fundamentadas, es esencial evitar, en el intento de ofrecer una adecuada protección sucesoria al cónyuge, caer en excesos. Un ejemplo de ello se encuentra en el derecho italiano, donde existe una superprotección sucesoria para el cónyuge, incluso superior a la de los hijos. No solo este sistema italiano no me convence en absoluto, sino que estoy convencido de que merecería una profunda reforma que limite de manera significativa los derechos sucesorios del cónyuge. Por supuesto, sería pertinente prever adaptaciones que refuercen estos derechos, pero exclusivamente en los casos en que el cónyuge sea una persona con discapacidad.

El quinto capítulo aborda una de las cuestiones más complejas y esenciales dentro del derecho sucesorio: la capacidad jurídica de las personas con discapacidad en relación con su participación en el ámbito hereditario. Este apartado, que constituye un pilar fundamental del libro, no solo desentraña los desafíos legales que persisten en este terreno, sino que también ofrece un análisis profundo y crítico sobre las reformas necesarias para garantizar el respeto a los principios de igualdad y dignidad que proclama la Convención sobre los Derechos de las Personas con Discapacidad de 2006.

El capítulo inicia destacando la desigualdad conceptual que históricamente ha marcado la regulación de la capacidad en materia sucesoria. La autora subraya que el concepto de discapacidad sigue siendo tratado con un enfoque fragmentario e inconsistente dentro del Código Civil español, perpetuando así un régimen normativo que, lejos de promover la inclusión efectiva, contribuye a reforzar barreras jurídicas y sociales para las personas con discapacidad. Este diagnóstico inicial es el punto de partida para examinar, con rigor jurídico y sensibilidad social, cómo las nociones tradicionales de capacidad jurídica y de obrar han sido puestas en cuestión por la evolución de los derechos fundamentales.

En relación con la capacidad para testar, el capítulo ofrece una reflexión detallada sobre los requisitos que deben cumplirse para garantizar que una persona con discapacidad pueda expresar su voluntad de manera plena y efectiva. Aquí, la autora analiza cuestiones clave como la capacidad de comprender el alcance de las disposiciones testamentarias, la capacidad de manifestar o expresar dicha voluntad y la relevancia del juicio de capacidad que debe emitir el notario autorizante. A través de este análisis, se pone de relieve la necesidad de introducir ajustes razonables y apoyos adecuados que permitan a las personas con discapacidad participar activamente en el acto de testar, sin que ello implique una merma en su autonomía ni una exposición indebida a influencias externas.

Especial mención merece la reflexión sobre las capacidades requeridas para testar en los distintos tipos de testamento notarial, abierto y cerrado. La autora explora cómo las particularidades de cada modalidad pueden representar obstáculos específicos para las personas con discapacidad, y argumenta que una adecuada capacitación del notariado, junto con una interpretación proactiva de los principios de la Convención, es indispensable para superar estos retos.

En lo que respecta a la capacidad para suceder, el capítulo denuncia las limitaciones que introduce el artículo 753 del Código Civil al establecer incapacidades relativas en relación con las personas con discapacidad. Estas incapacidades, que afectan especialmente a quienes desempeñan roles de cuidado, gestión o asistencia, son objeto de un análisis crítico que expone cómo, en ocasiones, estas disposiciones pueden derivar en una sobreprotección paternalista que priva a las personas con discapacidad de su derecho a designar libremente a sus beneficiarios. Asimismo, se examina el artículo 756, que regula la indignidad para suceder, poniendo énfasis en la necesidad de equilibrar la protección de la persona con discapacidad con la sanción a comportamientos contrarios a sus intereses y derechos.

El capítulo también dedica un extenso apartado a la capacidad de las personas con discapacidad para aceptar y repudiar herencias, legados y para intervenir en la partición de la herencia. La autora identifica las debilidades del sistema actual, como la posición precaria del heredero frente a las deudas del causante o las dificultades prácticas que enfrentan las personas con discapacidad al momento de participar en procesos particionales. Estas cuestiones son analizadas a la luz de los principios de autonomía y apoyo, enfatizando la importancia de mecanismos que permitan una toma de decisiones verdaderamente informada y libre de presiones indebidas.

Por último, pero no menos importante, el capítulo aborda las cuestiones técnicas relacionadas con la colación, la partición realizada por contador-partidor y la partición convencional, aspectos que a menudo presentan una especial complejidad para las personas con discapacidad. La autora no solo explica las implicaciones prácticas y legales de estos procedimientos, sino que también plantea propuestas para garantizar una mayor accesibilidad y equidad en su aplicación.

En su conjunto, este capítulo no es solo un análisis jurídico exhaustivo, sino también una llamada a la acción para superar las inconsistencias y lagunas que todavía permean la normativa sucesoria en relación con las personas con discapacidad. Pilar María Estellés Peralta, con su estilo elegante y preciso, nos invita a repensar los cimientos del derecho sucesorio desde una perspectiva inclusiva, comprometida con la defensa de los derechos humanos. Al hacerlo, nos recuerda que el verdadero reto no radica únicamente en adaptar las leyes a los nuevos paradigmas, sino en garantizar que estas transformaciones tengan un impacto real y positivo en la vida de las personas a las que están destinadas a proteger.

Así, este capítulo se erige como un testimonio del esfuerzo por armonizar el derecho sucesorio con los valores de autonomía, dignidad y respeto que deben guiar toda sociedad moderna. Una obra imprescindible para juristas, legisladores y estudiosos que buscan construir un marco jurídico más justo y solidario.

La obra *"Autonomía y protección de las personas con discapacidad en la sucesión mortis causa"* de Pilar María Estellés Peralta constituye una aportación importante para el análisis del derecho sucesorio en relación con las personas con discapacidad, desde una perspectiva que conjuga rigor jurídico, sensibilidad social y una profunda comprensión de los principios que subyacen en la Convención sobre los Derechos de las Personas con Discapacidad (CDPD). Este tratado no solo es un ejercicio académico exhaustivo, sino también un compromiso con la inclusión, la dignidad y la autonomía de uno de los colectivos más vulnerables en el ámbito de las relaciones jurídicas.

Desde sus primeras páginas, la autora nos sumerge en un debate fundamental: cómo garantizar que el derecho sucesorio, tradicionalmente anclado en principios patrimonialistas y una interpretación conservadora de la capacidad jurídica, pueda adaptarse a las exigencias de una sociedad que ha adoptado el paradigma de los derechos humanos como marco irrenunciable. Este cambio de paradigma exige revisar no solo normas específicas, sino también los fundamentos mismos que informan el derecho privado y, en particular, el derecho de sucesiones.

La autora aborda con maestría la tarea de identificar las tensiones entre la legislación sucesoria tradicional y los mandatos de la CDPD, señalando cómo estas tensiones se traducen en situaciones de desprotección o, por el contrario, en soluciones paternalistas que menoscaban la autonomía de las personas con discapacidad. Este enfoque no solo destaca por su carácter crítico, sino también por su vocación constructiva: cada cuestionamiento se acompaña de propuestas concretas que buscan armonizar el respeto a la voluntad del causante y los derechos de las personas beneficiarias con discapacidad.

Uno de los grandes logros de esta obra es su capacidad para articular un análisis jurídico minucioso con una perspectiva humanista que coloca en el centro de la reflexión a las personas. Estellés Peralta no se limita a un examen doctrinal o jurisprudencial; por el contrario, contextualiza las problemáticas jurídicas en escenarios reales que ilustran las dificultades a las que se enfrentan las personas con discapacidad en el ámbito sucesorio. Este enfoque otorga a la obra un carácter práctico que la convierte en una herramienta valiosa tanto para académicos como para operadores jurídicos.

Un aspecto particularmente destacable de este libro es la claridad con la que se abordan conceptos complejos, como la capacidad jurídica y la capacidad de obrar, así como la necesidad de introducir ajustes razonables y medidas de apoyo para garantizar la participación efectiva de las personas con discapacidad en la vida jurídica. La autora analiza con detalle cómo estas medidas pueden aplicarse en el ámbito sucesorio, abordando cuestiones tan diversas como la capacidad para testar, las previsiones testamentarias en favor de personas con discapacidad, o los poderes preventivos en relación con la aceptación o repudiación de herencias. Este análisis se desarrolla con un enfoque innovador que combina el respeto por la tradición jurídica española con una visión proactiva y orientada al cambio.

La metodología de Estellés Peralta también merece ser resaltada. La autora no solo recurre a una exhaustiva revisión de la legislación vigente y de las reformas introducidas por la Ley 8/2021, sino que también incorpora un análisis comparado que enriquece significativamente la obra. Este enfoque permite situar el derecho español en un contexto internacional y ofrece a los lectores una visión más amplia de los retos y oportunidades que plantea la regulación de la capacidad y la protección de las personas con discapacidad en el derecho sucesorio.

Otro elemento que otorga singularidad a esta obra es su capacidad para anticiparse a las necesidades de reforma y desarrollo normativo. A lo largo del texto, la autora identifica con precisión las lagunas, inconsistencias y contradicciones que persisten en el ordenamiento jurídico español, y propone soluciones que, sin duda, serán de gran utilidad para futuros procesos legislativos. Esta capacidad prospectiva refuerza el valor de la obra como referencia indispensable en la materia.

En términos de estilo, el libro destaca por una redacción elegante y precisa que facilita la comprensión de temas complejos sin sacrificar el rigor académico. Cada capítulo está estructurado de manera clara y coherente, lo que permite al lector seguir el hilo argumentativo de forma fluida. Además, el uso de ejemplos prácticos y casos ilustrativos aporta una dimensión pedagógica que enriquecerá tanto a estudiantes como a profesionales del derecho.

En definitiva, *"Autonomía y protección de las personas con discapacidad en la sucesión mortis causa"* es una obra que trasciende el ámbito del derecho sucesorio para situarse como un referente en el estudio del derecho de las personas con discapacidad. Pilar María Estellés Peralta ha logrado un equilibrio entre la teoría y la práctica, entre la crítica y la propuesta, y entre el rigor jurídico y el compromiso social. Este libro no solo invita a reflexionar sobre los retos jurídicos que plantea la inclusión de las personas con discapacidad, sino que también inspira a trabajar por un ordenamiento jurídico más justo, inclusivo y respetuoso de la dignidad humana. Una obra imprescindible para juristas, académicos, legisladores y cualquier persona comprometida con la construcción de una sociedad más igualitaria.

No quisiera concluir este prólogo sin dedicar unas palabras a la persona detrás de esta obra, Pilar María Estellés Peralta.

Más allá de la brillantez académica que indudablemente la define, Pilar es una persona que irradia humanidad y compromiso en cada ámbito de su vida.

Hablar de Ella es una oportunidad para destacar la figura de una profesional rigurosa y una persona cuya calidad humana marca una diferencia real. La conozco desde hace tiempo y he tenido la suerte de trabajar con ella en diferentes contextos académicos y didácticos, entre los que destaco un proyecto COIL que compartimos. Esa experiencia fue un claro ejemplo de su capacidad para combinar profesionalidad y cercanía, siempre buscando crear un ambiente de trabajo productivo y colaborativo.

Pilar tiene una habilidad natural para conectar con las personas. Su estilo de liderazgo no se impone, sino que construye confianza y motiva a los demás a dar lo mejor de sí mismos. En los proyectos que hemos compartido, he podido observar cómo sus aportaciones iban más allá de lo estrictamente necesario, aportando ideas claras y soluciones prácticas que siempre sumaban valor.

Lo que distingue a Pilar, más allá de su indudable competencia profesional, es su capacidad para mantener un enfoque humano en todo lo que hace. Sabe escuchar, valorar las opiniones de los demás y actuar con equilibrio. Es una persona que no busca protagonismo, pero cuyo trabajo y actitud generan un impacto notable en quienes la rodean.

En el plano personal, Pilar es una amiga en quien se puede confiar. Tiene una forma de ser que combina empatía y sensatez, y esto la convierte en alguien con quien es fácil hablar, incluso sobre temas complejos o delicados. Su presencia es siempre constructiva: aporta calma en momentos difíciles y perspectiva cuando las cosas parecen complicarse.

Es raro encontrar personas que logren equilibrar tan bien lo profesional y lo personal, y Pilar es una de esas excepciones.

Su forma de trabajar refleja disciplina y atención al detalle, pero también un compromiso genuino con el bienestar de los demás. Ese equilibrio es, quizá, una de sus mayores fortalezas y algo que hace que quienes trabajamos con ella aprendamos no solo de su conocimiento, sino también de su manera de estar en el mundo.

En resumen, Pilar María Estellés Peralta es alguien que destaca por su rigor, su capacidad de liderazgo y su cercanía humana. Tanto como colega como amiga, es una persona con quien siempre es un privilegio colaborar. Sus aportaciones no solo enriquecen los proyectos en los que participa, sino también a quienes tienen la oportunidad de compartir con ella el camino.

Vincenzo Barba

Ordinario di Diritto Privato
Università di Roma "La Sapienza"

Capítulo 1

Conceptos y grandes líneas del nuevo paradigma de autonomía y protección de las personas con discapacidad

I. RETROSPECTIVA DE UN CAMBIO ANUNCIADO

Indudablemente, desde que se aprobara en 2006 la Convención de Naciones Unidas sobre los derechos de las personas con discapacidad, tarde o temprano se alcanzaría el cambio que la misma propiciaba, esto es, la superación del modelo médico, asistencial o terapéutico en favor de otro modelo social[1] que un sector doctrinal califica no de mero capricho legislativo, sino, de una cuestión de derechos humanos[2].

---

1 En Calaza López, S.: "Incógnitas procesales persistentes en el nuevo escenario sustantivo de la discapacidad", *Revista de Derecho Civil, vol.* IX, núm. 3, julio-septiembre, 2022, pp. 53-85.

2 García Rubio, M.P.: "Notas sobre el propósito y el significado del Anteproyecto de Ley por el que se reforma la legislación civil y procesal para el apoyo a las personas con discapacidad en el ejercicio de su

Hasta llegar a ello, el proceso legislativo ha sido largo, muy largo. Sus orígenes se remontan a los años 40 del pasado siglo y su plasmación en la Convención de Nueva York, tuvo lugar el 13 de diciembre de 2006 (en adelante la Convención) aprobada por la Asamblea General de Naciones Unidas[3] y ratificada por España a través del Instrumento de Ratificación de 23 de noviembre de 2007, en vigor desde el 3 de mayo de 2008.

Así pues, para implementar la Convención, pese a su aprobación en 2006 y su ratificación en 2008 -en que ya formaba parte de nuestro Derecho-, habrá que esperar hasta junio de 2021, mediante la Ley 8/2021, de 2 de junio, para el apoyo a las personas con discapacidad en el ejercicio de su capacidad jurídica (en adelante Ley 8/2021). La reforma establece que las personas con discapacidad gozan de plena capacidad en el ejercicio de sus derechos (en algunos casos, con los apoyos necesarios) y en la asunción de sus obligaciones[4]. Sin embargo, en nuestro país ya con anterioridad se habían aprobado distintos textos legislativos protectores de las personas con

---

capacidad jurídica", en *Jornadas sobre el nuevo modelo de discapacidad*, Ed. Marcial Pons, Madrid, 2020, pp. 39-62, en p. 61.

3 Previamente cabe mencionar la sensibilización de los Estados mediante algunos instrumentos y declaraciones para la mejora de la situación jurídica y social de las personas con discapacidad como (utilizando la terminología de aquellos tiempos) la Declaración de los Derechos de las Personas Mentalmente Retardadas de 1971; la Declaración de los Derechos de las Personas Discapacitadas de 1975; la Declaración por la Asamblea General de las Naciones Unidas del año 1981 como "Año internacional de las Personas Discapacitadas"; o la aprobación en 1982 del "Programa de Acción Mundial para los Impedidos"; o la "Década para las personas Discapacitadas" que abarcó desde 1983 a 1992; asimismo, la Resolución de 20 de diciembre de 1993 que aprobó las Normas Uniformes en materia de igualdad de oportunidades para las personas con discapacidad o la Resolución del Consejo Económico y Social de 2000, entre otras.

4 En el mismo sentido, Calaza López, S.: "Incógnitas procesales", cit., p. 55.

discapacidad, como la Ley 41/2003, de 18 de noviembre, de protección patrimonial de las personas con discapacidad y de modificación del Código Civil, de la Ley de Enjuiciamiento Civil y de la Normativa Tributaria con esta finalidad (en adelante Ley 41/2003), la Ley 51/2003, de 2 de diciembre, de igualdad de oportunidades, no discriminación y accesibilidad universal de las personas con discapacidad (en adelante Ley 51/2003) o el RDL 1/2013, de 29 de noviembre, por el que se aprueba el Texto Refundido de la Ley General de derechos de las personas con discapacidad y de su inclusión social (en adelante LGD).

Antes de analizar de qué manera la reforma propiciada por la Ley 8/2021 concede mayor autonomía y protección a las personas con discapacidad en la sucesión mortis causa, conviene analizar el fundamento y origen de esta reforma y algunos cambios en el sistema de apoyos a las personas con discapacidad que, sin duda, han propiciado y mejorado su autonomía y protección a distintos niveles, tanto jurídico como personal, social o familiar. No obstante, nos detendremos en los posibles avances o progresos que ha supuesto en materia sucesoria, en las carencias detectadas y en propuestas de mejora.

1. *La Convención de 2006 y su incidencia en el ordenamiento jurídico español*

La Convención tiene como propósito, promover, proteger y asegurar el goce pleno y en condiciones de igualdad de todos los derechos humanos y libertades fundamentales por todas las personas con discapacidad (art.1 Convención). Asimismo, supone un importante giro en la forma de entender la discapacidad hasta ese momento. La Convención es el resultado de un lago proceso legislativo fruto, además, de la colaboración de las personas afectadas.

Hasta su aprobación, la cuestión más debatida en el Grupo de Trabajo del Comité fue la cuestión de la capacidad de las personas con discapacidad[5] con el fin de asegurar el pleno disfrute, en igualdad de condiciones, de los derechos humanos y libertades fundamentales[6]. Precisamente, la definición de qué debe entenderse por capacidad jurídica o "legal capacity" constituyó el caballo de batalla por las diferencias interpretativas y de regulación en los diferentes Estados Partes y finalmente el término "legal capacity" ha quedado definido como la titularidad de derechos, además de su ejercicio[7].

En este sentido, la Observación General núm. 1, al art. 12 de la Convención, de 31 de marzo a 11 de abril de 2014, del Comité sobre los Derechos de las Personas con Discapacidad (en adelante Observación General núm. 1), en su párrafo 12 distingue:

> "La capacidad jurídica incluye la capacidad de ser titular de derechos y la de actuar en derecho. La capacidad jurídica de ser titular de derechos concede a la persona la protección plena de sus derechos por el ordenamiento jurídico. La capacidad jurídica de actuar en derecho reconoce a esa persona como actor facultado para realizar transacciones y para crear relaciones jurídicas, modificarlas o ponerles fin".

5 *Vid.* Gete Alonso y Calera, M. C.: "Conceptuación de la capacidad: del paternalismo a la autonomía", en *Un nuevo derecho para las personas con discapacidad* (dir. por G. Cerdeira Bravo De Mansilla), Olejnik, Santiago de Chile, 2021, pp. 25-48.

6 *Vid.* Barba, V.: "El art. 12 de la Convención sobre los derechos de las personas con discapacidad de Nueva York, de 13 de diciembre de 2006", en *La discapacidad: una visión integral y práctica de la Ley 8/2021, de 2 de junio* (dir. por J. R. De Verda), Tirant lo Blanch, Valencia, 2022, pp. 23-55, en p. 26.

7 Así, en Barba, V.: "El art. 12", cit., p. 28 y ss.

Polémica cuestión que ha originado numerosos problemas de interpretación y reservas de los Estados Partes -aunque el término ha sido aceptado por la mayoría de países sin reserva alguna-. Los distintos tipos de reserva Barba los divide en tres categorías: a) la reserva de aquellos Estados contrarios a interpretar el concepto "capacidad jurídica" en el sentido de que incluya la capacidad de obrar (Egipto, Estonia, Kuwait, Polonia, Siria y Venezuela); b) la reserva de aquellos Estados que aceptan el cambio de paradigma pero manteniendo ciertas medidas que limitan la capacidad de obrar y el nombramiento de un representante, con poder de decisión en nombre y representación de la persona con discapacidad (Australia, Canadá); y c) la reserva de aquellos Estados que se oponen a algunas de la disposiciones de la Convención que implican indirectamente un cambio de paradigma (arts. 15, 23 o 29) entre los que se cuentan Francia, Países Bajos o Singapur[8].

Así pues, en opinión de Barba no se puede albergar duda alguna sobre que la expresión "capacidad jurídica" debe entenderse que incluye tanto la capacidad de ser titular de derechos y deberes como la capacidad de obrar, esto es, la capacidad para realizar válidamente actos jurídicos o ejercicio de la capacidad jurídica[9].

En lo que respecta a la legislación española, existen posturas contrapuestas en nuestra doctrina según analizamos seguidamente.

2. *La necesidad de modificar la legislación española vigente en materia de discapacidad*

Con la reforma que la nueva ley establece se sustituye un sistema en el que predominaba la toma de decisiones que afec-

---

[8] Barba, V.: "El art. 12", cit., p. 29.

[9] Barba, V.: "El art. 12", cit., p. 41.

taban a las personas con discapacidad por terceros, por otro basado en el respeto a la voluntad y las preferencias de la persona que padece una discapacidad a la que se reconoce, como regla general, la facultad de adoptar sus propias decisiones.

En consecuencia, en virtud de la renovada regulación del ejercicio de la capacidad por las personas con discapacidad, ya no es posible (privarles o) limitarles, con carácter general, de su capacidad jurídica, que se considera como un atributo inherente a su persona, por lo que se regula un nuevo sistema más respetuoso con las personas[10].

Así, dichas normas, tienen como finalidad establecer las líneas de actuación de las personas con discapacidad de acuerdo con el nuevo paradigma basado en los derechos humanos que consolidó la Convención de Nueva York sobre derechos de las personas con discapacidad de 13 de diciembre de 2006 y que ya formaba parte de nuestro ordenamiento desde 2008 y especialmente en su art. 12 que reconoce la capacidad jurídica en todos los aspectos de la vida, a las personas con discapacidad en igualdad de condiciones con las demás.

La reforma constituye para un importante sector doctrinal, "una de las reformas más importantes del Código Civil realizadas tras la Constitución de 1978, solo equiparable a las que tuvieron lugar en su día en 1981"[11]; "un signo identificativo de sociedades avanzadas, solidarias y respetuosas con la dignidad de la persona. No sólo es un débito de cumplimiento y respeto a las convenciones internacionales que suscribimos como Estado, sino una deuda con las personas con discapacidad a las que hay que escuchar atentamente y ver que lo que para muchos de

10 De acuerdo con el Preámbulo de la Ley 8/2021.

11 García Rubio, M. P.: "Algunas propuestas de reforma del Código Civil como consecuencia del nuevo modelo de discapacidad. En especial en materia de sucesiones, contratos y responsabilidad civil", *Revista de Derecho Civil,* vol. V, núm. 3, 2018, p. 23.

nosotros puede haber sido apreciado como bueno hasta ahora para proteger al más vulnerable, se ha sentido por los interesados como un pesado yugo, incluso como una muerte civil"[12]. En mi opinión, la crítica a nuestro anterior sistema debería matizase y no hacerse extensiva a todos los casos de personas con discapacidad. Ciertamente, que cuando existe una discapacidad sensorial grave o un síndrome de Down, carece de sentido la anterior restricción de la llamada capacidad de obrar y que resultaba desproporcionada, por lo que su sustitución por el sistema de apoyos es más conveniente, respetuosa y justa. También es cierto que hay personas con ciertas enfermedades, o por su avanzada edad en las que es más que evidente que carecen de capacidad de discernimiento y que, por tanto, no pueden formar libremente su voluntad, por lo que se requerirá un sistema de adopción de medidas sustitutivas, como el curador con facultades representativas[13].

Así pues, tres años después de la aprobación de la ley 8/2021, que abordó una reforma con el fin de mejorar la situación jurídica (y la vida diaria) de las personas con discapacidad se detectan ciertos problemas y otras dificultades que trataremos de evidenciar en este trabajo, comenzando por los ambiguos conceptos jurídicos de discapacidad y de persona con discapacidad, o la diferenciación, si cabe, entre medidas

---

12 Moro Almaraz, M. J.: "La tramitación legislativa de la Ley 8/2021", en *La reforma civil y procesal de la discapacidad. Un tsunami en el ordenamiento jurídico* (dir. por M. P. García Rubio), *La Ley Derecho de Familia* núm. 31, julio-septiembre de 2021, p. 10.

13 De Verda y Beamonte, J. R.: "Principios inspiradores de la reforma en materia de discapacidad, interpretados por la reciente jurisprudencia", en *La discapacidad: una visión integral y práctica de la Ley 8/2021, de 2 de junio* (di por J. R. De Verda), Tirant lo Blanch, Valencia, 2022, pp. 56-106, p. 63.

de apoyo y ajustes necesarios en algunos fallos de las sentencias de nuestros tribunales[14], etc.

II. LA INTERPRETACIÓN DEL ART. 12 DE LA CONVENCIÓN DE NUEVA YORK SOBRE LOS DERECHOS DE LAS PERSONAS CON DISCAPACIDAD

El art. 12 de La Convención, reconoce la capacidad jurídica en todos los aspectos de la vida, a las personas con discapacidad en igualdad de condiciones con las demás. Esta afirmación y su interpretación es de tal magnitud que ha requerido la adaptación de los ordenamientos jurídicos a los principios de la Convención. Así pues, tras la ratificación por España de dicha Convención se produjeron numerosas reformas para adaptar la legislación española a los dictados de aquélla[15]. No obstante,

---

14 Guilarte Martín-Calero, C.: "Las grandes líneas del nuevo sistema de apoyos regulado en el Código Civil Español", en *Nuevos sistemas de apoyo a las personas con discapacidad y su incidencia en el ejercicio de su capacidad jurídica* (coord. por N. Álvarez Lata), Thomson Reuters Aranzadi, Cizur Menor, 2022, p. 26 y ss. ofrece una extensa relación de alguna jurisprudencia más o menos criticable porque entiende la autora o bien que ni siquiera aplican la nueva regulación o bien que, a su juicio, podían haber resuelto de otro modo.

15 Así aprobó la Ley 26/2011, de 1 de agosto, que se llamó de adaptación normativa a la Convención Internacional sobre los Derechos de las Personas con Discapacidad y que modificó numerosas leyes de nuestro Derecho interno, desde la Ley General de Sanidad a la Ley de Contratos del Sector Público; así como el Real Decreto Legislativo 1/2013, por el que se aprueba el Texto Refundido de la Ley General de derechos de las personas con discapacidad y de su inclusión social; La Ley Orgánica 1/2015, de 30 de marzo, de reforma del Código penal; la Ley 15/2015, de 2 de Julio, de Jurisdicción Voluntaria; la Ley Orgánica 1/2017 sobre el Tribunal del Jurado, que garantiza la partición en él de las personas con discapacidad, Ley 8/2021, de 2 de junio, por la que se reforma la legislación civil

el cambio de sistema o paradigma que tan contundentemente señala el Preámbulo de la Ley 8/2021, ya se había iniciado en nuestra legislación mucho tiempo atrás, principalmente, con el Real Decreto Legislativo 1/2013, de 29 de noviembre, por el que se aprueba el Texto Refundido de la Ley General de Derechos de las personas con discapacidad y de su inclusión social (en adelante RDL 1/2013)[16], entre otros ya mencionados.

Interesa ahora analizar la interpretación dada tanto por el Comité sobre los Derechos de las Personas con Discapacidad (en adelante CDPD), en la Observación General núm. 1 como por la doctrina[17] en relación al art. 12 de la Convención que es el fundamento y origen de la reforma en esta materia introducida por la Ley 8/2021[18].

En la interpretación del precepto, se hace necesario señalar que los Estados Parte están obligados a respetar, proteger e implementar el reconocimiento en condiciones de igualdad, a

---

y procesal para el apoyo a las personas con discapacidad en el ejercicio de su capacidad jurídica.

16 Llamas Pombo, E.: "La responsabilidad civil de las personas con discapacidad", en *El nuevo sistema de apoyo a las personas con discapacidad y su incidencia en el ejercicio de su capacidad jurídica* (coord. por N. Álvarez Lata), Thomson Reuters Aranzadi, Cizur Menor, 2022, pp. 277-300, en p. 279.

17 *Vid.* al respecto García Rubio, M. P.: "Notas sobre el propósito", cit., pp. 39-62; García Rubio, M. P. y Torres Costas, E.: "Comentario al art. 249", en *Comentario articulado a la reforma civil y procesal en materia de discapacidad* (dir. por M. P. García Rubio y M. J. Moro Almaraz), Civitas Thomson Reuters, Madrid, 2022, pp. 313 y ss.; Pereña Vicente, M.: "Una contribución a la interpretación del régimen jurídico de las medidas de apoyo en el ejercicio de la capacidad jurídica consagradas en la ley 8/2021, de 2 de junio", en *El ejercicio de la capacidad jurídica por las personas con discapacidad tras la Ley 8/2021, de 2 de junio,* Tirant lo Blanch, 2022, p. 153.

18 *Vid.* Observación General núm. 1 al art. 12 de la Convención, de 31 de marzo a 11 de abril de 2014, del Comité sobre los Derechos de las Personas con Discapacidad.

las personas con discapacidad. A su reconocimiento como personas ante la Ley, esto es -según el art. 12 de la Convención y su interpretación por el CDPD-, a recibir el reconocimiento de su personalidad jurídica y de su capacidad jurídica en igualdad de condiciones que las personas que no padecen una discapacidad. Ciertamente, que esta cuestión no afecta en manera alguna al Derecho español puesto que la personalidad jurídica y, por tanto, la capacidad jurídica son un atributo irrenunciable e imprescriptible del ser humano[19] que el art. 29 CC reconoce desde su nacimiento con vida (art. 30 CC) y que se extingue tan sólo por su fallecimiento (arts. 32 y 195 CC). En ningún caso, en la legislación española, la existencia de una discapacidad ha conllevado a la privación o limitación de la capacidad jurídica entendida como la titularidad de derechos y obligaciones[20]. Cuestión distinta es su ejercicio.

No obstante, cuando el art. 12 de la Convención hace referencia al "ejercicio de la capacidad jurídica" se está refiriendo, asimismo, a lo que en la legislación española denominamos "capacidad de obrar", y que regula la extensión y alcance -que puede estar limitado- del ejercicio de los derechos y obligaciones que ostenta la persona. Así pues, ¿por qué tanto revuelo a este respecto?

---

19 Y que algunos, como es mi caso, consideramos términos sinónimos. Asimismo, De Castro, F.: *Derecho Civil de España*, vol. II, Civitas, Madrid, 1984, p. 45.

20 Así, Guilarte Martín-Calero, C.: "Las grandes líneas", cit., en p. 29, para quien estas afirmaciones deben matizarse si consideramos que en la realidad, a las personas con discapacidad sí se les ha privado en ocasiones del sufragio activo, etc.

1. *¿Capacidad jurídica versus capacidad de obrar en la legislación española?*

Por parte de un extenso sector doctrinal se considera que la Ley 8/2021 ha suprimido la distinción (tradicional e histórica) entre capacidad jurídica y capacidad de obrar; que al suprimirse la incapacitación se suprime, a su vez, esta distinción. Tal es la opinión de juristas muy respetados como García Rubio para quien "el no familiarizado con el tema o el despistado que crea que tal declaración es una obviedad, conviene advertir, ya desde el inicio, que esta mención a la capacidad jurídica incluye la titularidad de los derechos y la legitimación para ejercitarlos, lo que es tanto como decir que la referida norma convencional obliga a los Estados a reconocer que las personas con discapacidad, sea esta del tipo de sea, no solo son titulares pasivos de sus derechos, sino que además tienen plena capacidad para ejercitarlos. Se borra pues la secular diferenciación entre capacidad jurídica y capacidad de obrar, tallada a fuego en los sistemas jurídicos como el español, y se proscribe totalmente cualquier decisión de autoridad que elimine o limite la capacidad jurídica de las personas adultas"[21].

Ciertamente que a ello contribuye el Preámbulo de la citada Ley 8/2021 cuando se afirma que:

> "ha de tomarse en consideración que, como ha puesto en evidencia la Observación General del Comité de Expertos de Naciones Unidas elaborada en 2014, dicha capacidad jurídica abarca tanto la titularidad de los derechos como la legitimación para ejercitarlos".

---

[21] García Rubio, M. P.: "Presentación del monográfico" en *La reforma civil y procesal de la discapacidad. Un tsunami en el ordenamiento jurídico* (dir. por M. P. García Rubio), *La Ley Derecho de Familia*, núm. 31, julio-septiembre de 2021, p. 4.

En base a ello, autores como García Rubio, entienden que la opción por la que ha optado el legislador de 2021 ha sido la de "superar la dicotomía capacidad jurídica/capacidad de obrar" si se atiende a la Observación General Primera del Comité de Derechos de las Personas con Discapacidad, pues de esta se deduce que el concepto de capacidad jurídica es unívoco y comprende tanto la titularidad del derecho como el poder o la legitimación para ejercitarlo y que, para el respeto al derecho a la capacidad jurídica, ambas facetas no pueden separarse"[22].

Sin duda es así, porque la ya clásica y clarísima (además de muy pedagógica para los que enseñamos Derecho) distinción entre capacidad jurídica y capacidad de obrar no es admitida por el CDPD cuya interpretación de la Observación General núm. 1 citada, señala como inescindibles la capacidad jurídica, la titularidad de derechos y obligaciones, de su ejercicio cuando afirma que:

> "las personas con discapacidad tienen capacidad jurídica en igualdad de condiciones con las demás en todos los aspectos de la vida. La capacidad jurídica incluye la capacidad de ser titular de derechos y la de actuar en derecho. La capacidad jurídica de ser titular de derechos concede a la persona la protección plena de sus derechos por el ordenamiento jurídico. La capacidad jurídica de actuar en derecho reconoce a esa persona como actor facultado para realizar transacciones y para crear relaciones jurídicas, modificarlas o ponerles fin. El derecho al reconocimiento como actor jurídico está establecido en el artículo 12, párrafo 5, de la Convención, en el que se expone la obligación de los Estados partes de tomar "todas las medidas que sean pertinentes y efectivas para garantizar el derecho

---

[22] García Rubio, M P.: "La reforma operada por la Ley 8/2021 en materia de apoyo a las personas con discapacidad: planteamiento general de sus aspectos civiles", en *El nuevo Derecho de las capacidades. De la incapacitación al pleno reconocimiento* (dir. por E. Llamas Pombo, N. Martínez Rodríguez y E. Toral Lana), Wolters Kluwer, *La Ley*, Madrid, 2022, pp. 47-78.

> de las personas con discapacidad, en igualdad de condiciones con las demás, a ser propietarias y heredar bienes, controlar sus propios asuntos económicos y tener acceso en igualdad de condiciones a préstamos bancarios, hipotecas y otras modalidades de crédito financiero, y [velar] porque las personas con discapacidad no sean privadas de sus bienes de manera arbitraria"[23].

O que:

> "la capacidad jurídica y la capacidad mental son conceptos distintos. La capacidad jurídica es la capacidad de ser titular de derechos y obligaciones (capacidad legal) y de ejercer esos derechos y obligaciones (legitimación para actuar). Es la clave para acceder a una participación verdadera en la sociedad. La capacidad mental se refiere a la aptitud de una persona para adoptar decisiones, que naturalmente varía de una persona a otra y puede ser diferente para una persona determinada en función de muchos factores, entre ellos factores ambientales y sociales. En instrumentos jurídicos tales como la Declaración Universal de Derechos Humanos (art. 6), el Pacto Internacional de Derechos Civiles y Políticos (art. 16) y la Convención sobre la eliminación de todas las formas de discriminación contra la mujer (art. 15) no se especifica la distinción entre capacidad mental y capacidad jurídica. El artículo 12 de la Convención sobre los derechos de las personas con discapacidad, en cambio, deja en claro que el 'desequilibrio mental' y otras denominaciones discriminatorias no son razones legítimas para denegar la capacidad jurídica (ni la capacidad legal ni la legitimación para actuar). En virtud del artículo 12 de la Convención, los déficits en la capacidad mental, ya sean supuestos o reales, no deben utilizarse como justificación para negar la capacidad jurídica"[24].

---

23 Observación General núm. 1.12 al art. 12 de la Convención, del Comité sobre los Derechos de las Personas con Discapacidad.

24 Observación General núm. 1.13 del Comité sobre los Derechos de las Personas con Discapacidad.

O que:

> "la capacidad jurídica significa que todas las personas, incluidas las personas con discapacidad, tienen la capacidad legal y la legitimación para actuar simplemente en virtud de su condición de ser humano. Por consiguiente, para que se cumpla el derecho a la capacidad jurídica deben reconocerse las dos facetas de esta; esas dos facetas no pueden separarse"[25].

O que:

> "la 'capacidad jurídica universal', en virtud de la cual todas las personas, con independencia de su discapacidad o de su aptitud para adoptar decisiones, poseen una capacidad jurídica inherente"[26] que debe ser respetada por todos los Estados Parte.

En opinión de Guilarte[27], el CDPD en su interpretación del art. 12 de la Convención, admite la distinción teórica, esto es, la capacidad legal entendida como titularidad del ejercicio como legitimación del sujeto para actuar, pero entiende que no se permite tal disociación si ésta justifica o conlleva, en la práctica la limitación o privación del ejercicio de sus derechos, lo que equivale a mantener una titularidad "desnuda" en favor del sujeto que para nada le es útil. Es por ello, que la Convención impone a los Estados Parte la adopción de aquellas medidas de apoyo que faciliten a las personas con discapacidad el ejercicio de su "capacidad jurídica" plena, en el sentido en que se interpreta el precepto[28]. Y ello, en algunas ocasiones va a

---

25 Observación General núm. 1.14 del Comité sobre los Derechos de las Personas con Discapacidad.

26 Observación General núm. 1.25 del Comité sobre los Derechos de las Personas con Discapacidad.

27 C. Guilarte Martín-Calero: "Las grandes líneas", cit., p. 29.

28 Y a estos efectos se debe tener en cuenta las SSTEDH A. N c/Lituania, de mayo 2016 y Cìnta c/Rumanía, 18 febrero 2020.

requerir la adopción de medidas de apoyo y de algunos ajustes "razonables" y necesarios para ejercer su capacidad jurídica, también en el ámbito sucesorio.

En nuestra doctrina, tradicionalmente se ha distinguido entre *capacidad jurídica* -concepto equivalente a personalidad jurídica- y que supone la aptitud para ser titular de derechos y obligaciones. La capacidad jurídica es absoluta: se tiene o no se tiene y no admite graduaciones. Y *capacidad de obrar* que consiste en la aptitud para celebrar válida y eficazmente actos y negocios jurídicos. Es relativa y admite graduaciones y dependía de la edad y de la aptitud de la persona para gobernarse por sí misma. Ahora bien, esta distinción, puramente doctrinal, nunca fue recogida por el Código Civil[29].

Un importante sector doctrinal[30] considera que la capacidad jurídica que se contempla en la Convención "es lo mismo que en el Derecho español, es decir, la titularidad de derechos y obligaciones, mientras que la capacidad de obrar del Derecho español es lo que la Convención denomina "ejercicio de la capacidad jurídica"[31].

Por otra parte, las contundentes afirmaciones del CDPD, en su Observación General núm. 1, de pleno rechazo a la distinción entre capacidad jurídica y capacidad de obrar porque -se

---

29 En este sentido De Verda y Beamonte, J. R.: "Principios inspiradores", cit., en p. 61 y ss.

30 Martínez de Aguirre, C.: "La Observación General Primera del Comité de Derechos de las Personas con Discapacidad: ¿interpretar o corregir?", en *Un nuevo orden jurídico para las personas con discapacidad* (dir. por G. Cerdeira Bravo de Mansilla y García Mayo, M.), Bosch, Madrid, 2021, pp. 105-106. De Verda y Beamonte, J. R.: "Principios inspiradores", cit. pp. 61 y ss.; y Pereña Vicente, M.: "Derechos fundamentales y capacidad jurídica. Claves para una propuesta de reforma legislativa", *Revista de Derecho Privado,* julio/agosto 2016, pp. 9 y ss., entre otros.

31 Pereña Vicente, M.: "Derechos fundamentales", cit., pp. 9 y ss.

afirma- que si se limita la capacidad de obrar o "legitimación para actuar" se restringe automáticamente la capacidad jurídica o "capacidad legal" según los nuevos términos que se emplean y que genera discriminación en la persona con discapacidad, parece ciertamente excesiva si tenemos en cuenta que la limitación de la "capacidad de obrar" se ha aplicado también a los menores sin que ello haya supuesto, en ningún caso, negarles la aptitud para ser titulares de derechos los cuales pueden ser adquiridos por sus representantes legales. Y porque las restricciones de la capacidad de obrar de menores y de personas con discapacidad, siempre han tenido una finalidad protectora y muy limitada. Así pues, cabe preguntarse hasta qué punto conviene abandonar -en nuestra legislación al menos- la tradicional distinción entre capacidad jurídica y capacidad de obrar para sustituirla por la nueva capacidad jurídica (o capacidad legal) y su ejercicio (o legitimación para actuar)[32].

Al mismo tiempo, según indicábamos un importante sector doctrinal entiende que con el art. 12 de la Convención "se proscribe totalmente cualquier decisión de autoridad que elimine o limite la capacidad jurídica de las personas adultas"[33]. Aunque si tal fuera así, la curatela representativa ¿qué es sino una medida que limita y a veces elimina el ejercicio de la capacidad jurídica por mucho que se trate de una medida de apoyo personalizada, flexible, excepcional e imprescindible?

Así se indica en el art. 269.3 CC:

> "Sólo en los casos excepcionales en los que resulte imprescindible por las circunstancias de la persona con discapacidad, la autoridad judicial determinará en resolución motivada los actos concretos en los que el curador habrá

---

[32] Así, De Verda y Beamonte, J. R.: "Principios inspiradores", cit., p. 62-64.

[33] García Rubio, M. P.: "Presentación del monográfico", cit., p. 4.

> de asumir la representación de la persona con discapacidad"

Conforme al párrafo segundo del art. 269 del Código Civil, se deben precisar 'los actos para los que la persona requiere asistencia del curador en el ejercicio de su capacidad jurídica atendiendo a sus concretas necesidades de apoyo'. 'No obstante, cuando sea necesario, al resultar insuficientes las medidas asistenciales, cabría dotar a la curatela de funciones de representación'.

Y la SAP Madrid 20 diciembre 2021[34] precisa que ello tendrá lugar:

> "Ordinariamente, cuando la discapacidad afecte directamente a la capacidad de tomar decisiones y de autodeterminación, con frecuencia por haber quedado afectada gravemente la propia consciencia, presupuesto de cualquier juicio prudencial ínsito al autogobierno, o, incluso, en otros casos, a la voluntad".

Luego, en algunos casos, aunque sea de manera excepcional, sí se limita la capacidad jurídica -en su faceta del ejercicio de los derechos- de las personas adultas, por decisión de la autoridad (judicial) pese a la nueva Ley 8/2021[35]. También

---

34 SAP Madrid 20 diciembre 2021 (*Tol 8794206*).

35 *Vid.* sobre esta cuestión, Pereña Vicente, M.: "Derechos fundamentales", cit., pp. 142 y ss., especialmente p. 153, para quien "decir que es una gran novedad el hecho de que la representación sea el último recurso que sólo procede 'en los casos excepcionales en los que resulte imprescindible por las circunstancias de la persona con discapacidad' como dispone el párrafo tercero del artículo 269 CC, sería ignorar que esto ya era una exigencia del antiguo sistema de 'capacidad graduable' en el que la graduación era manifestación de un principio de proporcionalidad no explicado como tal. Si el legislador insiste ahora en la idea es, quizás, para trata de que no ocurra como en el antiguo régimen, en el que la práctica había desvirtuado

respecto de esta cuestión lamenta Guilarte la decepcionante aplicación judicial de la nueva ley y no únicamente por el considerable número de sentencias (SAP Córdoba 15 septiembre 2021[36], SAP Madrid 25 octubre 2021[37], SAP Cádiz 27 octubre 2021[38], SAP Santander 29 octubre 2021[39], etc.) que constituyen curatelas con facultades de representación sino también porque en éstas, se incluye entre las funciones de representación, la práctica totalidad de la vida jurídico-económica de la persona[40].

Así pues, y como ya se ve, el ejercicio de la capacidad jurídica, en algunas ocasiones va a requerir la adopción de importantes medidas de apoyo y, en otras, de algunos ajustes "razonables" y necesarios para que la persona con discapacidad pueda ejercer su capacidad jurídica, también en el ámbito sucesorio.

2. *Apoyos y ajustes para el ejercicio de la capacidad jurídica*

La Observación General núm. 1.16 mantiene una exigente posición para los Estados, que tienen la obligación de proporcionar a la persona con discapacidad los apoyos que necesiten, que precisen:

> "En el artículo 12, párrafo 3, se reconoce que los Estados partes tienen la obligación de proporcionar a las personas con discapacidad acceso al apoyo que sea preciso para el

---

la teoría y se abusaba de la tutela privando a la persona de toda posibilidad de ejercicio autónomo de su capacidad jurídica, incurriendo, incluso, en esas 'meras privaciones de derechos' (matrimonio, testamento, voto…) ahora proscritas".

36 SAP Córdoba 15 septiembre 2021 (*Tol 8794521*).

37 SAP Madrid 25 octubre 2021 (*Tol 8738265*).

38 SAP Cádiz 27 octubre 2021 (*Tol 8764765*).

39 SAP Santander 29 octubre 2021 (*Tol 8643464*).

40 Guilarte Martín-Calero, C.: "Las grandes líneas", cit., p.43 y ss.

> ejercicio de su capacidad jurídica. Los Estados partes no deben negar a las personas con discapacidad su capacidad jurídica, sino que deben proporcionarles acceso al apoyo que necesiten para tomar decisiones que tengan efectos jurídicos".

El art. 12.3 de la Convención se refiere a los apoyos sin establecer una definición de los mismos:

> "Los Estados Partes adoptarán las medidas pertinentes para proporcionar acceso a las personas con discapacidad al apoyo que puedan necesitar en el ejercicio de su capacidad jurídica".

No obstante, el CDPD en relación con la interpretación del mencionado art. 12.3 de la Convención, la Observación General núm. 1.16 señala que los apoyos serán los que necesiten, los precisos:

> "En el artículo 12, párrafo 3, se reconoce que los Estados partes tienen la obligación de proporcionar a las personas con discapacidad acceso al apoyo que sea preciso para el ejercicio de su capacidad jurídica (...) al apoyo que necesiten para tomar decisiones que tengan efectos jurídicos".

Y la Observación General núm. 1.17 señala que

> "En el artículo 12, párrafo 3, no se especifica cómo debe ser el apoyo. 'Apoyo' es un término amplio que engloba arreglos oficiales y oficiosos, de distintos tipos e intensidades. Por ejemplo, las personas con discapacidad pueden escoger a una o más personas de apoyo en las que confíen para que les ayuden a ejercer su capacidad jurídica respecto de determinados tipos de decisiones, o pueden recurrir a otras formas de apoyo, como el apoyo entre pares, la defensa de sus intereses (incluido el apoyo para la defensa de los intereses propios) o la asistencia para comunicarse. El apoyo a las personas con discapacidad en el ejercicio de su capacidad jurídica puede incluir medidas relacionadas con el diseño universal y la accesibilidad —por ejemplo, la exigencia de que las entidades privadas y públicas, como

los bancos y las instituciones financieras, proporcionen información en un formato que sea comprensible u ofrezcan interpretación profesional en la lengua de señas—, a fin de que las personas con discapacidad puedan realizar los actos jurídicos necesarios para abrir una cuenta bancaria, celebrar contratos o llevar a cabo otras transacciones sociales. El apoyo también puede consistir en la elaboración y el reconocimiento de métodos de comunicación distintos y no convencionales, especialmente para quienes utilizan formas de comunicación no verbales para expresar su voluntad y sus preferencias. Para muchas personas con discapacidad, la posibilidad de planificar anticipadamente es una forma importante de apoyo por la que pueden expresar su voluntad y sus preferencias, que deben respetarse si llegan a encontrarse en la imposibilidad de comunicar sus deseos a los demás. Todas las personas con discapacidad tienen el derecho de planificar anticipadamente, y se les debe dar la oportunidad de hacerlo en condiciones de igualdad con las demás. Los Estados partes pueden ofrecer diversas formas de mecanismos de planificación anticipada para tener en cuenta las distintas preferencias, pero todas las opciones deben estar exentas de discriminación. Debe prestarse apoyo a la persona que así lo desee para llevar a cabo un proceso de planificación anticipada. El momento en que una directiva dada por anticipado entra en vigor (y deja de tener efecto) debe ser decidido por la persona e indicado en el texto de la directiva; no debe basarse en una evaluación de que la persona carece de capacidad mental"[41].

De lo transcrito se advierte que en la Observación General, el CDPD señala que el apoyo es un término amplio que engloba arreglos oficiales y oficiosos de distintos tipos e intensidades; pero que el apoyo también puede consistir en la elaboración y el reconocimiento de métodos de comunicación distintos y no convencionales, especialmente para quienes utilizan formas de comunicación no verbales para expresar su voluntad y sus pre-

41 Observación General núm. 1.16 y 1.17 del Comité sobre los Derechos de las Personas con Discapacidad.

ferencias. O bien, que para muchas personas con discapacidad, el apoyo supone la posibilidad de planificar anticipadamente y por el que pueden expresar su voluntad y sus preferencias a futuro. Así pues, la noción de apoyos necesarios sería un concepto que englobaría la accesibilidad, los ajustes razonables y aquellas otras medidas de sensibilización o de promoción del colectivo que fueran necesarias para la igualdad real y efectiva de las personas con discapacidad. Es decir, se entenderían dentro de los apoyos necesarios para las personas con discapacidad los siguientes: la accesibilidad, los ajustes razonables, las medidas de acción positiva (como ayudas económicas y subvenciones o desgravaciones fiscales en la contratación laboral, etc.) y de discriminación inversa, etc[42].

2.1. Los ajustes razonables y necesarios

Los ajustes razonables y necesarios, son respuestas a medida; pretenden transformar o adaptar el entorno para ajustarlo a las necesidades específicas de las personas con discapacidad en todas las situaciones concretas en que éstas puedan hallarse y proporcionarles una solución[43].

El art. 2 de la Convención señala que:

> "por 'ajustes razonables' se entenderán las modificaciones y adaptaciones necesarias y adecuadas que no impongan una carga desproporcionada o indebida, cuando se requieran en un caso particular, para garantizar a las personas con discapacidad el goce o ejercicio, en igualdad de condicio-

---

[42] De Fuentes García-Romero de Tejada, C.: "Sobre el concepto jurídico", cit., p. 93.

[43] Pérez Bueno, L. C.: "La configuración jurídica de los ajustes razonables", en (dir. por L. C. Pérez Bueno, L. C.), *2003-2012: 10 años de legislación sobre no discriminación de personas con discapacidad en España. Estudios en homenaje a Miguel Ángel Cabra de Luna.* Cinca, Madrid, 2012, p. 196.

> nes con las demás, de todos los derechos humanos y libertades fundamentales"

Es decir, que los ajustes necesarios deben ser, a su vez, razonables, esto es, "que no impongan una carga desproporcionada o indebida, cuando se requieran en un caso particular". De acuerdo con el art. 66.2 LGD:

> "A efectos de determinar si un ajuste es razonable, de acuerdo con lo establecido en el artículo 2.m), se tendrán en cuenta los costes de la medida, los efectos discriminatorios que suponga para las personas con discapacidad su no adopción, la estructura y características de la persona, entidad u organización que ha de ponerla en práctica y la posibilidad que tenga de obtener financiación oficial o cualquier otra ayuda".

En todo caso, no es momento de extendernos en esta cuestión ya analizada por la doctrina salvo para señalar que la expresión "ajustes necesarios" es más propia del ámbito de la discapacidad que de la terminología jurídica y que nuestro Código Civil no la define ni tras la reforma por la Ley 8/2021.

En cambio, el art. 25 de la Ley del Notariado enumera estas *modificaciones* y *adaptaciones* como los "apoyos, instrumentos y ajustes razonables que resulten precisos, incluyendo sistemas aumentativos y alternativos, braille, lectura fácil, pictogramas, dispositivos multimedia de fácil acceso, intérpretes, sistemas de apoyos a la comunicación oral, lengua de signos, lenguaje dactilológico, sistemas de comunicación táctil y otros dispositivos que permitan la comunicación, así como cualquier otro que resulte preciso". Luego se trata básicamente del uso de instrumentos que permitan la comunicación y la accesibilidad.

En el art. 2.m) LGD se definen los ajustes razonables como:

> "las modificaciones y adaptaciones necesarias y adecuadas del ambiente físico, social y actitudinal a las necesidades específicas de las personas con discapacidad que no im-

> pongan una carga desproporcionada o indebida, cuando se requieran en un caso particular de manera eficaz y práctica, para facilitar la accesibilidad y la participación y para garantizar a las personas con discapacidad el goce o ejercicio, en igualdad de condiciones con las demás, de todos los derechos".

En el art. 2.k) LGD se define la accesibilidad cognitiva como la que permite:

> "la fácil comprensión, la comunicación e interacción a todas las personas. La accesibilidad cognitiva se despliega y hace efectiva a través de la lectura fácil, sistemas alternativos y aumentativos de comunicación, pictogramas y otros medios humanos y tecnológicos disponibles para tal fin".

Así pues, en mi opinión no cabe confundir los ajustes con las medidas de apoyo que regula nuestro Código Civil. Medidas de apoyo que no se agotan en los sistemas tradicionales de protección como la guarda de hecho, la curatela, el defensor judicial, etc., sino que en el concepto se deben incluir los poderes preventivos, los acuerdos de apoyo, las instrucciones previas, la autocuratela[44].

La SAP Sevilla 27 febrero 2024[45], señala que:

> "En cuanto al concepto de apoyo también resulta carente de definición en la ley, es un concepto difuso pues puede referirse al farmacológico, medico, social, psicológico o incluso arquitectónico y la ley 8/2021 de 2 de junio trata de los apoyos legales teniendo como finalidad eliminar todas las barreras para el desarrollo de las personas y el ejercicio de su capacidad jurídica. La ley se refiere a más medidas de apoyo en el artículo 250.I del CC: 'Las medidas de apoyo para el ejercicio de la capacidad jurídica de las personas

---

44 Guilarte Martín-Calero, C.: "Las grandes líneas", cit., p. 30. Asimismo, Barba, V.: "El art. 12", cit., p. 44.

45 SAP Sevilla 27 febrero 2024 (*Tol 10122719*).

> que lo precisen son, además de las de naturaleza voluntaria, la guarda de hecho, la curatela y el defensor judicial'. En consecuencia, es de aplicación preferente las previstas por la propia persona con discapacidad de forma voluntaria y solo en defecto o por insuficiencia de estas y de la guarda de hecho podrá la autoridad judicial adoptar otras medidas legales como la curatela denominadas supletorias o complementarias. Pese a la preferencia de la guarda de hecho a la curatela como medida de apoyo es la curatela la que viene más ampliamente regulada. Por tanto si bien la curatela es una medida legal de apoyo subsidiaria a la guarda de hecho su regulación jurídica como veremos viene a ser marco de referencia de las demás figuras en algunos extremos, así artículo 258 y 259 del CC en el marco de las medidas voluntarias de apoyo.
>
> En cuanto al alcance de las medidas de apoyo legal el artículo 250 II establece 'La función de las medidas de apoyo consistirá en asistir a la persona con discapacidad en el ejercicio de su capacidad jurídica en los ámbitos en los que sea preciso, respetando su voluntad, deseos y preferencias".

A pesar del amplio concepto de "apoyos" que recoge la Observación General núm. 1 del CDPD, debemos hacer un esfuerzo por distinguir las medidas de apoyo de los ajustes necesarios; esta parece ser la postura de nuestro legislador cuando en los arts. 665, 695, 708, 709 CC, hace referencia a los "ajustes" o a cualquier "medio técnico, material o humano (intérprete de signos, v.gr.), o "medios mecánicos o tecnológicos"; y en los arts. 996, 1052, 1057 y 1060 CC, hace referencia expresa a "las medidas de apoyo" que cabe entender en el amplio sentido que indica Guilarte y que incluyen no sólo la guarda de hecho, la curatela, el defensor judicial, etc., sino que en el concepto se deben incluir los poderes preventivos, los acuerdos de apoyo o la autocuratela[46].

---

[46] Guilarte Martín-Calero, C.: "Las grandes líneas", cit., p. 30.

En cualquier caso, el nuevo estándar de intervención consagrado por la reforma 2021 atiende a que en las decisiones adoptadas por las personas con discapacidad que cuenten con apoyos, deberá prevalecer sus deseos y preferencias[47]. Cuando no sea posible determinar la voluntad y preferencias de la persona se procederá a la "mejor interpretación" de su voluntad y preferencias. Por ello, los apoyos no deben sustituir la voluntad y preferencias de la persona. Y ello es especialmente aplicable en el caso de otorgar testamento.

III. LA INCONCRECIÓN DEL CONCEPTO DE PERSONA CON DISCAPACIDAD EN LA CONVENCIÓN Y EN LA REGULACIÓN ESPAÑOLA

1. *Los ambiguos conceptos jurídicos de discapacidad y de persona con discapacidad*

El concepto de *discapacidad* es un concepto jurídico indeterminado, al igual que el de *persona con discapacidad.* En nuestro ordenamiento jurídico, se acuñó la expresión *persona con discapacidad* en la ya derogada Ley 51/2003, en su art. 1.2, si bien el art. 4.1 LGD), define a las personas con discapacidad al igual que lo hacía el art. 1.2 de la derogada Ley 51/2003, como:

> "aquellas que presentan deficiencias físicas, mentales, intelectuales o sensoriales previsiblemente permanentes que, al interactuar con diversas barreras, puedan impedir su participación plena y efectiva en la sociedad, en igualdad de condiciones con los demás".

47 Así la Observación General núm. 1.17. *Vid.* asimismo, Pereña Vicente, M.: "Derechos fundamentales", cit., p. 154.

A su vez, en su art. 2.a) se define la discapacidad como:

> "una situación que resulta de la interacción entre las personas con deficiencias previsiblemente permanentes y cualquier tipo de barreras que limiten o impidan su participación plena y efectiva en la sociedad, en igualdad de condiciones con las demás".

Estos preceptos traen su causa de la acepción de persona con discapacidad del art. 1 de la Convención que no define expresamente quienes son las personas con discapacidad, pero afirma que:

> "incluyen a aquellas que tengan deficiencias físicas, mentales, intelectuales o sensoriales a largo plazo que, al interactuar con diversas barreras, puedan impedir su participación plena y efectiva en la sociedad, en igualdad de condiciones con las demás".

Aunque el art. 4 LGD añade que:

> "tendrán la consideración de personas con discapacidad aquellas a quienes se les haya reconocido un grado de discapacidad igual o superior al 33 por ciento. Se considerará que presentan una discapacidad en grado igual o superior al 33 por ciento los pensionistas de la Seguridad Social que tengan reconocida una pensión de incapacidad permanente en el grado de total, absoluta o gran invalidez, y a los pensionistas de clases pasivas que tengan reconocida una pensión de jubilación o de retiro por incapacidad permanente para el servicio o inutilidad".

De la lectura de las definiciones recién apuntadas se desprende la existencia de varios términos indeterminados. En primer lugar, "las personas con deficiencias previsiblemente permanentes" (art. 2.a) LGD o "a largo plazo" (art. 1 Convención) que pueden ser físicas, mentales, intelectuales o sensoriales (art. 4.1 LGD). A esta primera parte de la definición deben sumarse otras dos: "cualquier tipo de barreras que limitan o impidan" y, en tercer lugar, la "participación plena y efectiva en la sociedad, en igualdad de condiciones con las demás".

En la Ley 41/2003, en su art. 2 se dispone que tendrán la consideración de personas con discapacidad:

> "a) Las que presenten una discapacidad psíquica igual o superior al 33 por ciento. b) Las que presenten una discapacidad física o sensorial igual o superior al 65 por ciento".

El art. 2 de la Ley 39/2006, de 14 de diciembre, de Promoción de la Autonomía Personal y Atención a las personas en situación de dependencia (en adelante Ley 39/2006)

> "Son personas con discapacidad aquellas que presenten deficiencias físicas, mentales, intelectuales o sensoriales a largo plazo que, al interactuar con diversas barreras, puedan impedir su participación plena y efectiva en la sociedad, en igualdad de condiciones con los demás".

Que en su art. 26 clasifica las situaciones de dependencia en los siguientes grados:

> "a) Grado I. Dependencia moderada: cuando la persona necesita ayuda para realizar varias actividades básicas de la vida diaria, al menos una vez al día o tiene necesidades de apoyo intermitente o limitado para su autonomía personal.
>
> b) Grado II. Dependencia severa: cuando la persona necesita ayuda para realizar varias actividades básicas de la vida diaria dos o tres veces al día, pero no quiere el apoyo permanente de un cuidador o tiene necesidades de apoyo extenso para su autonomía personal.
>
> c) Grado III. Gran dependencia: cuando la persona necesita ayuda para realizar varias actividades básicas de la vida diaria varias veces al día y, por su pérdida total de autonomía física, mental, intelectual o sensorial, necesita el apoyo indispensable y continuo de otra persona o tiene necesidades de apoyo generalizado para su autonomía personal".

Encontramos aquí, en esta dos últimas leyes, una definición de varios conceptos de discapacidad con una importante implicación o intervención administrativa, a considerar, por mandato de la Disposición Adicional Cuarta del Código Civil (en adelante DA 4ª CC), si se tiene en cuenta que la referencia a los preceptos que menciona, son todos ellos -salvo el art. 96 CC- reguladores de la materia sucesoria[48].

Con todas estas notas, se ha construido un concepto jurídico indeterminado flexible que pretende -sin listar las deficiencias, ni las barreras, ni el grado de participación efectiva en la sociedad-, dar una solución "satisfactoria" en cada caso. Para algún sector doctrinal, la definición de discapacidad tiene categoría propia y va más allá de la suma de los requisitos antedichos. Es decir, la discapacidad no es la deficiencia, ni tampoco es la barrera que dificulta que las personas con deficiencias puedan participar plena y efectivamente en la sociedad sino que es "la interacción" entre ambas (las personas con deficiencias y las barreras), aunque en todo caso, "el nudo gordiano del concepto de discapacidad no es la existencia de una persona con alguna deficiencia de carácter permanente de tipo físico, mental, intelectual o sensorial; ni siquiera que estas personas tengan barreras que les impidan participar en la sociedad en igualdad de condiciones con las demás, sino que no tengan medidas de apoyo efectivas que les permitan superar o paliar las barreras existentes"[49].

---

48 *Vid.* De Amunátegui Rodríguez, C.: Tratamiento de la discapacidad en la regulación de la sucesión en el Código Civil", en AA.VV.: *Dolencias del Derecho civil de sucesiones. 130 años después de la aprobación del Código Civil* (dir. por P. M. Estellés Peralta), Tirant lo Blanch, Valencia, 2022, pp. 411-469, en p. 414.

49 De Fuentes García-Romero de Tejada, C.: "Sobre el concepto jurídico de persona con discapacidad y la noción de apoyos necesarios", *Revista Española de Discapacidad*, 4 (2), 2016, pp. 81-99, en p. 83 y 84.

Al efecto, "se considera que una incapacidad para caminar es una deficiencia, mientras que una incapacidad para entrar a un edificio debido a que la entrada consiste exclusivamente en una escalera es una discapacidad. Una incapacidad para hablar es una deficiencia, pero la incapacidad para comunicarse, porque las ayudas técnicas no se encuentran disponibles, es una discapacidad. Una incapacidad para moverse es una deficiencia, pero la incapacidad para salir de la cama debido a la falta de disponibilidad de ayuda apropiada es una discapacidad"[50].

En todo caso, las sucesivas normas en materia de discapacidad que han culminado en la Ley 8/2021, pretenden corregir la discriminación que sufren las personas con discapacidad y que proviene tanto de la existencia de obstáculos o barreras (físicos, psicológicos y sociales) como de la inexistencia de medidas de apoyo de todo tipo que permitan sortear dichos obstáculos o barreras. Porque para suprimir la discriminación que provoca la discapacidad se debe proceder a la eliminación de las barreras pero también son precisas las medidas de apoyo para sortear los efectos negativos de las barreras que afectan a las personas con discapacidad. Como en el caso de las personas con déficit visual que pueden superar las barreras que conlleva su situación con unas simples gafas. Decenios atrás, tales personas tendrían la consideración de personas con discapacidad pero actualmente no es así porque tienen una medida de apoyo consistente en un utensilio para corregir los defectos de visón de uso común -y ordinario, no extraordinario- y muy accesible por lo que ya no puede considerarse que tales perso-

---

50 De Lorenzo, R. y Palacios, A. (2007): "Discapacidad, derechos fundamentales y protección constitucional", en *Los derechos de las personas con discapacidad. vol. 1 Aspectos jurídicos* (dir. por J. Laorden,), Consejo General del Poder Judicial, Madrid, 2007, p. 7.

nas padezcan una discapacidad sino una deficiencia, aunque sea permanente[51].

Por tanto, entiende De Fuentes, "la discapacidad encierra desde este punto de vista dos diferentes situaciones: una, que no haya medidas de apoyo para superar las barreras que la sociedad presenta en relación a las personas con deficiencias permanentes. Y dos, también se considerará persona con discapacidad cuando, aun existiendo dichas medidas de apoyo, son tan extraordinarias y suponen una dependencia de tal calibre de la persona en relación a dichos apoyos, que sin ellos la persona no podría integrarse efectivamente en la sociedad y en igualdad de condiciones con el resto". Así pues, continúa, "la esencia del término discapacidad es, sencillamente, junto a la existencia de barreras sociales, la falta de medidas de apoyo suficientes para sortear dichas barreras y conseguir la participación plena y efectiva en la sociedad de las personas afectadas por una deficiencia previsiblemente permanente"[52].

En este sentido, la SAP Sevilla 27 febrero 2024[53] señala que:

> "En cuanto al concepto de discapacidad que contenía el antiguo artículo 200 del CC es inservible pues se refería como causas de incapacitación a las enfermedades o deficiencias persistentes de carácter físico o psíquico que impidan a la persona gobernarse por sí misma. El artículo 1 de la Convención sobre los derechos de las personas con discapacidad establece: 'Las personas con discapacidad incluyen a aquellas que tengan deficiencias físicas, mentales, intelectuales o sensoriales a largo plazo que, al interactuar con diversas barreras, puedan impedir su participación plena y efectiva en la sociedad, en igualdad de condiciones con las demás'. Y el Preámbulo de la Convención recoge

---

51 En el mismo sentido, De Fuentes García-Romero de Tejada, C.: "Sobre el concepto jurídico", cit., p. 85.

52 De Fuentes García-Romero de Tejada, C.: "Sobre el concepto jurídico", cit., p. 86.

53 SAP Sevilla 27 febrero 2024 (*Tol 10122719*).

> en su apartado e) 'Reconociendo que la discapacidad es un concepto que evoluciona y que resulta de la interacción entre las personas con deficiencias y las barreras debidas a la actitud y al entorno que evitan su participación plena y efectiva en la sociedad, en igualdad de condiciones con las demás'. Podemos pues atender que el concepto jurídico de discapacidad a que se refiere la ley es la condición que hace que una persona tenga dificultades para desarrollar tareas y actos en los distintos aspectos de su vida, y que pueden dificultarle el ejercicio de su capacidad jurídica (artículo 271 del CC) en igualdad de condiciones que los demás. Esta discapacidad puede ser psíquica, (trastornos mentales como esquizofrenia, depresión, trastorno bipolar, de conducta, de la personalidad así como deterioros cognitivos de mayores) o física (falta o alteración funcional de una de las partes del cuerpo que produce disminución o inamovilidad y por ultimo sensorial (visual o auditiva)".

Por otra parte, el Tribunal de Justicia de la Unión Europea, en varias sentencias[54], ha realizado una interesante definición del concepto de discapacidad aunque circunscrito al ámbito laboral que, sin embargo, nos pueden ayudar a determinar esta esquiva definición. La STJUE HK Danmark de 11 de abril de 2013[55] estimó que la discapacidad:

> "se refiere a una limitación, derivada en particular de dolencias físicas, mentales o psíquicas que, al interactuar con diversas barreras, puede impedir la participación plena y efectiva de la persona de que se trate en la vida profesional en igualdad de condiciones con los demás trabajadores".

---

54 Así las SSTJUE de 11 de julio de 2006 (asunto C-13/05, Chacón Navas), de 11 de abril de 2013 (asuntos acumulados C-335/11 y C-337/11, HK Danmark) y de 18 de marzo de 2014 (asunto C-363/12, Z y A).

55 STJUE HK Danmark de 11 de abril de 2013 (asuntos acumulados C-335/11 y C-337/11, HK Danmark).

Y que, tan sólo si una enfermedad (ya sea curable o incurable) es de larga duración y acarrea una limitación del tipo de la antes indicada, "tal enfermedad puede estar incluida en el concepto de 'discapacidad' en el sentido de la Directiva 2000/78". Pero que cualquier limitación o enfermedad no es una discapacidad en sí misma. No toda enfermedad se debe equiparar con discapacidad, únicamente aquélla que provoque una limitación que impida bien el acceso, bien el ejercicio, bien el progreso en un empleo, lo que entiendo que es aplicable a otro tipo de ejercicio de derechos. En opinión de De Fuentes, la sentencia HK Danmark realiza otras dos afirmaciones verdaderamente importantes al establecer que "el concepto de 'discapacidad' debe entenderse en el sentido de que se refiere a un obstáculo para el ejercicio de una actividad profesional, pero no "como una imposibilidad de ejercer tal actividad" y pone de manifiesto que "la constatación de la existencia de una discapacidad no depende de la naturaleza de los ajustes, como la utilización de equipamiento especial". Y, por ello, las medidas de ajuste "son la consecuencia y no el elemento constitutivo del concepto de discapacidad" de ahí que la obligación legal de realizar estos ajustes sólo se aplica "a condición de que exista (previamente) una discapacidad". En resumen, la concepción de la discapacidad para el TJUE se encuentra no tanto en la deficiencia o dolencia "física, mental o psíquica" -no hay mención a la sensorial y la psíquica se equipara a la intelectual- como en la limitación que ésta provoca al interactuar con barreras 'diversas' que no especifica; limitación de cierto grado o importancia y a largo plazo aunque no se requiera que sea permanente[56].

De todo lo expuesto, se podría afirmar que la discapacidad es una dolencia física, psíquica, cognitiva o sensorial, de cierta

---

[56] De Fuentes García-Romero de Tejada, C.: "Sobre el concepto jurídico", cit., pp. 89-90.

importancia y gravedad que no es posible paliar ni con medidas de apoyo o ajustes para que la persona sea capaz de entender y querer el acto que va a llevar a cabo y/o a su vez, sea capaz de expresar su voluntad libremente, sin influencias indebidas.

A este respecto y aunque en materia sucesoria nuestro Código Civil no distingue entre los distintos tipos de discapacidad, sin embargo, nos remite en la reformada DA 4ª CC al concepto definido por la Ley 41/2003. El objetivo de esta DA 4ª CC es el de esclarecer el tipo de discapacidad relevante en la aplicación de las diferentes normas del Código Civil, lo que se ha convertido en cuestión nada fácil de establecer, y que complica la determinación de quién es el verdadero destinatario de las diferentes normas de los arts. 96, 756.7, 782, 808, 822 y 1041 CC[57]. Ahora bien, en relación con estos preceptos no basta con la referencia a la Ley 41/2003 sino que habrá que estar a lo dispuesto en la Ley 39/2006, dos leyes que gradúan a las personas según distintos parámetros. Sin embargo, la reforma no se dirige únicamente a estas personas, sino que "el referente subjetivo de la ley es más amplio que eso y porque es más verdad que los apoyos los puede usar cualquier persona y que puede servirse de apoyos que el Código Civil no menciona -aunque sí lo hace la ley de reforma, en uno u otro lugar-, como los apoyos puramente informales, inestables y de su entorno social. Además, la discapacidad tampoco es una exigencia desde el momento en que la persona que usa apoyos no está obligada a aducir su condición de tal, por un lado y, por otro, porque la situación de dependencia no es asimilable a la de discapacidad. Y, puesto que la Convención sí es específica para esta última condición, es claro que la reforma ha ido más allá de la Convención. Un exceso que no merece reproche en modo alguno, pero que sí

---

57 Álvarez Lata, N.: "Setenta y siete. Disposición Adicional Cuarta CC", en *Comentarios a la Ley 8/2021 por la que se reforma la legislación civil procesal en materia de discapacidad* (dir. por C. Guilarte), Thomson Reuters Aranzadi, Cizur Menor, 2021, pp. 1068-1073, en p. 1070.

provoca ciertas complejidades y hace necesario enfocar a esa luz todo el edificio de los apoyos y sus destinatarios”[58].

> En el caso de los demás preceptos en que se haga alusión a las personas con discapacidad, la DA 4ª CC establece que "toda referencia a la discapacidad habrá de ser entendida a aquella que haga precisa la provisión de medidas de apoyo para el ejercicio de la capacidad jurídica", como la de los supuestos contemplados en materia sucesoria en los arts. 665, 708, 709, 753, 756.2, 996, 1052, 1057, 1060 CC. Ambas acepciones de la discapacidad, se incluyen en el concepto diverso y amplio contenido en el art. 1 de la Convención[59].
>
> En primer lugar, y por específica remisión de la DA 4ª CC, el concepto de discapacidad definido por el art. 2 Ley 41/2003 dispone que son personas con discapacidad las que presenten una discapacidad psíquica igual o superior al 33 por ciento, así como las que presenten una discapacidad física o sensorial igual o superior al 65 por ciento. Como ya hemos señalado, el art. 2 Ley 39/2006, define la dependencia como "el estado de carácter permanente en que se encuentran las personas que, por razones derivadas de la edad, la enfermedad o la discapacidad, y ligadas a la falta o a la pérdida de autonomía física, mental, intelectual o sensorial, precisan de la atención de otra u otras personas o ayudas importantes para realizar actividades básicas de la vida diaria o, en el caso de las personas con discapacidad intelectual o enfermedad mental, de otros apoyos para su autonomía personal" y en su art. 26 clasifica las situaciones de dependencia en tres grados: Grado I. Dependencia moderada: cuando la persona necesita ayuda para realizar varias actividades básicas de la vida diaria, al menos una vez al día o tiene necesidades de apoyo intermitente o limitado para su autonomía personal, que no interesa a los efectos analizados. Grado II. Dependencia severa: cuando la persona necesita ayuda para realizar varias actividades básicas de la vida diaria dos o tres veces al día, pero no quiere el

---

58 *Vid.* al respecto, Marín Calero, C.: *La integración de las personas con discapacidad en el Derecho Civil. Una crítica constructiva a la Ley 8/2021*, Aferre, Barcelona, 2022, p. 100.

59 En el mismo sentido, Álvarez Lata, N.: “Setenta y siete”, cit., p. 1070.

apoyo permanente de un cuidador o tiene necesidades de apoyo extenso para su autonomía personal. Y Grado III. Gran dependencia: cuando la persona necesita ayuda para realizar varias actividades básicas de la vida diaria varias veces al día y, por su pérdida total de autonomía física, mental, intelectual o sensorial, necesita el apoyo indispensable y continuo de otra persona o tiene necesidades de apoyo generalizado para su autonomía personal. Así pues, las personas destinatarias de las medidas mencionadas en los arts. 96, 756.7, 782, 808, 822 y 1041 CC son aquellas que presenten una discapacidad psíquica igual o superior al 33 por ciento, así como las que presenten una discapacidad física o sensorial igual o superior al 65 por ciento. A éstas hay que añadir a las personas en situación de dependencia de los grados II y III de la Ley 39/2006 con independencia de que necesiten o estén provistas de medidas de apoyo[60]. Todas estas situaciones deben ser acreditadas por certificación administrativa o resolución judicial. Sin embargo, recordemos que dependencia no es asimilable a la de discapacidad[61].

De acuerdo con el párrafo segundo de la DA 4ª CC, por un lado, la alusión a la "discapacidad" que se realice en los demás preceptos que en materia sucesoria la DA 4ª CC no menciona, habrá que entenderla en relación con las personas con discapacidad que mencionan los arts. 665, 708, 709, 753, 756.2, 996, 1052, 1057, 1060 CC. Por otro lado, la alusión a la "discapacidad" deberá de ser entendida a aquella que haga precisa la provisión de medidas de apoyo para el ejercicio de la capacidad jurídica, salvo que otra cosa resulte de la dicción del precepto. Luego se considera persona con discapacidad a quienes -mencionados en los arts. 665, 708, 709, 753, 756.2, 996, 1052, 1057, 1060 CC- precisen medidas de apoyo con independencia de su grado de discapacidad siempre que ello suponga una barrera o una limitación.

La solución de la DA 4ª CC no me parece adecuada sino incoherente y contradictoria porque las personas que presenten una discapacidad física superior al 65 por ciento pueden, en la mayoría de los casos, no necesitar ningún

60 Así, Álvarez Lata, N.: "Setenta y siete", cit., p. 1071.

61 *Vid.* Marín Calero, C.: *La integración de las personas*", cit., p. 100.

> tipo de apoyo para testar; o los que presenten una discapacidad sensorial igual o superior al 65 por ciento y que, por tanto, están definidas en el art. 2 de la Ley 41/2003, pueden otorgar testamento de acuerdo con los arts. 695, 697, 706, 708 y 709 CC, y no siempre necesitan apoyos (normalmente no los necesitan), sino ciertos ajustes (el sistema Braille, etc.) y estos preceptos, que sí les afectan, tampoco se mencionan entre los enumerados en el párrafo primero de la DA 4ª CC. Y exactamente lo mismo, respecto a los que presenten una discapacidad psíquica igual o superior al 33 por ciento, si a juicio del notario, en el momento de otorgar testamento, pueden comprender, querer y manifestar su voluntad y el alcance de sus actos. A su vez, el art. 681.1.4 CC no permite que sean testigos en los testamentos las personas que "no presenten el discernimiento necesario para desarrollar la labor testifical", sin indicar cuál debe ser éste y en qué grado; o el art. 742 CC que impide presumir revocado el testamento que presenta desperfectos cuando el testador "esté afectado por alteraciones graves de su salud mental" de las que tampoco da razón o explicación.
>
> Parece ser que la discapacidad relevante en esta materia es la de la persona que necesita medidas de apoyo para el ejercicio de su capacidad jurídica, esto es, para desarrollar su propio proceso de toma de decisiones, aunque la noción, opina Álvarez Lata "queda conscientemente ambigua, evitando cualesquiera referencias médicas o diagnósticas -es decir, cualquier atisbo del modelo médico de la discapacidad; en tanto que se asume claramente el modelo social, por otra parte fundamento de la CDPD-; menos aún se hace mención al déficit de juicio o de autogobierno, clave del sistema anterior"[62].

No obstante, la discapacidad que debemos tener en cuenta en materia sucesoria es la que tradicionalmente venimos entendiendo por "discapacidad intelectual" o cognitiva -porque esta discapacidad dificulta la toma de decisiones conscientes con relevancia jurídica-, y no tanto en la discapacidad física o sensorial. En opinión de Martínez de Aguirre, hay diferentes

---

62 Álvarez Lata, N.: "Setenta y siete", cit., p. 1072.

capacidades mentales y que “algunas de estas capacidades disminuyen, hasta hacer desaparecer, en algunos casos, la capacidad natural de conocer y querer, y por tanto de tomar decisiones, es algo objetivo”[63].

La noción de discapacidad, vinculada a la necesidad de apoyos atiende a como se manifiesta esta discapacidad en el proceso de toma de decisiones y actuación concreta de la persona para un acto o una serie de actos y “no como una característica ‘estática’ que posee[64].

En opinión de Marín[65] se podría distinguir, al menos, entre tres grupos de problemas que afectan a las personas en esta materia: 1) personas con discapacidad; 2) personas con trastornos de conducta que las llevan a malgastar los bienes que constituye su medio de vida; y 3) personas con demencia o dificultades cognitivas. En todo caso, la discapacidad no es unívoca. Será diferente en cada persona, caso a caso, y en cada momento vital de aquella y en relación con la situación a la que deba hacer frente.

La discapacidad intelectual o cognitiva afecta a aquellas personas que no poseen el discernimiento necesario para conocer, para comprender el acto o contrato en cuestión, carecen de capacidad suficiente para querer y entender acerca del significado o alcance del acto o contrato, o lo que éste representa para ellas así como del carácter beneficioso o perjudicial que puede suponerles[66]. También las personas con enfermedad o discapacidad mental pueden encontrarse en esta situación. Se

---

63 Martínez de Aguirre, C.: “La Observación General”, cit., p. 111.

64 Álvarez Lata, N.: “Setenta y siete”, cit., p. 1073.

65 Marín Calero, C.: *La integración de las personas*”, cit., p. 100.

66 Sánchez Hernández, A.: “Aspectos generales de la reforma del Código Civil relativa a las personas con discapacidad intelectual en el ejercicio de su capacidad jurídica” *Revista Boliviana de Derecho,* núm. 33, enero 2022, pp. 14-51, p. 21.

trata de personas con una enfermedad mental degenerativa, como el alzhéimer, que cursa con distintas fases, luego habrá que analizar la fase en que se encuentra la persona para determinar su capacidad sucesoria. Existen multitud de otros tipos de enfermedades mentales como la demencia, la esquizofrenia, la psicosis, los delirios, los trastornos de conducta, etc., en los que la persona puede expresarse de forma coherente pero en los que puede existir, a su vez, una grave desconexión con la realidad, como cuando surgen los denominados "brotes". Estas enfermedades, no obstante, pueden ser controladas con ciertos fármacos y permitir a quien las padece una vida normal y una plena actuación jurídica.

A su vez, hay personas que tienen dificultades para hablar o expresar sus pensamientos y voluntad aun cuando su comprensión del acto o negocio jurídico y sus efectos sea normal[67]. Y personas en las que su cognición es perfecta pero tienen graves deficiencias sensoriales, ya sean auditivas, visuales o del habla (o varias al mismo tiempo como la sordoceguera), que requieren de ciertos ajustes para la realización de algunos actos y negocios jurídicos en materia jurídica, en general y, sucesoria, en particular. En la medida en que los apoyos y ajustes que requieren les faciliten el pleno entendimiento, compresión y manifestación de su libre voluntad, podrán actuar por sí mismas con plenos efectos en la esfera jurídica con independencia del pleno reconocimiento de su capacidad jurídica, al que todos tenemos derecho como personas, en igualdad de condiciones con los demás[68].

---

67 *Vid.* al respecto, Marín Calero, C.: *La integración de las personas*, cit., p. 54.

68 y dignidad humana", en *Fundamentos de conocimiento jurídico: la capacidad jurídica* (coord. por A. Sánchez de la Torre), Dykinson, Madrid, 2005, pp. 376 y 383, la discapacidad "es una forma de capacidad en que manifiesta una existencia. No es una negación total de capacidad pues ello sería una incapacidad, sino un medio o manera

Así pues, y en virtud de la renovada regulación del ejercicio de la capacidad por las personas con discapacidad, llevado a cabo por la reforma introducida por la Ley 8/2021, ya no es posible privarlas o limitarles, con carácter general, de su capacidad jurídica, que se considera como un atributo inherente a su persona, por lo que resultan de gran interés las disposiciones transitorias de la Ley que han permitido la transición del antiguo orden legal a este nuevo sistema más respetuoso con las personas. En este sentido, la Disposición Transitoria Primera, en vigor desde el 3 de septiembre de 2021, dispuso que, a partir de esa fecha, las meras privaciones de derechos de las personas con discapacidad, o de su ejercicio, quedaran sin efecto. En consecuencia, y al quedar sin efecto las privaciones de derechos de las personas con discapacidad, una vez abolida la modificación judicial de la capacidad, recobran éstas *ope legis*, su plena autonomía y capacidad de obrar[69], desapare-

---

de estar modelada para cada uno el alcance de la propia capacidad, y denota una manera especial de ser capaz".

69 La STS 8 septiembre 2021 (*Tol 8585229*), señala que la declaración legal expresa de la ineficacia de cualquier privación de derechos o de su ejercicio que pudiera quedar subsistente como parte del contenido de los pronunciamientos judiciales anteriores a la reforma o que se estableciera legalmente: "La reforma suprime la declaración de incapacidad y se centra en la provisión de los apoyos necesarios que una persona con discapacidad pueda precisar "para el adecuado ejercicio de su capacidad jurídica", con la "finalidad (de) permitir el desarrollo pleno de su personalidad y su desenvolvimiento jurídico en condiciones de igualdad (art. 249 CC)". Por su parte, la STS 19 octubre 2021 (*Tol 8628066*), FJ 6, señala que la aplicación de la nueva ley: "...determina que se deje sin efecto la declaración de incapacidad, que ya no existe como tal, la cual debe ser sustituida por la procedencia de fijación de medidas judiciales de apoyo. Procede, igualmente, la sustitución de la tutela por la curatela, ya que aquélla queda circunscrita a los menores de edad, no sujetos a la patria potestad o que se hallen en situación de desamparo (art. 199 CC). Ahora bien, por falta de vinculación con el recurso de casación interpuesto, no procede, en este trance decisorio, revisar las concre-

ciendo de nuestro Derecho el concepto de incapaz de obrar para las personas mayores de edad y sustituyéndose el antiguo sistema tutelar por nuevo sistema de apoyos específico a la conformación de la voluntad de la persona que lo necesite y en la medida que los necesite, "con la excepción de los supuestos del curador plenamente representativo y el defensor judicial representativo y, aun en estos casos, cuando la persona con discapacidad tenga menoscabadas sus facultades intelectuales en tal grado que requieran un curador representativo, éste habrá de tener en cuenta la trayectoria vital, los valores y las creencias de la persona a la que preste apoyo y tratará de determinar la decisión que hubiera tomado aquélla en caso de no requerir representación, teniendo en cuenta los factores que habría tomado en consideración (Art. 249. III CC)[70].

Ahora bien, lo que es verdaderamente relevante a los efectos de nuestro estudio, es la distinción entre la asistencia o apoyos de carácter personal -para el cuidado de la persona en su vida diaria- de los apoyos jurídicos. En este sentido, señala Guilarte que la reforma que introduce la Ley 8/2021 se centra en el proceso de toma de decisiones con relevancia jurídica de una persona con discapacidad que se encuentra en situación de precisar apoyos en este ámbito, es decir, de tipo jurídico, por lo tanto, la reforma se centra en las personas con discapacidad intelectual o psicosocial. La reforma, según la autora, no se centra en dar respuesta a las actividades de la vida diaria o

---

tas medidas judiciales de apoyo acordadas hace años, sin perjuicio de la aplicación, en su momento, de la disposición transitoria quinta de la Ley 8/2021". Consecuentemente, aquellas sentencias que limiten *in genere* derechos como la facultad de testar de una persona con discapacidad, habrán de quedar sin efecto por aplicación de la DT 1ª de la Ley además de por lo dispuesto en el art. 269 in fine CC.

70 Bustos Lago, J. M.: "Presentación", en *El nuevo sistema de apoyo a las personas con discapacidad y su incidencia en el ejercicio de su capacidad jurídica* (coord. por N. Álvarez Lata), Thomson Reuters Aranzadi, Cizur Menor, 2022, pp. 15-17, en p. 16.

doméstica sino de garantizar que estas personas, cuando quieran o deban tomar una decisión con relevancia jurídica, lo hagan en igualdad de condiciones que todas las demás[71]. Cierto. Pero la reforma, además de lo antedicho, introduce numerosas normas "protectoras" en favor de las personas con discapacidad en materia sucesoria como los arts. 782, 808, 822 CC que, además, pueden conducir en ocasiones a una desheredación de facto de los colegitimarios de la persona con discapacidad[72], en un claro ejercicio de discriminación contra los que no tienen discapacidad, entre otras cuestiones que analizamos más adelante.

Así pues, si nos detenemos un momento parece que esto no forma parte del nuevo paradigma de la discapacidad que partiendo de la Convención se pretende implementar en el ordenamiento jurídico español mediante la Ley 8/2021. Por el contrario, el novísimo planteamiento sobre la discapacidad se asienta sobre un principio o premisa según el cual el sistema ya no protege[73] (o no debe hacerlo) los intereses de la persona expuesta a los riesgos de su dolencia sino que el sistema propugna -de manera prioritaria- el desarrollo autónomo de la persona con discapacidad, aun con apoyos y ajustes si cabe, posibilitando y favoreciendo el acceso de estas personas al ejercicio sin restricciones ni barreras de todos sus derechos y a la

---

71 Guilarte Martín-Calero, C.: "Las grandes líneas", cit., p. 22.

72 De Amunátegui Rodríguez, C.: Tratamiento de la discapacidad", cit., en p. 457.

73 Carrasco Perera, Á.: "Contratación por discapacitados con y sin apoyos", en *El nuevo sistema de apoyo a las personas con discapacidad y su incidencia en el ejercicio de su capacidad jurídica* (coord. por N. Álvarez Lata), Thomson Reuters Aranzadi, Cizur Menor, 2022, pp. 239-276, en p. 240, para quien el nuevo paradigma de la discapacidad se asienta sobre un postulado ideológico radical y altamente contrafáctico, aunque aclara que tales epítetos no comportan una crítica ni una reivindicación de un determinado modelo funcional o psiquiátrico de la discapacidad.

asunción, por ende, de todas sus obligaciones y responsabilidades. Se trata de la implementación del denominado "modelo social" de la discapacidad que se atemperará (o no) por el trascurso del tiempo y la realidad fáctica. Así, para Carrasco, muy crítico con la reforma, el propósito del art. 12 de la Convención (y de nuestra reforma por la Ley 8/2021) no es tanto la autonomía personal de la persona con discapacidad como la no discriminación (en mi opinión, tanto una como otra). Luego, para ser congruentes, la no discriminación reclama la absoluta inexistencia de normas particularmente protectoras de las personas con discapacidad, lo que nos lleva a la convulsión del sistema normativo[74].

Por tal razón, el sistema nace débil porque no opera consecuentemente con sus propios postulados, puesto que, salvo las personas que padecen una discapacidad que no interfiere en su proceso cognitivo ni volitivo, las que padecen una discapacidad psíquica o mental que sí interfiere en su proceso cognitivo o volitivo van a requerir de apoyos en este sentido. Y si, por ello, se constituye una curatela representativa para que les "apoye", se le van a sustraer numerosas operaciones relevantes del tráfico jurídico que recaerán en el curador, necesite o no éste último autorización judicial; a todo ello se añade que aquellas decisiones del curador o de éste con autorización del juez, deben respetar los deseos y preferencias -si acaso las manifestó- de quien no puede entender o querer de manera suficiente para emitir un consentimiento con efectos jurídicos y necesita del apoyo del curador representativo cuando pueda ser, esto es, si el acto o negocio jurídico no es personalísimo.

Así pues, en este aspecto no parece que se haya progresado demasiado, quizás porque las soluciones son muy complejas para los intereses de las personas sometidas a la curatela representativa. En los demás casos, se aprecia una clara incon-

[74] Carrasco Perera, Á.: "Contratación por discapacitados", cit., p. 240.

gruencia de un sistema que pretende adoptar lo mejor de los dos mundos en conflicto cuando se protege y "tutela" a unos sujetos (las personas con discapacidad) a las que considera con capacidad plena para actuar con eficacia en Derecho aunque necesiten apoyos para la realización de ciertos actos jurídicos y ello a pesar de su reconocida autonomía personal. Así las cosas, ello también debe conllevar la asunción de los riesgos y consecuencias en su actuación en el tráfico jurídico y un trato sin protecciones especiales y, por tanto, igualitario a las demás personas sin discapacidad[75] o, de lo contrario, se traiciona el espíritu de la reforma[76]. Asimismo, lo evidencia De Amunáte-

---

75 Según reza el art. 1 CDPD de lograr "la participación plena y efectiva (de las personas con discapacidad) en la sociedad, en igualdad de condiciones con las demás" y, de acuerdo con el Preámbulo de la Ley 8/2021, en "la comprensión de las personas con discapacidad como sujetos plenamente capaces, en la doble dimensión de titularidad y ejercicio de sus derechos que ha de repercutir también de modo ineluctable en la idea de responsabilidad, lo que ha de conllevar el correlativo cambio en el concepto de imputación subjetiva en la responsabilidad civil por hecho propio y en una nueva y más restringida concepción de la responsabilidad por hecho ajeno".

76 Carrasco Perera, Á.: "Contratación por discapacitados", cit., p. 248. En contra, por todos, García Rubio, M. P.: "Comentario al art. 1291 CC", en *Comentario articulado a la reforma civil y procesal en materia de discapacidad*, Aranzadi, 2022, p. 628 y 651 y Guilarte Martín-Calero, C.: "Artículo 250 CC", en *Comentarios a la Ley 8/2021 por la que se reforma la legislación civil procesal en materia de discapacidad* (dir. por C. Guilarte), Thomsom Reuters Aranzadi, Cizur Menor, 2021, vol. III, pp. 545 y 547. Por otra parte, para Llamas Pombo, E.: "La responsabilidad civil", cit., p. 278, efectivamente, en lógica jurídica el pleno reconocimiento de derechos debe llevar aparejada la plena asunción de responsabilidades, en las mismas condiciones de igualdad, de modo que eximir a las personas con discapacidad de la responsabilidad por sus acciones constituye una afrenta inadmisible. Igualmente, Yañez Rivero, F.: "The 2006 New York Convention and obligations of persons with disabilities: liability for damages within the scope of Civil Law and Common Law", *Comunitania. Revista Inte-*

gui[77] que además de criticar algunas más que notorias incoherencias de la reforma poco acordes con los postulados de la Convención, analiza los supuestos de discriminación positiva que se desprenden del articulado reformado que mantiene la mentalidad "protectora" hacia la persona con discapacidad a la vez que la declara "igual" a las que no padecen discapacidad, lo que obstaculiza la plena, real y efectiva inclusión y la absoluta igualdad de estas personas. Especialmente, porque se parte de "la implícita idea de que las limitaciones a la libertad de disponer son buenas para las personas con discapacidad, privándoles del ejercicio en plenitud de sus derechos o excluyéndolas de la toma de decisiones"[78], también después de la reforma, si atendemos al restrictivo art. 753 CC, entre otros. En tales casos, la autora plantea que toda norma que presente algún tipo de anulación de los principios de igualdad, libertad de decisión en relación con sus asuntos personales y patrimoniales, respeto a su voluntad y preferencias, debe ser revisada (y modificada o suprimida en mi opinión) si se quiere dotar a la reforma de coherencia.

2. EL CONCEPTO DE VULNERABILIDAD

Al hilo de lo expuesto y una vez examinado el concepto de discapacidad, concepto jurídico indeterminado que requiere

---

nacional de Trabajo Social y Ciencias Sociales, núm. 3, 2012, p.12, para quien estos estigmas deberían ser eliminados de algunos códigos civiles.

77 De Amunátegui Rodríguez, C.: "Veintisiete. El artículo 663 CC", en *Comentarios a la Ley 8/2021 por la que se reforma la legislación civil y procesal en materia de discapacidad,* (dir. por C. Guilarte Martín-Calero), Thomson Reuters Aranzadi, Cizur Menor, 2021, pp. 879-887, en pp. 884-885.

78 Claros casos de estas afirmaciones son los arts. 753 y 782 CC que más adelante analizaremos.

de mayores precisiones legales, doctrinales y jurisprudenciales, me planteo otra cuestión directamente relacionada con esta problemática: la vulnerabilidad. Como señala Fernández De Buján, "todas las personas son iguales en dignidad, y al mismo tiempo, singulares, distintas, incomparables, únicas, irrepetibles. Muchas personas, cada vez más, son dependientes, frágiles, vulnerables, necesitadas de pleno reconocimiento de su capacidad jurídica, de asistencia, de apoyos y de ayudas, para sentirse seguras, tomar decisiones y progresar"[79].

La definición de vulnerabilidad no es sencilla y debe ser delimitada para una adecuada garantía de los derechos de las personas vulnerables. En primer lugar, conviene distinguir que no es lo mismo ser potencialmente vulnerable, esto es, "estar expuesto" a la vulnerabilidad -o en situación de vulnerabilidad-, por la sola razón de tener determinadas características, que "ser" en realidad vulnerable. Así, el adjetivo vulnerable hace referencia a aquello que puede ser dañado y en relación con las personas, es vulnerable quien puede sufrir lesiones físicas o morales. Las personas vulnerables se caracterizan por ser frágiles e incapaces de soportar alguna situación o actuación como es el caso de los menores, personas con discapacidad y personas ancianas a la que se les supone una mayor fragilidad con respecto a otros grupos de personas, en determinadas situaciones.

Al respecto, podemos distinguir distintos tipos de vulnerabilidad si tenemos en cuenta los factores que la producen. Por un lado, la vulnerabilidad primaria o endógena, referida a la vulnerabilidad física. En este caso, es posible que la causa se halle en la naturaleza misma de las personas y que sufren quie-

79 Fernández De Buján, A.: "La Ley 8/2021, para el apoyo a las personas con discapacidad en el ejercicio de su capacidad jurídica: un nuevo paradigma de la discapacidad", *Diario La* Ley, núm. 9961, Sección Tribuna, 2021.

nes tienen capacidades diferentes a causa de la edad, el sexo o las discapacidades físicas, sensoriales o intelectuales, que les sitúan en desventaja o les exponen a diferentes riesgos. Es por ello, que gran parte de los instrumentos jurídicos internacionales que persiguen la protección y defensa de los derechos humanos hayan definido como grupos vulnerables a los mencionados[80].

Junto a la vulnerabilidad primaria existen otros tipos de vulnerabilidad en los que la causa generadora de la exposición social puede provenir de factores exógenos. En este caso, a la propia condición personal se suman otras causas que sitúan a las personas en riesgo de vulnerabilidad. Estas causas provienen principalmente de la condición socioeconómica y de la concreta regulación jurídica y son denominadas por un sector de la doctrina[81] como vulnerabilidad típica o socioeconómica[82] y vulnerabilidad jurídica respectivamente.

---

80 La Convención sobre la eliminación de todas las formas de discriminación contra la mujer (Resolución 34/180, de 18 de diciembre de 1979); la Convención sobre los derechos del niño de 20 de noviembre de 1989; Convenio núm. 182 de la OIT sobre la prohibición de las peores formas de trabajo infantil y de la acción inmediata para su eliminación de 17 de junio de 1999; el Convenio sobre pueblos indígenas y tribales en países independientes de 20 de junio de 1989; la Declaración sobre el derecho de los pueblos a la paz (Resolución 39/11, de 12 de noviembre de 1984), etc.

81 En tal sentido, Uribe Arzate, E. y González Chávez, M. L.: "La protección jurídica de las personas vulnerables", *Revista de Derecho,* Universidad del Norte, núm. 27, 2007, pp. 205-229, en p. 213; y Mariño Menéndez, F.: "Introducción y aproximación a la noción de persona y grupo vulnerable en el Derecho europeo", en *La protección de las personas y grupos vulnerables en el derecho europeo"* (dir. por F. M., Mariño Menéndez y C. R. Fernández Liesa), Universidad Carlos III, Madrid 2001, pp. 19-26, en p. 19.

82 La vulnerabilidad típica tiene su origen en la situación socioeconómica de las personas, quienes se encuentran por debajo de las condiciones mínimas necesarias para una subsistencia digna y sufi-

La vulnerabilidad típica o socioeconómica es una situación de "debilidad de ciertas clases de personas y su consecuente indefensión frente a las exigencias sociales de normalidad"[83]. Así es posible entender por "persona vulnerable" a quien por sus características físicas, sociales, culturales o económicas se encuentra en situación de desventaja desde el punto de vista social y/o económico [84]. Las personas pueden encontrarse en situación de vulnerabilidad por edad, soledad, situación económica y/o enfermedad. Y esta vulnerabilidad, que les impide hacer frente a una subsistencia digna, puede afectar en una importante proporción al cónyuge viudo, normalmente la mujer, pues no siempre son los hijos y descendientes los que pueden padecer una discapacidad aunque esta realidad no haya sido atendida por legislador en la reforma de 2021[85].

Por tal razón, estos tipos de vulnerabilidad requieren de políticas legislativas adecuadas que consideren estas desventajas y permitan contrarrestar las penurias económicas y/o sociales y corregir las desigualdades. En consecuencia, si esas políticas legislativas son inexistentes o insuficientes o introducen medidas que propician un trato desigual y discriminatorio, podemos distinguir otro tipo de vulnerabilidad que proviene de la ley

---

ciente, como la situación económica debido a las bajas pensiones a la que se ve abocado el cónyuge viudo tras la muerte de su consorte y a la que se le pueden sumar la vulnerabilidad primaria debida a su edad y soledad y/o condiciones de salud, así como la vulnerabilidad jurídica debida a la falta de protección legal.

83 En tal sentido, Mariño Menéndez, F.: "Introducción y aproximación", cit., p. 19.

84 Uribe Arzate, E. y González Chávez, M. L.: "La protección jurídica", cit., p. 213 y ss.

85 De acuerdo con los datos proporcionados por el INE, en 2022 el número de personas viudas mayores de 70 años asciende a 2.666.07, cifra que asciende a 2.026.040 sólo en los tres primeros trimestres de 2023 y de las cuales el 80% son mujeres. https://www.ine.es/jaxiT3/Datos.htm?t=4031 (Consultado 6/09/2024).

-de las deficiencias legislativas de los ordenamientos jurídicos vigentes- o que deriva de la falta de su regulación o prevención de las causas que provocan estas situaciones, denominado vulnerabilidad jurídica y que da lugar a lo que la doctrina da en llamar el *vulnerable vulnerado*[86], que tiene lugar cuando las disposiciones jurídicas no previenen, mitigan o erradican las causas que propician los diferentes tipos de vulnerabilidad; cuando no se elaboran normas específicas de protección de los colectivos y/o personas en situación de vulnerabilidad con la finalidad de evitar la existencia de personas *vulnerables vulneradas.*

Así pues, las normas deben ofrecer una protección adecuada y promover la eliminación de aquellas barreras que impidan el disfrute de los derechos y permitan distinguir entre personas vulnerables y personas en situación de vulnerabilidad. Por ello, si la persona en situación de vulnerabilidad es adecuadamente protegida por las normas jurídicas, por el sistema de Derecho, no cabe entender que esta persona pueda ser considerada como vulnerable[87].

Luego la vulnerabilidad de la persona (con o sin discapacidad) es la que verdaderamente le impide -si no recibe los apoyos, ajustes y/o la protección legal adecuados -, su plena, efectiva e igualitaria integración en la sociedad.

Pero no parece ésta la visión del legislador. El legislador entiende que las personas con discapacidad, grupo numeroso,

---

86 *Vid*, en tal sentido, Uribe Arzate, E. y González Chávez, Mª. L.: "La protección jurídica", cit., p. 210.

87 En este sentido, *Vid.* Trinidad Núñez, P.: "La evolución en la protección de la vulnerabilidad por el derecho Internacional de los derechos humanos", *Revista Española de Relaciones Internacionales.* núm. 4, p. 129.

son un grupo vulnerable[88]. La realidad es que las personas con discapacidad son personas que de manera individual pueden ser vulnerables pero que como grupo se encuentran en situación de vulnerabilidad. Recordemos que no es lo mismo ser potencialmente vulnerable, esto es, "estar expuesto" a la vulnerabilidad por la sola razón de tener determinadas características (como la edad o ciertas discapacidades), que "ser" en realidad vulnerable. Una discapacidad visual grave no convierte a la persona con esta deficiencia en vulnerable ni tampoco en "discapaz" a los efectos de la reforma, siempre que cuente con los ajustes necesarios -técnicos y legales- que le permitan v. gr., otorgar testamento. Por el contrario, otro tipo de discapacidades o de factores endógenos y exógenos provocan vulnerabilidad en ciertas personas.

Y quizás sea por ello que, pese al pleno reconocimiento de la igualdad de las personas con discapacidad, no podemos dejar de lado la vulnerabilidad de la mayoría de ellas[89], y aquí sí, es donde el legislador se plantea protegerlas, no por su discapacidad, porque ello conllevaría dar un trato discriminatorio

---

88 Si atendemos a la primera frase de la Exposición de Motivos del RDL 1/2013, se afirma que "las personas con discapacidad conforman un grupo vulnerable y numeroso". Y en su ya mencionado art. 4 LGD señala que "presentan deficiencias físicas, mentales, intelectuales o sensoriales, previsiblemente permanentes que, al interactuar con diversas barreras, puedan impedir su participación plena y efectiva en la sociedad, en igualdad de condiciones con los demás".

89 Como ya señaló el Informe del CGPJ Anteproyecto de Ley por la que se reforma la legislación civil y procesal en materia de discapacidad de 20 de noviembre de 2018, p. 100, en relación con la indeterminación de los caracteres de la discapacidad: "cabría cuestionar la procedencia de prescindir de la caracterización de la discapacidad con base en los elementos que definen actualmente las causas de la incapacitación en el artículo 200 CC -afectación cognitiva y volitiva que impida el autogobierno-, y, al tiempo, valorar la conveniencia de incorporar a esa caracterización el elemento de la vulnerabilidad".

y desigual en relación a quienes no padecen discapacidad sino por la vulnerabilidad a la que les aboca su discapacidad. Aunque me pregunto si esto no será también un prejuicio y un estigma social[90].

---

[90] Según señala Alcaín Martínez, E.: "La responsabilidad civil de las personas con discapacidad: conexión entre el Derecho de Daños y el Derecho de la Discapacidad", *Actualidad Civil*, núm. 6, 2021, p. 3.

Capítulo 2

Autonomía y medidas voluntarias de apoyo

I.- LAS MEDIDAS VOLUNTARIAS DE APOYO. 1.- Régimen de las medidas de apoyo voluntarias. 2. Libertad con límites para disponer de las medidas voluntarias. 2.1. Límites protectores de las medidas de apoyo voluntarias: la influencia indebida y conflictos de intereses. 2.2.- Imposición de medidas de apoyo contra la voluntad del afectado. 2.3.- Interés superior versus la voluntad de la persona con discapacidad. II.- TIPOS DE MEDIDAS VOLUNTARIAS DE APOYO. 1. Previsiones de autotutela, poderes y mandatos preventivos en la Disposición Transitoria Tercera de la Ley 8/2021. III.-DE LA AUTOTUTELA A LA AUTOCURATELA EN LA NUEVA NORMATIVA. IV.- LOS PODERES Y MANDATOS PREVENTIVOS. 1.- La indefinición legislativa de los poderes y mandatos preventivos. 2.- La distinción entre representación, mandato y poder tras la reforma. 3.- Los poderes y mandatos preventivos otorgados con anterioridad a la reforma. 3.1.- Modificación y complemento de los poderes y mandatos preventivos. 4.- Los poderes preventivos tras la reforma. 4.1.- Las aptitudes y requisitos de la persona apoderada. V.- PODERES Y MANDATOS EN LA SUCESIÓN. 1.- Poderes y mandatos preventivos en relación con el otorgamiento de testamento. 2.- Poderes y mandatos preventivos en relación con la capacidad para aceptar o repudiar la herencia. 3.- Poderes y mandatos preventivos en relación con la capacidad para solicitar e intervenir en la partición de la herencia. 4.- Poderes y mandatos preventivos para la aceptación o repudiación de liberalidades.

I. LAS MEDIDAS VOLUNTARIAS DE APOYO

A modo de reflexiones previas me parece pertinente evidenciar en este capítulo la importancia de las llamadas medidas voluntarias que se refleja en el Preámbulo de la Ley 8/2021, cuando señala que "la nueva regulación otorga preferencia a las medidas voluntarias, esto es, a las que puede tomar la propia persona con discapacidad" y que dentro de las medidas voluntarias "adquieren especial importancia los poderes y mandatos preventivos, así como la posibilidad de la autocuratela".

De esta manera, se recoge y plasma uno de los principios que proclama la Convención, el principio de subsidiariedad, que consiste en no admitir ninguna forma de apoyo judicial cuando la persona ha adoptado las medidas y decisiones necesarias para ordenar su propio apoyo. Las medidas judiciales de apoyo tienen, en consecuencia, un claro carácter subsidiario: solo procederán cuando "en defecto o insuficiencia de la voluntad de la persona de que se trate" (art. 249.I CC), porque la finalidad de la Ley 8/2021 se orienta a la preferencia por las medidas de apoyo voluntarias, que de acuerdo con el art. 250.III CC, son "las establecidas por la persona con discapacidad, en las que designa quién debe prestarle apoyo y con qué alcance"[1].

Es decir, derivada de la Convención, la Ley 8/2021 prioriza la autorregulación frente a la heterorregulación[2], en clara

---

1 En opinión de Guilarte Martín-Calero, C.: "Las grandes líneas del nuevo sistema de apoyos regulado en el Código Civil Español", en *Nuevos sistemas de apoyo a las personas con discapacidad y su incidencia en el ejercicio de su capacidad jurídica* (coord. por N. Álvarez Lata), Thomson Reuters Aranzadi, Cizur Menor, 2022, p. 21 y ss., en p. 34, ello es consecuencia del principio de subsidiariedad, al que no se le cita expresamente, pero se colige, respecto de las medidas formales citadas en los arts. 249 y 269 CC, que solo proceden en defecto de medidas voluntarias y medidas informales que se esté aplicando eficazmente.

2 *Vid.* De Amunátegui Rodríguez, C.: "Las medidas voluntarias de apoyo", en *La discapacidad: una visión integral y práctica de la Ley 8/2021, de 2 de junio* (dir. por J. R. De Verda), pp. 107-144, en p. 108, para quien interpretando conjuntamente el criterio de subsidiariedad y los de necesidad y proporcionalidad se puede determinar que cuando un sujeto ha decidido qué medidas necesita y cómo quiere articularlas, acudiendo a las que la norma pone a su disposición y no es preciso optar por una medida legal o judicial que, como se verá, en tales casos solo podría tener lugar por un inadecuado funcionamiento de las medidas adoptadas. Asimismo, Pau Pedrón, A.: "De la incapacitación al apoyo: el nuevo régimen de discapacidad

aplicación del principio de autonomía que acentúa el protagonismo de la persona en su propio proceso de decisión. Ello engarza con la posibilidad de la persona de vivir su vida como desee en coherencia con sus valores y creencias[3].

En relación con nuestra jurisprudencia, la STS 17 septiembre 2019[4] entiende la autodeterminación como la posibilidad de:

> "ser protagonista de su propia existencia, de adoptar las decisiones más trascendentes que marcan su curso vital, según sus deseos, sentimientos y aptitudes, en la medida en que quepa satisfacerlos".

Por su parte, la STS 6 mayo 2021[5] entiende que:

> "es obvia manifestación de la dignidad humana la facultad de autodeterminación, de ser protagonista de la propia existencia, de adoptar las decisiones más trascendentes que marcan nuestro curso vital, de vivir conforme a nuestros deseos, sentimientos y aptitudes den la medida en que podamos satisfacerlos. En congruencia con ello, a las personas que sufren deficiencias físicas o psíquicas no se les puede privar injustificadamente de la facultad de adoptar decisiones propias, de ser autónomos de elegir la forma en la que desean vivir en coherencia con sus creencias y valores".

En este sentido, el art. 255 CC es acorde con estos postulados al regular que cualquier persona mayor de edad o menor emancipada en previsión o apreciación de la concurrencia de

---

intelectual en el Código Civil", Revista de Derecho Civil, 2018, núm. 5, julio-septiembre, p. 13 y ss.

3 O "como quiera vivirla" de acuerdo con lo señalado en la STEDH Pretty c/Reino Unido, núm. 2346/02, de 29 abril 2004 (*Tol 9091729*).

4 STS 17 septiembre 2019 (*Tol 7504191*).

5 STS 6 mayo 2021 (*Tol 8431634*).

circunstancias que puedan dificultarle el ejercicio de su capacidad jurídica en igualdad de condiciones con las demás, podrá prever o acordar en escritura pública medidas de apoyo relativas a su persona o bienes. Podrá también establecer el régimen de actuación, el alcance de las facultades de la persona o personas que le hayan de prestar apoyo, o la forma de ejercicio del apoyo, el cual se prestará conforme a lo dispuesto en el art. 249. Asimismo, podrá prever las medidas u órganos de control que estime oportuno, las salvaguardas necesarias para evitar abusos, conflicto de intereses o influencia indebida y los mecanismos y plazos de revisión de las medidas de apoyo, con el fin de garantizar el respeto de su voluntad, deseos y preferencias. El notario autorizante comunicará de oficio y sin dilación el documento público que contenga las medidas de apoyo al Registro Civil para su constancia en el registro individual del otorgante. Solo en defecto o por insuficiencia de estas medidas de naturaleza voluntaria y a falta de guarda de hecho que suponga apoyo suficiente, podrá la autoridad judicial adoptar otras supletorias o complementarias.

Ciertamente, ni este precepto ni el anterior, ni la sección de la que forman parte se han conformado de la mejor manera atendiendo a la técnica jurídica. O en palabras de De Amunátegui, lo que "no tiene sentido es crear una sección que se llame disposiciones generales que incluye una norma ajena y otra en la que se atisba algo sobre lo que no se contienen reglas particulares a continuación. Lo he dicho y lo repetiré, no es posible que el entendimiento de las normas requiera de constantes referencias a su *iter* legislativo y prelegislativo para poder precisar a qué se refiere el legislador en un buen número de ocasiones; eso dificulta el entendimiento de un texto que está regulando una materia de la innovación, trascendencia y amplitud de una ley que se refiere a un cambio profundo del sistema imperante hasta ahora"[6].

Efectivamente, existen diferentes medidas de apoyo reguladas en los arts. 249 CC y siguientes con escasa claridad y deficiencia técnica, que tienen por finalidad permitir el pleno desarrollo de su personalidad y su desenvolvimiento jurídico en condiciones de igualdad. Se arbitra así el apoyo como la clave que permite a las personas con discapacidad ser los protagonistas de su propio proceso de decisión en el ejercicio pleno de sus derechos.

A tal efecto, se han regulado varios tipos de medidas en este nuevo sistema de apoyos: legales, judiciales y voluntarias, limitadas por el respeto a la voluntad, deseos y preferencias de las personas con discapacidad. Ello supone, en consecuencia, que la autodeterminación constituye el fundamento sobre el que se arbitra el sistema de apoyos que prima las medidas voluntarias y sólo en su defecto o ante su insuficiencia, se implementarán las legales o judiciales[7].

En este sentido la SAP Sevilla 27 febrero 2024[8] señala que:

> "Así el Tribunal Supremo nos recuerda que la discapacidad objeto de la reforma más allá de problemas de salud y/o sociales, por muy compleja patología física o psíquica que padezca, es la que 'afecte a la toma de decisiones con efectos

---

6 De Amunátegui Rodríguez, C.: "Comentario al art. 255 CC", en *Comentarios a la Ley 8/2021 por la que se reforma la legislación civil y procesal en materia de discapacidad* (dir. por C. Guilarte Martín-Calero), Thomson Reuters Aranzadi, Cizur Menor, 2021, pp. 571-575, concretamente en pp. 572 y 573.

7 *Vid.* en tal sentido, Guilarte Martín-Calero, C.: "Comentario al art. 249 CC", en *Comentarios a la Ley 8/2021 por la que se reforma la legislación civil y procesal en materia de discapacidad* (dir. por C. Guilarte Martín-Calero), Thomson Reuters Aranzadi, Cizur Menor, 2021, pp. 511-526, en p. 515.

8 SAP Sevilla 27 febrero 2024 (*Tol 10122719*).

jurídicos en sus asuntos personales y patrimoniales, que es la que justifica una medida judicial de apoyo...'. Por tanto, no es la intensidad o gravedad de la discapacidad que se sufra la que determina la constitución de una curatela representativa como mayor exponente de la intervención judicial sino en tanto sea necesario para adoptar decisiones con efectos jurídicos".

1. *Régimen de las medidas de apoyo voluntarias*

De acuerdo con el art. 250.III CC, las medidas de apoyo voluntarias son las establecidas por la persona con discapacidad quien designará a la persona que debe prestarle apoyo y con qué alcance. En todo caso, contempla el precepto, que cualquier medida de apoyo voluntaria podrá "ir acompañada de las salvaguardas necesarias para garantizar en todo momento y ante cualquier circunstancia, el respeto a la voluntad, deseos y preferencias de la persona".

Asimismo, el art. 255 CC establece que cualquier persona mayor de edad o menor emancipada en previsión o apreciación de la concurrencia de circunstancias que puedan dificultarle el ejercicio de su capacidad jurídica en igualdad de condiciones con las demás, podrá prever o acordar en escritura pública medidas de apoyo relativas a su persona o bienes.

Y si bien en un inicio pudiera parecer que estos dos preceptos regulan supuestos similares, nada más distinto. En el primer precepto -el art. 250.III CC- se hace referencia expresa a la persona con discapacidad mientras que el art. 255 CC parece contemplar a personas que previsiblemente deriven o puedan derivar a una situación de discapacidad pero no necesariamente la padecen en el momento de prever o acordar las medidas de apoyo futuras. Porque este precepto regula la adopción y previsión a futuro de medidas de apoyo, si llega el caso -que nos puede llegar a cada uno de nosotros si enfermamos y por suerte, envejecemos- y, por el contrario, el art. 250 CC prevé el establecimiento de estas medidas por la propia persona que padece la discapacidad en ese momento.

En consecuencia, de la reforma se desprende, que ya no es un impedimento que la persona que establece y diseña sus propias medidas voluntarias de apoyo presente alguna discapacidad en el momento de disponerlas, a diferencia de la regulación anterior a Ley 8/2021. Por tanto, ya no se requiere en el sujeto, capacidad suficiente, con independencia de que sí sea exigible un mínimo de capacidad para entender y querer así como para poder expresar su voluntad, deseos y preferencia siquiera sea con los apoyos necesarios y la debida constatación notarial. Es decir, que los apoyos presentes que le asisten le permiten, a su vez, establecer una medida voluntaria para su futuro[9]:

> "El apoyo en el ejercicio de la capacidad jurídica debe respetar los derechos, la voluntad y las preferencias de las personas con discapacidad y nunca debe consistir en decidir por ellas. En el artículo 12, párrafo 3, no se especifica cómo debe ser el apoyo. 'Apoyo' es un término amplio que engloba arreglos oficiales y oficiosos, de distintos tipos e intensidades. Por ejemplo, las personas con discapacidad pueden escoger a una o más personas de apoyo en las que confíen para que les ayuden a ejercer su capacidad jurídica respecto de determinados tipos de decisiones, o pueden recurrir a otras formas de apoyo, como el apoyo entre pares, la defensa de sus intereses (incluido el apoyo para la defensa de los intereses propios) o la asistencia para comunicarse. El apoyo a las personas con discapacidad en el ejercicio de su capacidad jurídica puede incluir medidas relacionadas con el diseño universal y la accesibilidad —por ejemplo, la exigencia de que las entidades privadas y públicas, como los bancos y las instituciones financieras, proporcionen información en un formato que sea comprensible u ofrezcan interpretación profesional en

---

[9] En tal sentido, De Amunátegui, C.: "Las medidas voluntarias", cit., p. 114.

> la lengua de señas—, a fin de que las personas con discapacidad puedan realizar los actos jurídicos necesarios para abrir una cuenta bancaria, celebrar contratos o llevar a cabo otras transacciones sociales. El apoyo también puede consistir en la elaboración y el reconocimiento de métodos de comunicación distintos y no convencionales, especialmente para quienes utilizan formas de comunicación no verbales para expresar su voluntad y sus preferencias. Para muchas personas con discapacidad, la posibilidad de planificar anticipadamente es una forma importante de apoyo por la que pueden expresar su voluntad y sus preferencias, que deben respetarse si llegan a encontrarse en la imposibilidad de comunicar sus deseos a los demás. Todas las personas con discapacidad tienen el derecho de planificar anticipadamente, y se les debe dar la oportunidad de hacerlo en condiciones de igualdad con las demás. Los Estados partes pueden ofrecer diversas formas de mecanismos de planificación anticipada para tener en cuenta las distintas preferencias, pero todas las opciones deben estar exentas de discriminación. Debe prestarse apoyo a la persona que así lo desee para llevar a cabo un proceso de planificación anticipada. El momento en que una directiva dada por anticipado entra en vigor (y deja de tener efecto) debe ser decidido por la persona e indicado en el texto de la directiva; no debe basarse en una evaluación de que la persona carece de capacidad mental"[10].

Así pues, la persona puede designar quién o quienes (familiares, amigos u otros como las redes de apoyo o el facilitador) pueden prestarle apoyos y con qué alcance o extensión[11]. En consecuencia, todo ello comprende la facultad de autodeter-

---

[10] Observación núm. 1.17, del Comité sobre los Derechos de las Personas con Discapacidad.

[11] *Vid.* al respecto, Solé Resina, J.: "Apoyos no formalizados en el ejercicio de la capacidad jurídica", en *Un nuevo orden jurídico para las personas con discapacidad* (dir. por G. Cerdeira y M. García), Bosch, Madrid, 2021, pp.383 y ss; Martínez Ortega, J. C.: "El facilitador: herramienta fundamental en la defensa de las personas con discapacidad", *El Notario del siglo XXI*, enero/febrero 2022, pp. 36 y ss.

minarse, de adoptar las decisiones más transcendentes que marcan su curso vital de acuerdo con sus deseos y preferencias, de ser protagonista de su propia existencia[12]. Y todo ellos a través de tres medidas voluntarias que tras la reforma de 2021 se regulan en el Código Civil actualmente, a saber: la autocuratela, los poderes preventivos y los acuerdos de apoyo.

La STS 19 octubre 2021[13] señaló que la autocuratela confiere a cualquier persona mayor de edad o menor emancipado, en previsión a la concurrencia de circunstancias que puedan dificultarle el ejercicio de su capacidad jurídica en igualdad de condiciones con lo demás, el nombramiento o la exclusión de una o varias personas determinadas para el ejercicio de la función de curador. Y que tal propuesta de nombramiento vinculará a la autoridad judicial al constituir la curatela. No obstante, la autoridad judicial podrá prescindir total o parcialmente de esas disposiciones voluntarias, de oficio o a instancia de las personas llamadas por ley a ejercer la curatela o del Ministerio Fiscal y, siempre mediante resolución motivada, si existen circunstancias graves desconocidas por la persona que las estableció o alteración de las causas expresadas por ella o que presumiblemente tuvo en cuenta en sus disposiciones. En el caso enjuiciado, no se tuvo en cuenta que la persona había nombrado una medida de apoyo, designando quienes ejercerían tal y quienes en ningún caso:

> "El motivo se fundamenta en la infracción del art. 234.1 CC y artículo 12 de la Convención de Nueva York sobre Derechos de las Personas con Discapacidad de 13 de diciembre de 2006, al haberse desconocido la voluntad de D.ª V. al designar tutor. El recurso debe ser estimado.
>
> Para ello hemos de tener en cuenta que, al asumir el conocimiento del recurso, ya entró en vigor la Ley 8/2021, de

---

12 *Vid.* al efecto STS 19 octubre 2021 (*Tol 8628066*); asimismo, STS 3 diciembre 2020 (*Tol 8232122*).

13 STS 19 octubre 2021 (*Tol 8628066*).

2 de junio, por la que se reforma la legislación civil y procesal para el apoyo a las personas con discapacidad en el ejercicio de la capacidad jurídica. Esta circunstancia abre una nueva perspectiva resolutoria sobre la que se oyó a las partes, en tanto en cuanto la Disposición Transitoria Sexta, relativa a los procesos en tramitación a la entrada en vigor de la ley, establece que se regirán conforme a lo dispuesto en ella, sin perjuicio de conservar su validez las actuaciones que se hubiesen practicado hasta ese momento.

Pues bien, en primer término, hemos de partir de la base de que las previsiones de autotutela se entenderán ahora referidas a la autocuratela y se regirán por lo dispuesto en la nueva ley (Disposición Transitoria Tercera de la Ley 8/2021).

En dicha ley se proclama la autonomía de la persona con discapacidad, con el reconocimiento expreso de que el nuevo sistema se basa en el respeto a su voluntad, preferencias y deseos (arts. 249, 250, 268, 270, 276 y 282 CC entre otros), lo que es plenamente coherente con lo normado en el art. 3 a) del Convenio de Nueva York, al establecer que los principios de la presente Convención serán: 'a) El respeto de la dignidad inherente, la autonomía individual, incluida la libertad de tomar las propias decisiones, y la independencia de las personas'.

En la exposición de motivos de la nueva ley 8/2021, de 2 de junio, concretamente en su apartado III, se insiste en que la reforma que el artículo segundo introduce en el Código Civil '[...] sienta las bases del nuevo sistema basado en el respeto a la voluntad y las preferencias de la persona con discapacidad, el cual informa toda la norma y se extrapola a través de las demás modificaciones legales al resto de la legislación civil y la procesal'.

En la sentencia 589/2021, de 8 de septiembre, hemos proclamado que '[...] la provisión judicial de apoyos debe ajustarse a los principios de necesidad y proporcionalidad, ha de respetar la máxima autonomía de la persona con discapacidad en el ejercicio de su capacidad jurídica y debe atenderse en todo caso a su voluntad, deseos y preferencias'.

Igualmente, en la sentencia 269/2021, de 6 de mayo, hacíamos referencia que uno de los principios que derivaba del Convenio de Nueva York, en su interpretación jurisprudencial, era el de la consideración de los propios deseos y sentimientos de la persona con discapacidad.

El artículo 271 del CC, en su nueva redacción, regula la autocuratela, confiriendo a cualquier persona mayor de edad o menor emancipado, en previsión a la concurrencia de circunstancias que puedan dificultarle el ejercicio de su capacidad jurídica en igualdad de condiciones con lo demás, el nombramiento o la exclusión de una o varias personas determinadas para el ejercicio de la función de curador. Una propuesta de nombramiento de tal clase vinculará a la autoridad judicial al constituir la curatela (art. 272 I CC).

No obstante, la autoridad judicial podrá prescindir total o parcialmente de esas disposiciones voluntarias, de oficio o a instancia de las personas llamadas por ley a ejercer la curatela o del Ministerio Fiscal y, siempre mediante resolución motivada, si existen circunstancias graves desconocidas por la persona que las estableció o alteración de las causas expresadas por ella o que presumiblemente tuvo en cuenta en sus disposiciones (art. 272 II CC).

Pues bien, en el caso presente, no se dan las causas legales previstas para prescindir del criterio preferente de la voluntad de la demandada, ya que no concurren circunstancias graves desconocidas por la misma, o variación de las contempladas al fijar la persona que le prestará apoyos, ya que D.ª V. convivía y sigue conviviendo con su hija D.ª V., que es la persona que le asiste en sus necesidades conforme a sus propios deseos notarialmente expresados, que deben ser respetados, toda vez que, dentro del marco de la esfera de disposición de las personas, se comprende la elección de la que, en atención a su disponibilidad, cercanía, empatía, afecto o solicitud, desempeñe el cargo de curadora.

No cabe, por lo tanto, la imposición de otro sistema alternativo de curatela, como la institucional postulada por la recurrente D.ª F., o la mancomunada impuesta por la Audiencia, con la atribución además del cargo de curador a una persona expresamente excluida por la demandada. Amén de resultar contraproducente el ejercicio de tal cargo bajo el régimen jurídico de la mancomunidad, dado el conflicto existente entre hermanos, que dificultaría la unidad de actuación que exige la curatela, cuyo ejercicio no es susceptible de conciliarse con discrepancias en las funciones asistenciales o, en su caso, excepcionales de representación.

(...) Los mismos argumentos, antes expuestos, relativos a la prevalencia de la voluntad de la persona necesitada de apoyos, determinan la desestimación del recurso de casación interpuesto por D.ª F., tendente a que se dejara sin efecto el pronunciamiento de la sentencia de la Audiencia, con la exclusiva finalidad de que se confirmara la decisión del Juzgado, que designa como tutora a la AMTA, en contra de lo dispuesto por la demandada, por lo que, al prescindir de su voluntad, deseos o preferencias, dicho recurso no puede ser estimado.

El artículo 234 del CC, considerado como infringido, precisamente señala que para el nombramiento de tutor se preferirá al designado por el propio tutelado conforme al párrafo segundo del art. 223 CC; y es precisamente lo que procede, máxime cuando D.ª V. exteriorizó, en su momento, tanto notarial como judicialmente, de forma expresa, su voluntad de no ser sometida a una tutela institucional, ya sea ésta pública o privada. Lo dispuesto, en los actualmente vigentes arts. 271y 272 CC, de aplicación al caso, conducen a la misma decisión".

2. *Libertad con límites para disponer de las medidas voluntarias*

La reforma por la Ley 8/2021, en consonancia con el principio de autonomía que se recoge en la Convención, favorece la autorregulación de la persona con y sin discapacidad, en atención a la posible discapacidad presente o futura -según hemos analizado- y por ello permite a la persona desinar quien debe prestarle apoyo y con qué alcance y en qué circunstancias, bajo la común denominación de medida voluntarias de apoyo (art. 250 CC)[14]. Sin embargo, la reforma también establece ciertos

[14] Así, SAP Almería 18 junio 2024 (*Tol 10191746*) y SAP Cuenca 4 junio 2024 (*Tol 10201495*).

límites destinados a proteger a las personas que adoptan medidas voluntarias, de indebidas influencias y conflictos de intereses que pudieran resultar perjudiciales para éstas. Asimismo, es necesario establecer salvaguardas respecto de las personas que vayan a ejercer estas medidas de apoyo[15]. En el término salvaguardas se pueden incluir todas las medidas que tiendan a garantizar el adecuado ejercicio de la capacidad jurídica en igualdad de condiciones con las demás personas ya sean de tipo legal, judicial o aquellas adoptadas por el notario interviniente.

2.1. Límites protectores de las medidas de apoyo voluntarias: la influencia indebida y conflictos de intereses

Los dos últimos párrafos del art. 250 CC establecen ciertas limitaciones en relación con las personas que pueden prestar apoyos para evitar, en cumplimiento de lo establecido en el art. 12 de la Convención[16], situaciones de influencia indebida y/o de conflictos de intereses. Asimismo, de acuerdo con la Observación General, que en su punto 4 señala que, ello se fundamenta en los principios generales de la Convención expuestos en el art. 3, a saber:

---

15 *Vid.* sobre esta cuestión Pereña Vicente, M.: "Una contribución a la interpretación del régimen jurídico de las medidas de apoyo en el ejercicio de la capacidad jurídica consagradas en la ley 8/2021, de 2 de junio", en *El ejercicio de la capacidad jurídica por las personas con discapacidad tras la Ley 8/2021, de 2 de junio,* Tirant lo Blanch, 2022, pp. 125-159, en pp. 146 y ss.

16 Las personas con discapacidad tienen derecho al reconocimiento como personas ante la ley. Además, tienen capacidad jurídica en igualdad de condiciones con los demás en todos los aspectos de la vida. Los países deben tomar medidas apropiadas para prestar apoyo a las personas con discapacidad a fin de que puedan ejercer efectivamente su capacidad jurídica.

> "el respeto de la dignidad inherente, la autonomía individual, incluida la libertad de tomar las propias decisiones, y la independencia de las personas; la no discriminación; la participación e inclusión plenas y efectivas en la sociedad; el respeto por la diferencia y la aceptación de las personas con discapacidad como parte de la diversidad y la condición humanas; la igualdad de oportunidades; la accesibilidad; la igualdad entre el hombre y la mujer; y el respeto a la evolución de las facultades de los niños y las niñas con discapacidad y de su derecho a preservar su identidad".

Y, en orden a preservar que todo ello se cumpla, en su punto 20 señala que las salvaguardias con que debe contar un sistema de apoyo en el ejercicio de la capacidad jurídica, en relación al art. 12, párrafo 4, deben interpretarse en conjunción con el resto del art. 12 y con toda la Convención. En este párrafo se exige a los Estados partes que creen salvaguardias adecuadas y efectivas para el ejercicio de la capacidad jurídica. El objetivo principal de esas salvaguardias debe ser garantizar el respeto de los derechos, la voluntad y las preferencias de la persona. Para lograrlo, las salvaguardias deben proporcionar protección contra los abusos, en igualdad de condiciones con las demás personas"[17].

En vista de todo ello, el art. 250 in fine CC adopta una medida preventiva que impide a quienes mediando relación contractual, presten apoyo asistencial, residencial o de naturaleza análoga en aras de evitar una posible influencia indebida o un conflicto de intereses[18].

---

17 Observación General núm. 1.20 al art. 12 de la Convención, del Comité sobre los Derechos de las Personas con Discapacidad.

18 En relación con algunas dificultades relacionadas con la influencia indebida sobre la voluntad de la persona mayor en algunos ordenamientos jurídicos extranjeros, *vid.* De Bettencourt Rodrigues, D.: "Autonomía personal, autodeterminación sucesoria y financiación del cuidado de las personas mayores en el derecho portugués", *Revista Boliviana de Derecho*, núm. 38, 2024, pp. 260-295, p. 279 y ss.

En todo caso, las salvaguardias no son sino medidas para la protección de las personas que consisten en controles y prohibiciones, pero carece de sustantividad propia en nuestro Código Civil frente a la generalidad de los sistemas europeos[19]. Se distingue así, además del componente subjetivo, en que se cuestiona la libertad de sujeto a la hora de adoptar o ejecutar el acto o negocio jurídico, y el componente objetivo que significa la obtención de una ventaja excesiva o injusta por el tercero[20]. Estas salvaguardas están perfectamente justificadas para los negocios patrimoniales inter vivos, pero no en igual medida, para los mortis causa.

Opina algún sector doctrinal que se echa en falta una mejor regulación de la influencia indebida en sede testamentaria, que sí se controla en las medidas de apoyo, así como el tratamiento del concepto de vulnerabilidad, absolutamente clave en el ámbito de la validez de la declaración de voluntad del testador[21]. Lo cierto es que en sede testamentaria se han establecido ciertas prohibiciones como las recogidas en el art. 753 CC que resultan, en algunos casos, excesivas y poco justificadas, como tratamos en el capítulo relativo a la capacidad de testar. Sin embargo, hay que alcanzar una equidistancia en la materia.

---

19 Guilarte Martín-Calero, C.: "Las grandes líneas del nuevo sistema de apoyos regulado en el Código Civil Español", en *Nuevos sistemas de apoyo a las personas con discapacidad y su incidencia en el ejercicio de su capacidad jurídica* (coord. por N. Álvarez Lata), Thomson Reuters Aranzadi, Cizur Menor, 2022, p. 21 y s, en p. 76.

20 *Vid.*, asimismo, Palazón Garrido, M. L.: "El abuso de debilidad, confianza o dependencia", *Derecho contractual comparado,* (ed. or I. Sánchez), Civitas Thomson Reuters, 2016, p. 1303 y ss.

21 De Amunátegui Rodríguez, C.: "Comentario al art. 663 CC", en *Comentarios a la Ley 8/2021 por la que se reforma la legislación civil y procesal en materia de discapacidad,* (dir. por C. Guilarte Martín-Calero), Thomson Reuters Aranzadi, Cizur Menor, 2021, pp. 879-887, en p. 881.

Cautelas, sí, excepcionalmente y siempre que no cercenen la libertad del testador[22].

2.2. Imposición de medidas de apoyo contra la voluntad del afectado

Como ya hemos indicado, la reforma por la Ley 8/2021, en consonancia con el principio de autonomía que se recoge en la Convención, favorece la autorregulación -y por tanto la previsión de medidas de apoyo- de la persona con y sin discapacidad, en atención a la posible discapacidad presente o futura. Pero es posible que la persona, con o sin discapacidad, en atención a la posible discapacidad presente o futura y valorando su situación presente y futura, decida que *no quiere* adoptar ninguna medida de apoyo ni tampoco que se la impongan judicialmente; o bien acepta algunas medidas -que le son insuficientes- pero se niega a otras que son las necesarias en su caso particular. Si atendemos al respeto a la libre voluntad y deseos o preferencias de la persona[23] ¿qué hacer en estos casos?

---

22 En este sentido, Represa Polo, M. P.: "Treinta y cinco. El artículo 753 CC", en *Comentarios a la Ley 8/2021 por la que se reforma la legislación civil y procesal en materia de discapacidad,* (dir. por C. Guilarte Martín-Calero), Thomson Reuters Aranzadi, Cizur Menor, 2021, pp. 906-919, p. 910, entiende que el legislador podría platear presunciones *iuris tantum* que evitan la prueba de la captación con la dificultad que ello implica; pero mejor resultaría aún, señala la autora, que se admitiera la prueba de que no se ha producido ninguna captación de voluntad o lo que es lo mismo, que el testador otorgó testamento libre y voluntariamente, dando validez a lo querido por él, tal cual lo quiso.

23 Así la SAP Huelva 14 junio 2024 (*Tol 10197931*), SAP Madrid 14 junio 2024 (*Tol 10193263*), SAP Madrid 11 junio 2024 (*Tol 10202114*), SAP León 4 junio 2024 (*Tol 10188581*), SAP Santander 28 mayo 2024 (*Tol 10100057*), SAP Salamanca 27 mayo 2024 (*Tol 10184173*), SAP Sevilla 24 mayo 2024 (*Tol 10152193*), SAP Alicante 23 mayo

Por una parte, la posibilidad de establecer medidas judiciales de apoyo contra la voluntad del afectado/interesado, implica contradecir su voluntad y deseos[24]. Y ello se halla justificado por la necesidad o conveniencia para el sujeto, aunque con carácter excepcional[25]. A este respecto la jurisprudencia es favorable a la determinación de apoyos aunque limitados a aquellos casos en que la persona no es consciente de su necesidad objetiva pese al rechazo del afectado. En tal sentido, la SAP Santander 17 julio 2024[26] señaló que:

> "En realidad, el art. 268 CC lo que prescribe es que en la provisión de apoyos judiciales hay que atender en todo caso a la voluntad, deseos y preferencias del afectado. El empleo del verbo «atender», seguido de «en todo caso», subraya que el juzgado no puede dejar de recabar y tener en cuenta (siempre y en la medida que sea posible) la voluntad de la persona con discapacidad destinataria de los

---

2024 (*Tol 10181007*), SAP Alicante 23 mayo 2024 (*Tol 10168660*), SAP Valencia 23 mayo 2024 (*Tol 10178526*) y SAP Valladolid 22 mayo 2024 (*Tol 10182754*), entre otras muchas.

24 En tal sentido, De Salas Murillo, S.: "¿Existe un derecho a no recibir apoyos?", *Revista Crítica de Derecho Inmobiliario*, núm. 780, 2020, pp. 2227-2268.

25 Marín Calero, C.: *La integración de las personas con discapacidad en el Derecho Civil. Una crítica constructiva a la Ley 8/2021*, Aferre, Barcelona, 2022, p. 103. *Vid.* asimismo, Pereña Vicente, M.: "Una contribución", cit., p. 130 afirma que se trata de una situación de necesidad que "proviene de que la discapacidad afecta a la cuestión central de la toma de decisiones, impidiendo a la persona la formación de una voluntad libre que es la expresión del ejercicio de sus derechos", asimismo, en p. 138 entiende que del conjunto de la regulación, y de la Convención, no puede deducirse un derecho a rechazar los apoyos. *Vid.* asimismo, STS 24 septiembre 2024 (*Tol 10210320*), STS 18 junio 2024 (*Tol 10081671*), STS 20 octubre 2023 (*Tol 9740661*) y la SAP Asturias 25 junio 2024 (*Tol 10196194*).

26 SAP Santander 17 julio 2024 (*Tol 10206218*), SAP Alicante 12 julio 2024 (*Tol 10191743*), SAP de Les Illes Balears 8 julio 2024 (*Tol 10210152*), SAP Murcia 20 junio 2024 (*Tol 10208128*).

> apoyos, así como sus deseos y preferencias, pero no determina que haya que seguir siempre el dictado de la voluntad, deseos y preferencias manifestados por el afectado. El texto legal emplea un término polisémico que comprende, en lo que ahora interesa, un doble significado, el de 'tener en cuenta o en consideración algo' y no solo el de satisfacer un deseo, ruego o mandato".

Este fue el criterio seguido por la STS 8 septiembre 2021[27] que las considera aceptables para no incurrir en lo que considera una "crueldad social" contraria al principio constitucional de dignidad de la persona si no se adoptasen medidas de representación incluso en contra de su voluntad, por "abandonarle en su desgracia":

> "cuando la discapacidad afecte directamente a la capacidad de tomar decisiones y de autodeterminación, con frecuencia por haber quedado afectada gravemente la propia consciencia, presupuesto de cualquier juicio prudencial ínsito al autogobierno, o, incluso, en otros casos, a la voluntad. En estos casos, la necesidad se impone y puede resultar precisa la constitución de una curatela con funciones representativas para que el afectado pueda ejercitar sus derechos por medio de su curador.
>
> (...) En un caso como el presente en que la oposición del interesado a la adopción de las medidas de apoyo es clara y terminante, cabe cuestionarse si pueden acordarse en estas condiciones. Esto es, si en algún caso es posible proveer un apoyo judicial en contra de la voluntad manifestada del interesado.
>
> Es muy significativo que 'la oposición de la persona con discapacidad a cualquier tipo de apoyo', además de provocar la terminación del expediente, no impida que las medidas puedan ser solicitadas por un juicio contradictorio, lo que presupone que ese juicio pueda concluir con la

---

27 STS 8 septiembre 2021 (*Tol 8585229*), asimismo, la SAP Valladolid 7 diciembre 2021 (*Tol 8831538*) y las SAP Huesca 24 marzo 2022 (*Tol 9412381*), SAP Huesca 14 julio 2023 (*Tol 9721721*) y SAP Huesca 15 noviembre 2023 (*Tol 9871268*), entre otras muchas.

adopción de las medidas, aun en contra de la voluntad del interesado.

En realidad, el art. 268 CC lo que prescribe es que en la provisión de apoyos judiciales hay que atender en todo caso a la voluntad, deseos y preferencias del afectado. El empleo del verbo «atender», seguido de «en todo caso», subraya que el juzgado no puede dejar de recabar y tener en cuenta (siempre y en la medida que sea posible) la voluntad de la persona con discapacidad destinataria de los apoyos, así como sus deseos y preferencias, pero no determina que haya que seguir siempre el dictado de la voluntad, deseos y preferencias manifestados por el afectado. El texto legal emplea un término polisémico que comprende, en lo que ahora interesa, un doble significado, el de 'tener en cuenta o en consideración algo' y no solo el de 'satisfacer un deseo, ruego o mandato'.

Si bien, ordinariamente, atender al querer y parecer del interesado supone dar cumplimiento a él, en algún caso, como ocurre en el que es objeto de recurso, puede que no sea así, si existe una causa que lo justifique. El tribunal es consciente de que no cabe precisar de antemano en qué casos estará justificado, pues hay que atender a las singularidades de cada caso. Y el presente, objeto de recurso, es muy significativo, pues la voluntad contraria del interesado, como ocurre con frecuencia en algunos trastornos psíquicos y mentales, es consecuencia del propio trastorno que lleva asociado la falta de conciencia de enfermedad. En casos como el presente, en que existe una clara necesidad asistencial cuya ausencia está provocando un grave deterioro personal, una degradación que le impide el ejercicio de sus derechos y las necesarias relaciones con las personas de su entorno, principalmente sus vecinos, está justificada la adopción de las medidas asistenciales (proporcionadas a las necesidades y respetando la máxima autonomía de la persona), aun en contra de la voluntad del interesado, porque se entiende que el trastorno que provoca la situación de necesidad impide que esa persona tenga una conciencia clara de su situación. El trastorno no sólo le provoca esa situación clara y objetivamente degradante, como persona, sino que además le impide advertir su carácter patológico y la necesidad de ayuda.

> No intervenir en estos casos, bajo la excusa del respeto a la voluntad manifestada en contra de la persona afectada, sería una crueldad social, abandonar a su desgracia a quien por efecto directo de un trastorno (mental) no es consciente del proceso de degradación personal que sufre. En el fondo, la provisión del apoyo en estos casos encierra un juicio o valoración de que si esta persona no estuviera afectada por este trastorno patológico, estaría de acuerdo en evitar o paliar esa degradación personal".

En la misma línea podemos citar las SSAP Sevilla 27 febrero 2024[28], Asturias 22 diciembre 2021[29], Valladolid 2 noviembre 2021[30], Santander 29 octubre 2021[31], entre otras.

Asimismo, la STS 12 junio 2024[32] señaló que:

> "la provisión judicial de apoyos mediante una curatela exige un juicio o valoración sobre la necesidad de la medida, para lo cual habrá que evaluar el impacto que la discapacidad provoca en la vida de esa persona y en qué medida precisa de un apoyo"
>
> "no tiene sentido constituir una curatela que afecte a todos los actos de la vida de esta persona, tanto en el ámbito personal, como patrimonial", considerando que la "medida de apoyo acordada, por su contenido, no es proporcional con las necesidades provocadas por los trastornos psíquicos que sufre".

Por ello, se limita a establecer una curatela estrictamente "asistencial" en el ámbito de la salud, con posibilidad de "extenderse a la representación cuando sea necesario para asegurar la prestación de la asistencia médico-psiquiátrica" y complementadora en el estricto campo del "ejercicio de la facultad

---

28 SAP Sevilla 27 febrero 2024 (*Tol 10122719*).

29 SAP Asturias 22 diciembre 2021 (*Tol 8798811*).

30 SAP Valladolid 2 noviembre 2021 (*Tol 8751314*).

31 SAP Santander 29 octubre 2021 (*Tol 8643464*).

32 STS 12 junio 2024 (*Tol 10075613*).

de denunciar y de emprender acciones judiciales", para cuya presentación precisará la recurrente "la autorización del curador". Apoyo para el ejercicio de la facultad de denunciar y de emprender acciones judiciales, que palie y encauce las ideas obsesivas sobre la herencia de sus padres, que le ha llevado a una presentación masiva de denuncias. Al respecto tiene sentido -señala la sentencia- que para la presentación de estas denuncias u otras acciones judiciales, se precise la autorización del curador que ejerce un efecto de control frente al comportamiento querulante del afectado que no es consciente de su necesidad de apoyo[33].

Por otra parte, la STS 19 octubre 2021[34], consideró que si hubo provisión por la persona de tales medidas de apoyo, entiende que deben ser respetadas.

La cuestión es que la aplicación del principio de la voluntad, preferencias y deseos de la persona encuentra importantes dificultades de aplicación cuando falla el entendimiento de la persona. En estos casos se produce un desplazamiento del principio de la voluntad, deseos y preferencias aunque de manera excepcional y restrictiva que permiten al juez apartarse de la voluntad o preferencias manifestadas por la persona si existen circunstancias graves desconocidas por ella o alteración de las causas expresadas por ella o que presumiblemente tuvo en cuenta en sus disposiciones, como ya se aplicó por nuestras ju-

---

33 En el mismo sentido, SAP Huesca 24 marzo 2022 (*Tol 9412381*).

34 STS 19 octubre 2021 (*Tol 8628066*).

risprudencia[35] como se aprecia en las SSTS 19 octubre 2021[36], 2 noviembre 2021[37] y 21 diciembre 2021[38].

Así pues, en el caso de que la persona sí haya dispuesto de medidas de apoyo, estas deberán ser respetadas. Si la persona libre y conscientemente, se niega al establecimiento de apoyos y su voluntad no está afectada por la propia situación de discapacidad en la que se encuentre, no cabrá imponerlos[39]. Cuando no sea posible determinar la voluntad y preferencias de la persona se procederá a la "mejor interpretación" de dicha voluntad y preferencias. En el caso de que sean necesarias para el adecuado ejercicio de la capacidad jurídica, se podrán imponer incluso contra la voluntad de la persona[40], pues pese a suponer una injerencia en la vida privada de la persona, es necesaria y justificada[41]. Pero los apoyos -voluntarios o judiciales- no deben sustituir la voluntad y preferencias de la persona. Y ello es especialmente aplicable en materia sucesoria.

2.3. Interés superior versus la voluntad de la persona con discapacidad

Otra cuestión relacionada con esta materia es si prevalece el interés superior de la persona frente a su voluntad y preferen-

---

35 Guilarte Martín-Calero, C.: "Las grandes líneas", cit., p. 47, quien señala que el legislador prevé tal excepcionalidad de los apoyos con oposición de la persona, expresamente en los arts. 756 y siguientes LEC y en los arts. 272 y 276 CC.

36 STS 19 octubre 2021 (*Tol 8628066*).

37 STS 2 noviembre 2021 (*Tol 8639708*).

38 STS 21 diciembre 2021 (*Tol 8739270*).

39 *Vid.* Guilarte Martín-Calero, C.: "Las grandes líneas", cit., p. 40.

40 Pereña Vicente, M.: "Una contribución", cit., p. 138.

41 Guilarte Martín-Calero, C.: "Las grandes líneas", cit., p. 39. En la misma línea, la STS 12 junio 2024 (*Tol 10075613*) y la SAP Valladolid 7 diciembre 2021 (*Tol 8831538*).

cias, si se considera que su interés superior debe ser preservado por razones objetivas, en aquellos casos en que la persona tiene gravemente limitada su capacidad de entendimiento, tema muy controvertido en la doctrina científica.

Según analizamos más adelante, hay que atender al hecho de que se pueden padecer enfermedades que comprometen la aptitud natural de entender y querer de quienes las padecen[42] y, por ende, su voluntad. En consecuencia, los actos y negocios jurídicos que pretenden adoptar estas personas, posiblemente puedan atentar a su interés superior, sea personal y/o patrimonial.

En todo caso, pese a la Observación General núm. 1.21 del Comité de Derechos de las Personas con Discapacidad que declaró que el "principio del interés superior" no es salvaguardia que cumpla con el art. 12 de la Convención y, que por el contrario, el paradigma de la voluntad y preferencias, debe reemplazar al del interés superior para que las personas con discapacidad disfruten del derecho a la capacidad jurídica en condiciones de igualdad con los demás[43], ello ha generado no pocas discusiones doctrinales que consideran que el Comité ha realizado una "lectura sesgada y parcial del art. 12 de la Convención" al ignorar que el citado precepto, en su párrafo cuarto *in fine* menciona expresamente los intereses de las personas

---

42 De Verda y Beamonte, J. R.: "La guarda de hecho de las personas con discapacidad", en *El nuevo sistema de apoyo a las personas con discapacidad y su incidencia en el ejercicio de su capacidad jurídica* (coord. por N. Álvarez Lata), Thomson Reuters Aranzadi, Cizur Menor, 2022, pp. 81-124, en p. 108.

43 En relación con la posible permanencia del principio del mejor interés de la persona con discapacidad en algunos supuestos, De Salas Murillo, S.: "¿Existe un derecho?, cit., pp. 227 y ss., y Sánchez Gómez, A.: "Hacia un nuevo tratamiento jurídico de la discapacidad", *Revista de Derecho Civil*, núm. 5, octubre-diciembre 2020, p. 394.

con discapacidad por lo que es evidente que no solo "pueden" sino que "deben" ser tomados en cuenta[44]:

> "Los Estados Partes asegurarán que en todas las medidas relativas al ejercicio de la capacidad jurídica se proporcionen salvaguardias adecuadas y efectivas para impedir los abusos de conformidad con el derecho internacional en materia de derechos humanos. Esas salvaguardias asegurarán que las medidas relativas al ejercicio de la capacidad jurídica respeten los derechos, la voluntad y las preferencias de la persona, que no haya conflicto de intereses ni influencia indebida, que sean proporcionales y adaptadas a las circunstancias de la persona, que se apliquen en el plazo más corto posible y que estén sujetas a exámenes periódicos por parte de una autoridad o un órgano judicial competente, independiente e imparcial. Las salvaguardias serán proporcionales al grado en que dichas medidas afecten a los derechos e intereses de las personas".

Igualmente, nuestra jurisprudencia sistematizando los principios inspiradores de la reforma por la Ley 8/2021, se refiere al principio del interés superior de la persona con discapacidad y señala en la STS 6 mayo 2021[45]que:

> "El interés superior del discapacitado se configura como un principio axiológico básico en la interpretación y aplicación de las normas reguladoras de las medidas de apoyo, que recaigan sobre las personas afectadas. Se configura como un auténtico concepto jurídico indeterminado o cláusula general de concreción, sometida a ponderación judicial según las concretas circunstancias de cada caso. La finalidad de tal principio radica en velar preferentemente por el bienestar de la persona afectada, adoptándose las

---

44 Martínez de Aguirre, C.: "La Observación General Primera del Comité de Derechos de las Personas con Discapacidad: ¿interpretar o corregir?", en *Un nuevo orden jurídico para las personas con discapacidad* (dir. por G. Cerdeira Bravo de Mansilla y García Mayo, M.), Bosch, Madrid, 2021, pp. 118-119.

45 STS 6 mayo 2021 (*Tol 8431634*).

> medidas que sean más acordes a sus intereses, que son los que han de prevalecer en colisión con otros concurrentes de terceros".

La SAP Madrid 20 diciembre 2021[46] estima que:

> "se aprecian dificultades por parte de Araceli y de su familia, para percibir la importancia de desarrollar al máximo sus potencialidades y el beneficio que le supondría para poder tener una mayor independencia en su vida. No siendo discutido que Araceli precisa de medidas de apoyo para el ejercicio de su capacidad jurídica que garanticen la adecuada promoción de su autonomía personal necesaria para su plena inserción social. Por ello, puede no atenderse a los deseos de la persona con discapacidad si éstos no responden a su interés y no son beneficiosos".

Efectivamente, en opinión de De Verda[47], cuando una persona tenga afectada su capacidad de formar libremente su voluntad, por sufrir una enfermedad que le impida tomar conciencia de su estado y valorar la necesidad de una ayuda que incluso que rechace, sería posible en aras de su interés personal y patrimonial que el apoyo adopte decisiones que contarían sus deseos y preferencias[48]. Pero no en el caso de las disposiciones testamentarias de esta persona. En mi opinión si el notario, en su intervención, aprecia que no tiene capacidad natural suficiente, si aprecia que la voluntad no es libre o consciente, no podrá otorgar disposiciones testamentarias, acierte o yerre; pero si se aprecia su capacidad para testar, las disposi-

---

46 SAP Madrid 20 diciembre 2021 (*Tol 8794206*).

47 De Verda y Beamonte, J. R.: "La guarda de hecho", cit., p. 101. Asimismo, con Martínez de Aguirre, C.: "La Observación General", cit., pp. 118-119.

48 En el mismo sentido, Guilarte Martín-Calero, C.: "Las grandes líneas", cit., pp. 38 y ss. *Vid.* a este respecto, la STS 8 septiembre 2021 (*Tol 8585229*).

ciones de última voluntad ya no van a perjudicar sus intereses si a la apertura de su sucesión el testador ya ha fallecido.

II. TIPOS DE MEDIDAS VOLUNTARIAS DE APOYO

Las medidas de apoyo de naturaleza voluntaria son tanto la autocuratela, regulada en los arts. 271 a 274, como los poderes con cláusula de subsistencia del art. 256 CC y los poderes preventivos del art. 257 CC, en previsión de los apoyos fututos y el acuerdo de apoyos[49].

1. *Previsiones de autotutela, poderes y mandatos preventivos en la Disposición Transitoria Tercera de la Ley 8/2021*

La Disposición Transitoria Tercera (en adelante DT 3ª) estableció en relación con las medidas de apoyo voluntarias, autotutela, poderes y mandatos preventivos, ciertas previsiones y remisiones que regula la nueva ley[50].

> "Las previsiones de autotutela se entenderán referidas a la autocuratela y se regirán por la presente Ley.
>
> Los poderes y mandatos preventivos otorgados con anterioridad a la entrada en vigor de la presente Ley quedarán sujetos a esta. No obstante, cuando, en virtud del artículo 259, se apliquen al apoderado las reglas establecidas para la curatela, quedarán excluidas las correspondientes a los artículos 284 a 290 del Código Civil.

---

49 *Vid.* sobre el tema a Guilarte Martín-Calero, C.: "Las grandes líneas", cit., pp. 66 y ss.

50 *Vid*, al respecto Estellés Peralta, P. M.: "Las disposiciones transitorias en la Ley 8/2021", en *La discapacidad: una visión integral y práctica de la Ley 8/2021, de 2 de junio* (dir. por J. R. De Verda), Tirant lo Blanch, Valencia, 2022, pp. 791-812.

> Cuando la persona otorgante quiera modificarlos o completarlos, el notario, en el cumplimiento de sus funciones, si fuera necesario, habrá de procurar que aquella desarrolle su propio proceso de toma de decisiones ayudándole en su comprensión y razonamiento y facilitando que pueda expresar su voluntad, deseos y preferencias".

Como crítica, cabe añadir que la dicción de la DT 3ª adolece de precisión y claridad pues no aclara si se refiere a la curatela con facultades representativas plenas o la meramente asistencial, aunque atendiendo al espíritu de la reforma debe entenderse que las funciones de la curatela serán primordialmente asistenciales y, solo de manera excepcional, cuando a pesar de todos los esfuerzos no sea posible determinar la voluntad, deseos y preferencias de la persona, podrá el curador asumir funciones representativas[51].

La SAP Pontevedra 14 julio 2022[52] en una amplia explicación de la materia, señala que se ha de reconocer:

> "la curatela establecida por la apelante en escritura pública, que deberá tener funciones representativas por las razones antedichas, debiendo mantenerse la vigencia del poder otorgado también por aquella escritura pública.
>
> Fn efecto, el criterio básico en el que se sustenta la nueva regulación es el respecto a la voluntad y deseos del afectado, de forma que los arts. 249 y 250 del Código Civil en su redacción vigente, establecen un orden jerárquico en la determinación y adopción de las medidas de apoyo, estableciendo con carácter preferente las de carácter voluntario, y, supletoriamente, las de origen judicial.

---

51 En el mismo sentido, Domínguez Luelmo, A.: "Disposiciones transitorias", en *Comentarios a la Ley 8/2021 por la que se reforma la legislación civil y procesal en materia de discapacidad* (dir. C. Guilarte-Martín Calero), vol. III. Serie Derecho de la discapacidad. (dir. R. De Lorenzo García. L Cayo Pérez Bueno), Thomson Reuters Aranzadi, CizurMenor, 2021, 1483-1516, en p. 1.494.

52 SAP Pontevedra 14 julio 2022 (*Tol 9240857*).

Las medidas de apoyo voluntarias son los poderes y mandatos representativos (arts. 256 y siguientes del Código Civil) y la autocuratela (arts. 271 y siguientes del Código Civil).

Como señala la SAP de Asturias de 13 de abril de 2022: 'En la doctrina científica se enfatiza que los poderes y mandatos preventivos son la manifestación más genuina del principio de la autonomía y ejercicio de la voluntad por el sujeto de su derecho a regir su persona y bienes para cuando necesite determinados apoyos, en cuanto que la actividad judicial no interviene en su determinación al haberlo hecho ya el interesado y por eso y en ese sentido de pleno respeto a la voluntad del sujeto que el art. 258 CC declara que los poderes y mandatos preventivos mantendrán su vigencia pese a la constitución de otras medidas de apoyo establecidas judicialmente o previstas por el propio interesado.

Los llamados poderes preventivos tanto pueden ser otorgados ad cautelam (para el supuesto de que en el futuro el otorgante precise de apoyo, (art. 257 CC), como en previsión de la continuidad de su vigencia si en el futuro su otorgante precisa de apoyos para el ejercicio de su capacidad (art. 256 CC).

La declaración de la vigencia de estos poderes, pese a la constitución de otras medidas de apoyo, como puede ser la curatela (art. 258 párrafo 1 del CC), constituye un paso más en el respeto y preeminencia de la voluntad del sujeto afectado de discapacidad pues, paralelamente a esa declaración, la Ley 8/2021 reformó el art. 1732 del CC, que autorizaba a tener por terminado el poder otorgado con carácter preventivo por la resolución judicial dictada al constituirse el organismo tutelar o posteriormente a instancias del tutor, sustituyendo su redacción por otra en la que mantiene la vigencia de los mandatos preventivos en el supuesto de establecerse en apoyo del mandante una curatela representativa (ordinal 5º), lo que no significa su vigencia perpetua, pues su extinción viene regulada en el art. 51 bis, añadido por la Ley 8/2021 a la de LJV 15/2015, de acuerdo con el cual podrá promoverse la extinción del poder si el apoderado incurre en alguna de las causas previstas para la remoción del curador, tramitándose el expediente con audiencia del apoderado. En este sentido, ya el párrafo segundo del artículo 223 del Código Civil, en su redacción vigente en 2014, al otorgarse las escrituras públicas

> de apoderamiento y designación de cargo tutelar, anterior a la reforma, establecía: 'Asimismo, cualquier persona con la capacidad de obrar suficiente, en previsión de ser incapacitada judicialmente en el futuro, podrá en documento público notarial adoptar cualquier disposición relativa a su propia persona o bienes, incluida la designación de tutor'. Y la Disposición Transitoria Tercera de la Ley 8/2021, de 2 de junio, sobre previsiones de autotutela, poderes y mandatos preventivos, establece: 'Las previsiones de autotutela se entenderán referidas a la autocuratela y se regirán por la presente Ley. Los poderes y mandatos preventivos otorgados con anterioridad a la entrada en vigor de la presente Ley quedarán sujetos a esta. No obstante, cuando, en virtud del artículo 259, se apliquen al apoderado las reglas establecidas para la curatela, quedarán excluidas las correspondientes a los artículos 284 a 290 del Código Civil (...)'.
>
> En definitiva, ha de reconocerse judicialmente el nombramiento de curador efectuado en su día por la apelante en la citada escritura pública, atribuyéndole funciones representativas, y, dado que el poder otorgado por esta en el año 2014 ya preveía su continuidad si la poderdante incurría en incapacidad sobrevenida, declarada judicialmente, o no, dicho poder queda sujeto a la Disposición Transitoria Tercera de la Ley 8/2021, de 2 de junio, de forma que ha de declararse su vigencia".

III. DE LA AUTOTUTELA A LA AUTOCURATELA EN LA NUEVA NORMATIVA

En el caso de la autocuratela, la nueva normativa mantiene la aplicación de las medidas voluntarias o de autoprotección establecidas por la propia persona en previsión de una futura discapacidad y, en consecuencia, suprimidas que fueron la tutela y la autotutela, aquellas previsiones de la autotutela las refiere ahora a la autocuratela regulada en los actuales arts. 271 a 274 CC, sin que sea necesario otorgar nuevas medidas en este sentido. Obviamente, esta figura es una adaptación de la antigua autotutela prevista en el art. 223 CC en la que se modifica el *nomen* y se designa en la escritura pública el nombramiento de curador, el funcionamiento y contenido de la curatela, la posible exclusión de quienes no deben ejercerla por designio del curado, las posibles dispensas de medidas de vigilancia y control, etc[53].

Conforme al art. 271.I CC, la autocuratela se determina por el propio interesado "en previsión de la concurrencia de circunstancias que puedan dificultarle el ejercicio de su capacidad jurídica". En tal caso, podrá proponer en escritura pública el nombramiento o la exclusión de una o varias personas determinadas para el ejercicio de la función de curador. Esta propuesta vinculará al juez (art. 272.I CC).

Interesante resulta destacar en este punto que, ante la remisión a la autocuratela, se debe consolidar el respeto por la designación de los curadores nombrados que no es otra cosa que el reconocimiento de la dignidad de la persona que comprende la facultad de autodeterminarse, es decir, de adoptar las decisiones más transcendentes que marcan su curso vital de acuerdo con sus deseos y preferencias, de ser protagonista de su propia existencia[54].

Aunque, curiosamente, en el segundo párrafo del mencionado precepto, que parece admitir la autodeterminación de la persona, se excluye inmediatamente, por su bien: "la autoridad judicial podrá prescindir total o parcialmente de esas disposiciones voluntarias, de oficio o a instancia de las personas llamadas por ley a ejercer la curatela o del Ministerio Fiscal y, siempre mediante resolución motivada, si existen circunstancias graves desconocidas por la persona que las estableció o alteración de

---

53 *Vid.* Guilarte Martín-Calero, C.: "Las grandes líneas", cit., p. 65.

54 *Vid.* al efecto STS 19 octubre 2021 (*Tol 8628066*); asimismo, STS 3 diciembre 2020 (*Tol 8232122*).

las causas expresadas por ella o que presumiblemente tuvo en cuenta en sus disposiciones".

Nos obstante, algunas sentencias del Tribunal Supremo como en su STS 19 octubre 2021[55] establecen la necesidad de ceñirse a la voluntad y deseos de la persona expresada en sus disposiciones:

> "En definitiva, la argumentación de la sentencia recurrida es pobre, insuficiente y desligada de las circunstancias del proceso, amparada en el razonamiento inasumible de que como hay dos grupos de tres hermanos, que se lleven bien entre sí y mal con los otros tres, adopta la salomónica decisión de designar a una persona de cada grupo, prescindiendo de la voluntad, deseos y preferencias de la demandada".

El Tribunal Supremo entiende en la citada sentencia que:

> "en el caso presente, no se dan las causas legales previstas para prescindir del criterio preferente de la voluntad de la demandada, ya que no concurren circunstancias graves desconocidas por la misma, o variación de las contempladas al fijar la persona que le prestará apoyos, ya que D.ª V. convivía y sigue conviviendo con su hija Dª. V., que es la persona que le asiste en sus necesidades conforme a sus propios deseos notarialmente expresados, que deben ser respetados, toda vez que, dentro del marco de la esfera de disposición de las personas, se comprende la elección de la que, en atención a su disponibilidad, cercanía, empatía, afecto o solicitud, desempeñe el cargo de curadora.
>
> No cabe, por lo tanto, la imposición de otro sistema alternativo de curatela, como la institucional postulada por la recurrente Dª. F., o la mancomunada impuesta por la Audiencia, con la atribución además del cargo de curador a una persona expresamente excluida por la demandada. Amén de resultar contraproducente el ejercicio de tal cargo bajo el régimen jurídico de la mancomunidad, dado

---

55 STS 19 octubre 2021 (*Tol 8628066*).

> el conflicto existente entre hermanos, que dificultaría la unidad de actuación que exige la curatela, cuyo ejercicio no es susceptible de conciliarse con discrepancias en las funciones asistenciales o, en su caso, excepcionales de representación".

En consonancia con lo proclamado en la STS 8 septiembre 2021[56]:

> "la provisión judicial de apoyos debe ajustarse a los principios de necesidad y proporcionalidad, ha de respetar la máxima autonomía de la persona con discapacidad en el ejercicio de su capacidad jurídica y debe atenderse en todo caso a su voluntad, deseos y preferencias".

Igualmente, la SAP Ciudad Real 29 noviembre 2021[57], estableció la necesidad de respetar la voluntad deseos de la persona que presentaba un deterioro cognitivo pero que expresó su deseo de continuar con su rutina de vida:

> "esta persona se presentó aseada, limpia, educada, contestando adecuadamente a lo que se decía si bien en un momento determinado comenzó a encontrarse desubicado, contestando de forma incoherente a las preguntas realizadas. Manifestó que desea seguir viviendo en su casa, y que recibe ayuda de tercera persona, que sus relaciones con su sobrino Don S. son perfectas y que le gusta pasear por el pueblo, pudiendo semanalmente extraer algo de dinero de un cajero automático, siendo que Don S. se ha venido ocupando, tras la pandemia, de su cuidado tanto personal como en la administración de su patrimonio, que no es escaso, adecentando su vivienda y llevando un control telemático y, a nuestro juicio, muy adecuado tanto en lo personal como en lo patrimonial, y que pese a residir en localidad distinta, puede ejercer de forma adecuada la supervisión que necesita Don C. R. y representar al mismo por medio de la institución de la curatela, pues es

---

56 STS 8 septiembre 2021 (*Tol 8585229*).

57 SAP Ciudad Real 29 noviembre 2021 (*Tol 8833055*).

> preciso concluir que Don C. R. (cuyo deterioro no resulta estático sino en continuo progreso) necesita medidas de apoyo para el adecuado ejercicio de su capacidad jurídico, teniendo por finalidad permitir el desarrollo de su personalidad y su desenvolvimiento jurídico en condiciones de igualdad. Siendo igualmente su faro y destino el respeto a su dignidad inmanente como persona la tutela de sus derechos fundamentales, conforme a los principios de necesidad y proporcionalidad. Debiéndose, en el caso, incluirse funciones representativas por no ser posible determinar la voluntad, deseos y preferencias de Don C. R. en determinados aspectos".

Ahora bien, la atención a la voluntad, deseos y preferencias de la persona en relación con el establecimiento y ejercicio de las medidas de apoyo ha planteado dos problemas prácticos de no poca importancia[58].

IV. LOS PODERES Y MANDATOS PREVENTIVOS

El Preámbulo de la Ley 8/2021 señala que dentro "de las medidas voluntarias adquieren especial importancia los poderes y mandatos preventivos, así como la posibilidad de la autocuratela". Con dicha ley, se da especial importancia a la decisión anticipada de las necesidades de apoyo futuras o la ampliación de la ya existentes. Decisión que -se prefiere- llevará a cabo la propia persona afectada y no los terceros, estableciendo las denominadas medidas voluntarias, de acuerdo con sus deseos y preferencias, entre las que cabe incluir los mandatos y poderes preventivos.

---

58 *Vid.* en este sentido De Verda y Beamonte, J. R.: "Principios inspiradores de la reforma en materia de discapacidad, interpretados por la reciente jurisprudencia", en *La discapacidad: una visión integral y práctica de la Ley 8/2021, de 2 de junio* (dir. por J. R. De Verda), Tirant lo Blanch, Valencia, 2022, pp. 56-106, en p. 81 y ss.

1. *La indefinición legislativa de los poderes y mandatos preventivos*

En nuestro Derecho no ha habido una regulación general de la representación ni tampoco del poder, salvo lo estipulado en los arts. 1732.II y 223.II CC anteriores a la reforma por la Ley 8/2021, de los que se desprende que las decisiones de carácter personal debían incorporarse al denominado documento de autotutela, mientras que las disposiciones de carácter patrimonial se regulaban por el mandato[59], si bien es cierto que este puede abarcar tanto disposiciones personales como patrimoniales de acuerdo con la dicción anterior del precepto[60].

Actualmente, nuestro Código Civil nos aporta diversos instrumentos de representación, ya sea un mandato o poder ordinario, un poder o mandato preventivo (arts. 256 a 292 CC) o una escritura pública en la que cualquier persona podrá "prever o acordar medidas de apoyo relativas a su persona o bienes" (art. 255 CC). Todas estas medidas se han regulado o ampliado tras la reforma por la Ley 8/2021 para favorecer la autodeterminación de las personas con discapacidad. Sin embargo, la ley "no se presenta como un texto ordenado, los preceptos son largos, a veces reiterativos en exceso, en ellos se intercalan cuestiones que no siempre obedecen a criterios sistemáticos"[61] y tampoco define el apoderamiento o el mandato preventivo,

---

59 De Amunátegui Rodríguez, C.: "Las medidas voluntarias", cit., p. 122.

60 Art. 223.II CC: "Asimismo, cualquier persona con la capacidad de obrar suficiente, en previsión de ser incapacitada judicialmente en el futuro, podrá en documento público notarial adoptar cualquier disposición relativa a su propia persona o bienes, incluida la designación de tutor".

61 De Amunátegui Rodríguez, C.: "Las medidas voluntarias", cit., p. 123.

aunque si concreta, como en la anterior regulación, las dos modalidades en que se pueden convenir aquellos[62].

En todo caso, conviene establecer ciertas diferencias entre ellos en función de sus peculiaridades. El mandato es un acto jurídico bilateral que requiere únicamente el acuerdo de mandante y mandatario, sin que sea necesario que lo conozcan los terceros. El poder es un acto jurídico unilateral que exige el concurso de tres personas: representante, representado y tercero y que nace *ope legis*, en el caso de la representación legal, o de una decisión judicial o de una declaración unilateral de voluntad[63]. Para Valls i Xufré el mandato ordinario, con su correspondiente poder, no se hallará sujeto a las limitaciones de los de carácter preventivo siendo, además, mucho más versátil en cuanto a su contenido, rigiéndose por las normas del mandato que son fundamentalmente voluntarias y no imperativas, y en su defecto por las normas generales de las obligaciones y con-

---

62 *Vid.* sobre esta cuestión, Berrocal Lanzarot, A. I.: "Las medidas voluntarias de apoyo en la Ley 8/2021, de 2 de junio: los poderes y mandatos preventivos", *Revista Crítica de Derecho Inmobiliario*, núm. 786, 2021, pp. 2392-2442, en p. 2410 y ss., para quien "no obstante, la falta de definición no impide su consideración como medida voluntaria de apoyo que, puede ser acordada en escritura pública por cualquier persona mayor de edad o menor emancipada en previsión de que concurran circunstancias futuras que pueda dificultarle en el ejercicio de su capacidad jurídica en igualdad de condiciones que, las demás; alcanzando tales medidas de apoyo tanto a su esfera personal como patrimonial (art. 255.1 CC). Su fundamento o razón de ser de estas medidas voluntarias de apoyo descansa en el respeto máximo a la autonomía del individuo plasmado en la autorregulación de sus intereses como mejor le parezca, en el desarrollo de su personalidad, dignidad y a la tutela de sus derechos fundamentales".

63 *Vid.* en este sentido, Rabanete Martínez, I. J.: "El problema de la interposición real de persona: contrato fiduciario y representación indirecta", *Cuadernos Jurídicos del Instituto de Derecho Iberoamericano*, 2020, pp. 32 y ss.

tratos. Mediante un poder general ordinario, se puede otorgar al apoderado todas o muy amplias facultades legalmente delegables -personales como patrimoniales- y no queda sujeto a las normas de las medidas de apoyo y, por tanto, a la autorización judicial. Asimismo, no se extingue a pesar de la discapacidad sobrevenida del otorgante (art. 1732 CC). En cambio, en el poder preventivo, la normativa tiene carácter imperativo y en lo no previsto por el poderdante son supletorias las disposiciones relativas al apoyo a la persona en el ejercicio de su capacidad jurídica: la autorización judicial para actos de disposición (art. 259 CC), la revisión periódica (art. 270 CC), la del inventario (art. 285 CC) o la rendición de cuentas (art. 292 CC)[64], lo que supone incrementar la rigidez del instrumento y, con ello, reducir su utilidad[65].

Entonces, ¿es más conveniente el poder general o el preventivo? En opinión de Valls i Xufré, el preventivo, porque así al menos el poderdante tendrá que pronunciarse explícitamente acerca de las remisiones a la curatela, aunque solo sea para exonerar al apoderado, pero lo hará con conocimiento de causa y bien aconsejado por el notario[66]. Precisamente, en

---

64 Valls i Xufré, J. M.: "El papel del notario en el nuevo régimen de apoyos", en *Ejercicio de la capacidad jurídica por las personas con discapacidad tras la Ley 8/2021, de 2 de junio* (dir. por M. Pereña Vicente y Mª. del M. Heras Hernández), Tirant lo Blanch, Valencia, 2022, p. 124.

65 Ribot Igualada, J.: "Comentario a los arts. 256 y 257 CC", en *Comentarios a la Ley 8/2021 por la que se reforma la legislación civil y procesal en materia de discapacidad,* (dir. por C. Guilarte Martín-Calero), Thomson Reuters Aranzadi, Cizur Menor, 2021, p. 578.

66 Valls i Xufré, J. M.: "El papel del notario", cit., p. 124, para quien "además, hay que añadir el beneficio de la publicidad registral de las medidas de apoyo, en cuya virtud también los poderes o mandatos preventivos se inscribirán en el Registro Civil y en su caso, en el Registro de la Propiedad como veremos después. En cambio, los poderes ordinarios no se inscribirán, salvo que incluyan la cláusula

sede de discapacidad, los poderes preventivos son entendidos como una medida de apoyo voluntaria, luego, de manera general, será suficiente con lo establecido por el poderdante en los mismos, para que obtenga las medidas de apoyo necesarias de quienes aquél decidió, sin necesidad de someterse a un proceso judicial que establezca medidas de apoyo no voluntarias[67].

Ahora bien, el poder de representación si es un poder general se puede convertir en un "poder de ruina" por las posibles consecuencias perjudiciales que se derivarían para un sujeto que no puede entender el alcance de las mismas[68].

2. *La distinción entre representación, mandato y poder tras la reforma*

A diferencia del contrato de mandato que sí está regulado en los arts. 1709 a 1739 CC el poder lo está muy escasamente, tan sólo se contempla en el art. 1280.5 CC. A pesar de ello, nuestra doctrina ha desarrollado toda la teoría de la representación voluntaria y del poder[69] y se ha defendido distintas tesis

---

de continuidad en caso de discapacidad sobrevenida que los convierte en preventivos. La publicidad de todos los poderes es una vieja aspiración del notariado a fin de facilitar la comprobación de la vigencia de la representación del apoderado. Ahora con la reforma se cumplirá ese anhelo, al menos en lo que respecta a los poderes preventivos, por lo que es una razón más para aconsejar la formalización preventiva. Los poderes ordinarios van a continuar quedando en el anonimato.

67 Rabanete Martínez, I. J.: "Nuevo paradigma de los poderes y mandatos preventivos", en *Entre persona y Familia,* (dirs. por J.R. De Verda y G. Carapezza), Reus, Madrid, 2023 pp. 461-486, en p. 470.

68 De Amunátegui Rodríguez, C.: "Las medidas voluntarias", cit., p. 118.

69 Valls i Xufré, J. M.: "El papel del notario", cit., p. 126, nos ofrece una diferenciación de estas figuras: "La representación es una institución jurídica, como lo es, por ejemplo, la sucesión hereditaria y

sobre la consideración o no del poder como negocio distinto e independiente del mandato[70]. En todo caso, como el poder carece de regulación en nuestro Derecho, se rige por las normas del mandato desde el mismo momento en que el apoderado ejecute cualquiera de las facultades que le hayan sido conferidas y ello implica la ratificación tácita por el apoderado del mandato subyacente; pero para evitar problemas en un futuro para el otorgante que no pueda actuar por sí mismo ni exigir la rendición de cuentas o revocar el poder si, por enfermedad o edad avanzada ve limitadas sus facultades cognitivas, tanto el mandato como regulador de las relaciones entre otorgante y representante, como el poder -como instrumento de legitimación frente a terceros-, deberían constar en una sola escritura pública, pues es esencial que en los poderes preventivos se incluyan las instrucciones, salvaguardas y demás especificaciones de la relación entre la persona concernida y su representante[71].

---

al igual que esta puede ser voluntaria o legal. El poder es el instrumento jurídico de legitimación por el que se manifiesta la representación voluntaria y que se dirige fundamentalmente a los terceros, a fin de que el apoderado pueda acreditar ante ellos las facultades representativas que el poderdante le ha conferido. El mandato es el contrato que regula las relaciones entre mandante y mandatario y que puede ser o no representativo. Si es representativo se exterioriza mediante el poder".

70 Por todos, Arroyo i Amayuelas, E.: "Del mandato ordinario al mandato de protección", *Revista Jurídica del Notariado*, enero-marzo, 2004, pp. 9-62, en pp. 41 y ss.

71 Valls i Xufré, J. M.: "El papel del notario", cit., p. 128 y 129, quien señala que, en conclusión, "el mandato puede existir sin la exteriorización de un poder, y el poder puede otorgarse sin que se haya concertado previamente un mandato entre poderdante y apoderado. Pero, en este último caso, el del poder sin mandato previo, la relación entre poderdante y apoderado se bilateralizará a partir del momento en que el segundo ejercite alguna de las facultades que el poderdante le ha confiado. De ahí la necesidad de que, el poder que no esté vinculado a un contrato de mandato contemple y regule en su texto las reglas de actuación del apoderado, tanto en su rela-

De lo contrario, en el caso de que sólo se prevea un mandato no representativo, porque no se incluya el poder, sólo podrá tratarse de apoyos asistenciales[72].

Ahora bien, la Ley 8/2021, que ha supuesto la ampliación de la regulación del poder preventivo (arts. 256 a 262 CC), aunque de manera insatisfactoria, por insuficiente[73], para independizarla del contrato de mandato[74], no contempla estas cautelas sino que, por el contrario, el art. 262 CC establece que lo dispuesto en este capítulo se aplicará igualmente al mandato sin poder. La reforma adolece de definiciones y conceptos de lo que está regulando y no ha clarificado la clásica confusión entre representación, poder y mandato sino que ha empeorado la distinción[75].

Si bien "en el mundo de la discapacidad solo puede interpretarse en el sentido de que el mandato puede otorgarse también en contemplación de la discapacidad del mandante sin que se confiera representación al apoderado, con lo cual quedará reducido a lo que antes hemos denominado asistencia de acompañamiento o colaborativa, pero sin posibilidad de representación frente a terceros. Para esto no hacía falta un precepto dentro de la sección dedicada a los poderes y mandatos preventivos. En el artículo 255 CC ya tienen perfecta cabida

---

ción con el poderdante como respecto de terceros, y más si se trata de un poder preventivo que el poderdante ya no podrá completar o modificar en el futuro. La seguridad del tráfico jurídico y la protección de los intereses del poderdante y de los terceros aconsejan la integración en un solo documento del mandato y el poder, salvo algunas instrucciones de carácter personalísimo que deban permanecer reservadas".

72 García Rubio, M. P.: "Las medidas de apoyo de carácter voluntario, preventivo o anticipado", *Revista de Derecho Civil*, núm. 3, 2018, p. 40.

73 De Amunátegui Rodríguez, C.: "Las medidas voluntarias", cit., p. 122.

74 Valls i Xufré, J. M.: "El papel del notario", cit., p. 125.

75 Rabanete Martínez, I. J.: "Nuevo paradigma", cit., p. 475.

esos mandatos no representativos a que se refiere el artículo 262. En realidad, desde un punto de vista práctico, en materia de discapacidad, es preferible el formato del mandato, en cuyo otorgamiento participen el poderdante y el apoderado e incluso las personas que han colaborado en su configuración, apoyando al otorgante, así como los testigos si fueran necesarios"[76].

Para que el poder preventivo cumpla la misión que el legislador le encomienda, tendrá que configurarse como un instrumento representativo completo que por sí solo, sin necesidad de aplicación de normas dictadas para otras instituciones, perdure en el tiempo. Para ello, se debe dotar al representante de unas instrucciones claras en las que se reflejen los deseos y preferencias del otorgante, se establezcan las medidas u órganos de control y las salvaguardas para evitar abusos o influencias indebidas. Este contenido mínimo -que debe incluir al menos, el inicio de su vigencia y su extinción, las instrucciones, condiciones de ejercicio y salvaguardas y la supervisión- puede aplicarse tanto al poder preventivo como a toda escritura en la que se contemplen medidas voluntarias de apoyo al ejercicio de la capacidad jurídica y se confieran facultades representativas al asistente[77].

3. *Los poderes y mandatos preventivos otorgados con anterioridad a la reforma*

El reconocimiento a la posibilidad de otorgar poderes y mandatos preventivos para que las personas con discapacidad pudieran mediante los mismos disponer voluntariamente sobre las medidas de apoyo en caso de incapacitación ya se introdujo en nuestro Derecho, aunque con ciertas limitaciones, con

---

[76] Valls i Xufré, J. M.: "El papel del notario", cit., p. 130.

[77] *Idem.*

la reforma del art. 1732 CC por la Ley 41/2003[78]. Regulación que contemplaba, asimismo el antiguo art. 223.II CC.

En base a ello y en cumplimiento de lo establecido en párrafo segundo de la DT 3ª, los poderes y mandatos preventivos[79] otorgados con anterioridad a la reforma que se encontrasen vigentes a la entrada en vigor de la Ley 8/2021, quedaron sujetos a la nueva ley; asimismo, se estableció en el último inciso del párrafo segundo de la DT 3ª que cuando el poder contenga cláusula de subsistencia para el caso de que el poderdante precise apoyo en el ejercicio de su capacidad o se conceda solo para ese supuesto y, en ambos casos, comprenda todos los negocios del otorgante, el apoderado, sobrevenida la situación de necesidad de apoyo, quedará sujeto a las reglas aplicables a la curatela en todo aquello no previsto en el poder salvo que el poderdante haya determinado otra cosa (nuevo art. 259 CC). Por tanto, cuando se apliquen al apoderado las reglas establecidas para la curatela, quedarán excluidas las correspondientes a los arts. 284 a 290 CC que regulan ciertas salvaguardias en favor del poderdante y, en consecuencia, no debe el apoderado proceder a la constitución de la fianza (art. 284 CC); ni tiene obligación de formar de inventario (arts. 285 y 286 CC) ni pesa sobre él la obligación de recabar las autorizaciones judiciales establecidas en los arts. 287 y 288 CC[80]. Por tanto, el apoderado

---

78 El mencionado precepto, en la redacción dada por la Ley 41/2003, establecía en su último párrafo que: "El mandato se extinguirá, también, por la incapacitación sobrevenida del mandante a no ser que en el mismo se hubiera dispuesto su continuación o el mandato se hubiera dado para el caso de incapacidad del mandante, apreciada conforme a lo dispuesto por éste. En estos casos, el mandato podrá terminar por resolución judicial dictada al constituirse el organismo tutelar o posteriormente a instancia del tutor".

79 *Vid.* análisis sobre diferencias entre mandato y poder en Valls i Xufré, J. M.: "El papel del notario", cit., p. 125.

80 Heras Hernández, M. del M.: "El régimen transitorio en la reforma de la legislación civil y procesal para el apoyo al ejercicio de la ca-

de un poder preventivo otorgado con anterioridad a la presente ley que tenga facultades para disponer bienes inmuebles podrá hacerlo sin autorización judicial.

3.1. Modificación y complemento de los poderes y mandatos preventivos

Finalmente, el último párrafo de la DT 3ª contempla la posibilidad de que el otorgante -con anterioridad a la reforma- de los poderes y mandatos preventivos los complemente o modifique. La razón no es otra que atender a la voluntad, deseos y preferencias del otorgante en todo momento, pues las medidas que se adopten afectan directamente a su esfera no sólo patrimonial sino también personal[81]; y, obviamente, atendiendo a las posibles nuevas necesidades que se le puedan presentar al poderdante así como a la prevención de posibles abusos en este tipo de poderes, se posibilita expresamente, como no podía ser de otro modo, que el otorgante pueda revisarlos mediante la incorporación de cualquier medida de control[82]. Y es en este punto donde se pone de relieve la intervención del no-

---

pacidad jurídica", en *Ejercicio de la capacidad jurídica por las personas con discapacidad tras la Ley 8/2021, de 2 de junio* (dir. por M. Pereña Vicente y M. del M. Heras Hernández), Tirant lo Blanch, Valencia, 2022, p. 407-445, en p. 431, entiende que dicha exclusión responde a la imposibilidad de que estas garantías fuesen incorporadas por el poderdante conforme al diseño excesivamente parco del régimen jurídico anterior.

81 Así lo pone de manifiesto la STS 19 octubre 2021 (*Tol 8628066*) en relación con la designación de curador en la autocuratela.

82 Heras Hernández, M. del M.: "El régimen transitorio", cit., p. 431. Téngase en cuenta como pone de manifiesto Valls i Xufré, J. M.: "El papel del notario", cit., p. 133 que, si se exonera al apoderado de la autorización judicial, el poder preventivo, desprovisto de toda salvaguarda y controles, puede convertirse en un instrumento de legitimación para expoliar a la persona con discapacidad.

tario con el fin de que el otorgante modifique o complemente los poderes y mandatos de conformidad con su voluntad, deseos y preferencias, por lo que, si fuera necesario, debe asistirle para que el poderdante desarrolle su propio proceso de toma de decisiones ayudándole en su comprensión y razonamiento y facilitando que pueda expresar aquéllas[83].

Así las cosas, la doctrina se plantea que la revisión será siempre posible en tanto que el otorgante conserve la capacidad suficiente para hacerla, mediando el apoyo del notario tal y como se expresa en la norma[84], esto es, si la podrá llevar a cabo toda persona mayor de edad o menor emancipada con capacidad natural para ello, lo que deberá apreciar el notario o bien si la revisión será siempre posible pese a que se otorgue por persona que ya presente algún grado de discapacidad psíquica, atendiendo a los principios de la Convención de Nueva York que inspiran esta reforma en cuyo caso será el notario la medida de apoyo *ex lege* para el ejercicio de la capacidad jurídica de las personas con discapacidad[85].

---

83 Al respecto, resulta interesante la apreciación de Pereña Vicente, M.: "La protección jurídica de adultos: el estándar de intervención y el estándar de actuación: entre el interés y la voluntad", en *La voluntad de la persona protegida. Oportunidades, riesgos y salvaguardias* (dir. por M. Pereña Vicente), Dykinson, Madrid, 2019, pp. 119- 141, en pp. 120-121, quien advierte, con buen criterio, de la escasa atención que suscita el interés superior de la persona protegida por parte del legislador a diferencia del interés del menor, y plantea si hay que respetar la voluntad de la persona cuando genere un grave perjuicio personal o patrimonial o cuando la persona manifieste voluntades contradictorias, p. 131.

84 En tal sentido, Heras Hernández, M. del M.: "El régimen transitorio", cit., p. 432 y ss.

85 Así lo entiende, Marín Calero, C.: *La integración de las personas*, cit., pp. 115 y 125.

4. Los poderes preventivos tras la reforma

Tras el nuevo régimen legal introducido por la Ley 8/2021, los poderes y mandatos preventivos constituyen una clase especial dentro de las medidas voluntarias de apoyo a las personas con discapacidad, para que puedan expresar su voluntad y preferencias. De esta manera, las personas con discapacidad o con previsible discapacidad pueden decidir anticipadamente quienes les prestarán las medidas de apoyo que, llegado el caso, necesiten[86].

Los poderes preventivos no son más que negocios jurídicos de apoderamiento que por voluntad del poderdante o mandante y en previsión de una futura pérdida de su capacidad (en mayor o menor grado), faculta a otra (u otras) persona para actuar válidamente en su nombre. Se trata de una medida de protección de los intereses tanto personales como patrimoniales, de la persona en previsión de una eventual pérdida de su capacidad.

La normativa anterior no ofrecía ninguna definición aunque la SAP Barcelona 26 noviembre de 2019[87], ya los concretó muy bien antes de la reforma, al señalar que se trataba de una:

> "solución arbitrada por la ley para velar por los intereses de quien, llegado el momento, no puede gobernarse por sí mismo"; en estos casos, "el poder preventivo resuelve fundamentalmente los problemas que tienen lugar mientras se tramita el proceso de incapacitación, así como los que se plantean en esa línea intermedia, cada vez más habitual, en la que una persona se encuentra transitando de la capacidad hacia la incapacidad, dado que la incapacidad, más que una situación, es un proceso".

---

86 *Vid.* en el mismo sentido, Rabanete Martínez, I. J.: "Nuevo paradigma", cit., p. 462.

87 SAP Barcelona 26 noviembre 2019 (*Tol 7765457*).

La nueva ley tampoco proporciona ninguna definición salvo que se trata de una medida voluntaria de apoyo de acuerdo con el Preámbulo. En cuanto a la terminología empleada, tanto la Ley 8/2021 como su Preámbulo utilizan los vocablos "poderes" y "mandato" indistintamente. Según ya hemos analizado, la principal diferencia entre uno y otro reside en la consideración del mandato como contrato y, por tanto, como negocio bilateral y obligatorio para el mandatario; y la consideración del poder como negocio unilateral, en el que el representante no queda obligado[88]. Con independencia de la integración del régimen de representación en la regulación del mandato, la nueva regulación establece el poder como negocio unilateral que debe constar en escritura pública (art. 260 CC). El problema es la necesidad o no de la aceptación del apoderado para que quede éste obligado[89], que obviamente debe ser afirmativa. En este sentido, Ribot alerta sobre los efectos indeseados que puede provocar la disociación entre poder y mandato en ámbito de las medidas de apoyo[90]. Al mismo tiempo, encontramos regulados en el art. 262 CC el "mandato sin poder" o mandato no representativo, que funciona sin relación de apoderamiento y que se conoce doctrinalmente como mandato

---

88 Sobre los mandatos representativos y no representativos, *vid.* De Amunátegui Rodríguez, C.: *Incapacitación y mandato,* La Ley, Madrid, 2008, pp. 217 y ss.

89 En tal sentido, Ribot Igualada, J.: "Comentario a los arts. 256 y 257 CC", cit., p. 599 y Magariños Blanco, V.: "Comentarios al Anteproyecto de Ley para la reforma del Código Civil sobre discapacidad", *Revista de Derecho Civil,* vol. V, julio-septiembre, 2018, pp. 207 y ss., y De Amunátegui Rodríguez, C.: "Las medidas voluntarias", cit., p. 132.

90 Ribot Igualada, J.: "Comentario al art. 262 CC", en *Comentarios a la Ley 8/2021 por la que se reforma la legislación civil y procesal en materia de discapacidad,* (dir. por C. Guilarte Martín-Calero), Thomson Reuters Aranzadi, Cizur Menor, 2021, pp. 644-647, en p. 645. Igualmente, De Amunátegui Rodríguez, C.: *Incapacitación y mandato,* cit., p. 220.

indirecto. Esta figura ha sido muy criticada por la doctrina[91] porque podría resultar inútil. Ciertamente, en la medida en que los actos del mandatario únicamente le afectan a éste (art. 1717 CC), para que recaigan en el patrimonio del mandante se requiere un nuevo de este último, luego si el mandante carece ya de facultades cognitivas suficientes para conformar o expresar su voluntad, este mandato sin poder resultará insuficiente e inservible para dicho mandante[92].

Con la nueva regulación, cabe establecer una distinción entre las dos modalidades de poderes preventivos que se venían utilizando en la práctica: los poderes con efectos inmediatos en los que el poderdante incluye una cláusula de subsistencia del poder para el caso de que en el futuro precise apoyos en el ejercicio de su capacidad (poder prorrogado o continuado), regulado en el art. 256 CC; o bien, los poderes preventivos, en sentido estricto, regulados en el art. 257 CC y otorgados por la persona sólo para el supuesto de que en el futuro precisare apoyo en el ejercicio de su capacidad (poder de protección). En ambos tipos de poderes, el art. 260 CC exige la escritura pública.

Ahora bien, en relación con los -doctrinalmente considerados- poderes preventivos en sentido estricto, para la acreditación de que se ha producido la situación de necesidad de apoyo se estará a las previsiones del poderdante, lo que es criticado por algún sector doctrinal al entender que vulnera el principio de necesidad de la Convención, porque no hay en la ley un concepto definido de "necesidad de apoyo o de "situa-

---

91 Carrasco Perera, A.: "Brújula para navegar la nueva contratación con personas con discapacidad, sus guardadores y curadores", Centro de Estudios de Consumo. Publicaciones Jurídicas, 2021, p. 16., califica al mandato sin poder como atrabiliario.

92 De Amunátegui Rodríguez, C.: "Las medidas voluntarias", cit., p. 133.

ción de apoyo"[93]. Obviamente, en estos casos, en que queda al arbitrio del poderdante o mandante el momento en el que se inicia la vigencia de dicho poder y éste despliega sus efectos[94], la cuestión no deja de ser menor, si atendemos al hecho de que el poderdante ha determinado estas circunstancias en ejercicio de la libertad y autonomía que le asisten y que avala el art. 257 CC95.

Ambas modalidades de poderes preventivos se mantendrán vigentes aun cuando se constituyan otras medidas de apoyo distintas, y habrán de constituirse necesariamente en escritura pública, siendo comunicados por el notario autorizante al Registro Civil competente.

4.1. Las aptitudes y requisitos de la persona apoderada

Los poderes preventivos se pueden otorgar tanto en favor de personas físicas como de personas jurídicas, públicas o privadas, sin ánimo de lucro. Aunque algún sector doctrinal sea favorable a la extensión de las personas jurídicas incluyendo

---

93 En este sentido, García Herrera, V.: "Los poderes preventivos: cuestiones derivadas de su configuración como medida de apoyo preferente y de su articulación en torno a la figura contractual del mandato", en *Ejercicio de la capacidad jurídica por las personas con discapacidad tras la Ley 8/2021, de 2 de junio* (dir. por M. Pereña Vicente y M. del M. Heras Hernández), Tirant lo Blanch, Valencia, 2022, pp. 362-364.

94 Apuntan la posibilidad de que el cumplimiento de éstas se garantice mediante acta notarial que, además del juicio del notario, incorpore un informe pericial al respecto De Amunátegui Rodríguez, C.: "Comentario", cit., p. 591 y Ribot Igualada, J.: "Comentario a", cit., p. 645.

95 *Vid.* asimismo, Rabanete Martínez, I. J.: "Nuevo paradigma", cit., p. 496.

a las que tienen ánimo de lucro[96], el art. 275.1 II CC restringe el nombramiento como curadores, únicamente a las personas jurídicas sin ánimo de lucro y, por ende, ¿cabe entenderlas también excluidas de la designación por mandato o poder preventivo? En opinión de Valls i Xufré, no cabe excluirla, al contrario[97]. No obstante, si las personas jurídicas, sin ánimo de lucro o lucrativas, prestan servicios asistenciales, residenciales o de naturaleza análoga a la persona que precise los apoyos, mediante una relación contractual queda excluida de su posible nombramiento en el poder preventivo (art. 250.8 CC).

En relación con las personas físicas, deberán ser estas mayores de edad (art. 275.1 CC). Ahora bien, no es impedimento que el mandatario esté a su vez provisto de medidas de apoyo para ser apoderado preventivo, salvo que para actuar por el poderdante deba el apoderado valerse de sus propias medidas de apoyo, en cuyo caso se extingue el mandato (art. 1732.5 CC).

En todo caso, parece que el art. 258 CC permite solicitar judicialmente la extinción de los poderes preventivos cuando el apoderado haya incurrido en causa de remoción, luego se puede interpretar que no se puede nombrar en el poder preventivo a quien en el momento de su designación ya incurre en

---

96 En opinión de De Amunátegui Rodríguez, C.: *Incapacitación y mandato*, cit., p. 240, no se descarta la posibilidad de que puedan ser nombradas, también, las personas jurídicas con ánimo de lucro. Asimismo, Ribot Igualada, J.: "Comentario al art. 260 CC", en *Comentarios a la Ley 8/2021 por la que se reforma la legislación civil y procesal en materia de discapacidad*, (dir. por C. Guilarte Martín-Calero), Thomson Reuters Aranzadi, Cizur Menor, 2021, p. 634, para quien "el silencio de la normativa permite argüir que puede recibir el nombramiento cualquier tipo de entidad, recayendo las facultades conferidas en sus órganos de gobierno, que las ejercen a través de sus cargos orgánicos o de los empleados designados a tal efecto".

97 Valls i Xufré, J. M.: *El poder preventivo*, Tirant lo Blanch, Valencia, 2018, p. 203.

alguna causa de inhabilitación (ex art. 275 CC)[98]. Para García Rubio la aplicación supletoria de los requisitos de la curatela es dispositiva para el poderdante[99], porque quién mejor que él conoce lo que le conviene y quien es más adecuado a sus necesidades de apoyo futuro.

La intensidad del apoyo prestado por los terceros designados, no tiene más límites que la influencia indebida y el conflicto de intereses, pudiendo asesorar, aconsejar y acompañar la actuación de la persona con discapacidad que le designó en los poderes preventivos, siempre y cuando no suplante, sustituya o desvirtúe el consentimiento de ésta[100], como en el caso de los actos de carácter personalísimo, como los de última voluntad.

V. PODERES Y MANDATOS EN LA SUCESIÓN

Que los poderes preventivos y mandatos se configuren como medidas de apoyo pone de manifiesto que su finalidad es permitir que la persona con discapacidad pueda ejercer su capacidad jurídica, también como medida a futuro frente a posibles empeoramientos de la capacidad cognitiva -también en materia sucesoria-, en igualdad de condiciones con las personas que no padecen una discapacidad, en la medida en que se respetan sus deseos y preferencias, también eligiendo quienes van a ser sus apoyos y la extensión de sus funciones. Que su entrada en vigor esté condicionada a la aparición de aquella o aquellas situaciones que la persona señale como necesidad de apoyos, es indicativo, asimismo, del respeto a su libertad y autonomía personal.

---

98 Ribot Igualada, J.: "Comentario a", cit., p. 636.

99 García Rubio, M. P.: "Las medidas de apoyo", cit., p. 50.

100 *Vid.* Marín Calero, C.: *La integración de las personas*, cit., p. 31.

Ahora bien, el alcance en materia sucesoria de los poderes y mandatos preventivos es bastante limitado. En primer lugar, porque la capacidad para testar es insustituible. En segundo lugar, porque las disposiciones mortis causa afectan en poco a los intereses y patrimonio del ya difunto testador tras la apertura de la sucesión. En tercer lugar, porque la voluntad testamentaria es esencialmente revocable. En cuarto lugar, porque el legislador ya establece cautelas para evitar "las influencias indebidas" a la hora de otorgar testamento, por lo que tan sólo cabe el apoyo en algunos casos de aceptación e intervención en la partición de la herencia, por no tener carácter personalísimo.

1. *Poderes y mandatos preventivos en relación con el otorgamiento de testamento*

En relación con la capacidad de testar que regulan los arts. 662 y 670 CC, el otorgamiento del testamento tan sólo lo puede realizar el testador, por lo que se excluye al curador representativo, aunque haya sido nombrado preventivamente de conformidad con lo establecido en el art. 255 CC.

En este sentido, la SAP Asturias 1 diciembre 2021[101] que excluye al curador del:

> "otorgamiento de testamento, al quedar esta facultad sometida a lo dispuesto en el art. 655 CC".

Por lo que únicamente podrá testar la persona con discapacidad, tanto en testamento abierto como en cerrado. Este derecho únicamente queda limitado si no se puede conformar o expresar la voluntad testamentaria, ni siquiera con ayuda de medidas de apoyo y ajustes. Apoyos no sustitutivos de la voluntad. Así pues, la reforma atendiendo a que "el carácter personal

---

[101] SAP Asturias 1 diciembre 2021 (*Tol 8790858*).

del testamento no permite el ejercicio de un poder representativo ha pretendido ampliar significativamente las posibilidades de la persona con discapacidad para otorgar testamento, con el fin de que éste sea sustancialmente posible"[102].

Ahora bien, la importancia de los poderes preventivos radica en esas ayudas que permite el art. 663.2 CC y que habrá establecido el ahora testador en previsión de esta eventualidad.

2. *Poderes y mandatos preventivos en relación con la capacidad para aceptar o repudiar la herencia*

La actual redacción del art. 996 CC permite a las personas con discapacidad la aceptación de la herencia por sí mismas "salvo que otra cosa resulte de las medidas de apoyo establecidas". En consecuencia, el contenido de las medidas de apoyo voluntarias, determinará el ámbito de autonomía de la persona con discapacidad en relación con la aceptación de la herencia.

En el caso de que la persona no pueda aceptar o repudiar la herencia por sí misma, deberá aceptar a beneficio de inventario el curador con facultades de representación (art. 287.5 CC). Para aceptar pura y simplemente o para repudiarla se requiere la preceptiva autorización judicial. En este sentido, la SAP Ciudad Real 22 noviembre 2021[103] prevé una curatela que establece con carácter representativo para unos actos y asistencial para otros y exige el apoyo del curador para "aceptar sin beneficio de inventario cualquier herencia o repudiar esta o la liberalidades" y señala que:

---

102 Barba, V.: "Capacidad para otorgar testamentos, legitimarios y protección de las personas con discapacidad", *La Ley Derecho de Familia, núm. 31 (Monográfico: La reforma civil y procesal de la discapacidad. Un tsunami en el ordenamiento jurídico* (coord. por M. P. García Rubio), 2021, pp. 34-69.

103 SAP Ciudad Real 22 noviembre 2021 (*Tol 8787164*).

"este Tribunal considera que D. R. sí requiere la provisión judicial de apoyos, pero no una curatela representativa para todas las decisiones y los actos a realizar en su esfera personal, económica y patrimonial.

Atendiendo a los principios señalados en el FD Tercero de esta decisión (particularmente a los principios de flexibilidad, de aplicación restrictiva, de no alteración de la titularidad de los derechos fundamentales; y del interés superior de la persona con discapacidad), la curatela con una extensión representativa en las decisiones referentes al ámbito sanitario, incluida la de un inicial internamiento en un centro sanitario especializado en salud mental y la del posterior seguimiento en un centro adecuado; y con una extensión asistencial en los actos de mayor relevancia personal, patrimonial y económica, se revela como la medida de apoyo más adecuada para garantizar el bienestar de D. R.

Esto respetaría el nuevo mandato legal y la doctrina jurisprudencial de nuestro más alto Tribunal sobre la materia, en el sentido de que la extensión de las medidas ha de ser proporcional al grado de discapacidad, y que los apoyos han de adaptarse a la concreta necesidad de protección de la persona afectada, lo que se plasma en su graduación (lo que el Tribunal Supremo venía ya calificando como un 'traje a medida', como expresaba la sentencia del Tribunal Supremo núm. 341/2014, de 1 de julio). En definitiva, conforme al art. 250 5º CC, se establece la curatela por precisarse un apoyo de modo continuado y su extensión se delimitará 'en armonía con la situación y circunstancias de la persona con discapacidad y con sus necesidades de apoyo'.

Nuestro TS, en la ya mencionada Sentencia de 6 de mayo de 2021, ante un supuesto similar de esquizofrenia con falta de conciencia de la enfermedad, consideraba ya a la curatela como una medida de apoyo adecuada. Adaptando su contenido al nuevo contexto normativo en el que, como ya se ha señalado, se excluye la tutela para los mayores de edad y se sustituyen las tutelas anteriormente establecidas por las curatelas representativas (por mor de la disposición transitoria segunda de la citada nueva Ley), dicha STS sostiene que: 'El mecanismo representativo de protección viene constituido por la curatela representativa, como forma de apoyo más intensa reservada para los supuestos en los que la persona afectada no pueda tomar autónomamente decisiones en los asuntos de su incumbencia, ni por sí misma, ni tampoco con el apoyo de otras personas. (...) Ahora bien, cuando proceda la adopción de medidas de apoyo menos intensas, sin necesidad de acudir al mecanismo de la sustitución, pues la persona afectada conserva facultades de autodeterminación en distinto grado es suficiente el mecanismo de la curatela no representativa, concebido como asistencia o complemento de capacidad'.

De esta forma, la curatela no representativa se configura como una institución flexible, que se caracteriza por su contenido de asistencia y supervisión, susceptible de abarcar tanto el ámbito personal o patrimonial de la persona afectada o ambos a la vez.

El curador, cuando no tiene funciones representativas, 'no suple la voluntad del afectado, sino que la refuerza, controla y encauza, complementando su deficiente capacidad, por lo que su función no viene a ser de representación, sino más bien de asistencia y protección en el concurso que presta su apoyo e intervención para aquellos actos que haya de realizar el incapaz y estén especificados en la sentencia, los que no tienen que ser específicamente de naturaleza patrimonial' (sentencias del Tribunal Supremo 341/2014, de 1 de julio, y 698/2014, de 27 de noviembre).

En definitiva, la curatela representativa es la forma de apoyo más intensa, que puede resultar necesaria cuando la persona con discapacidad no pueda tomar decisiones en los asuntos de su incumbencia, ni por sí misma ni tampoco con el apoyo de otras personas, mientras que la curatela no representativa es una institución flexible que se caracteriza por su contenido de asistencia y supervisión, no por el ámbito personal o patrimonial o por la extensión de actos en los que esté llamada a prestarse'.

Junto a la ya señalada STS de 6 de mayo de 2021, se encuentran otras que, ya antes de la entrada en vigor del nuevo régimen normativo, consideraban adecuada la curatela para situaciones similares: STS de 29 de septiembre de 2009, STS de 11 de septiembre de 2012; SAP de Pontevedra de 9 de julio de 2021; SAP de Valladolid de 29 de junio de 2021; y SAP Lugo de 8 de junio de 2021; SAP de Ciudad Real de 18 de diciembre de 2020, entre otras".

Asimismo, la SAP Madrid 20 diciembre 2021[104]:

> "A la hora de llevar a cabo esta labor de juzgar sobre la procedencia de las medidas y su contenido, el juez necesariamente ha de tener en cuenta las directrices legales previstas en el art. 268 CC: las medidas tomadas por el juez en el procedimiento de provisión de apoyos deben responder a las necesidades de la persona que las precise y ser proporcionadas a esta necesidad, han de respetar 'la máxima autonomía de esta en el ejercicio de su capacidad jurídica' y atender 'en todo caso a su voluntad, deseos y preferencias'.
>
> En segundo lugar, el juez no debe perder de vista que bajo el reseñado principio de intervención mínima y de respeto al máximo de la autonomía de la persona con discapacidad, la ley presenta como regla general que el contenido de la curatela consista en las medidas de asistencia que fueran necesarias en ese caso. Consecuentemente, el párrafo segundo del art. 269 CC prescribe que el juez debe precisar 'los actos para los que la persona requiere asistencia del curador en el ejercicio de su capacidad jurídica atendiendo a sus concretas necesidades de apoyo'. No obstante, cuando sea necesario, al resultar insuficientes las medidas asistenciales, cabría dotar a la curatela de funciones de representación. Ordinariamente, cuando la discapacidad afecte directamente a la capacidad de tomar decisiones y de autodeterminación, con frecuencia por haber quedado afectada gravemente la propia consciencia, presupuesto de cualquier juicio prudencial ínsito al autogobierno, o, incluso, en otros casos, a la voluntad. En estos casos, la necesidad se impone y puede resultar precisa la constitución de una curatela con funciones representativas para que el afectado pueda ejercitar sus derechos por medio de su curador. El párrafo tercero del art. 269 CC, al preverlo, remarca su carácter excepcional y la exigencia de precisar el alcance de la representación, esto es, los actos para los que se precise esa representación: 'sólo en los casos excepcionales en los que resulte imprescindible por las circunstancias de la persona con discapacidad, la autoridad judicial determinará en resolución motivada los actos concretos en los que

104 SAP Madrid 20 diciembre 2021 (*Tol 8794206*).

el curador habrá de asumir la representación de la persona con discapacidad'.

En tercer lugar, el art. 269 CC establece como límite al contenido de la curatela, que no podrá incluir la mera privación de derechos. Con ello la ley quiere evitar que la discapacidad pueda justificar directamente una privación de derechos, sin perjuicio de las limitaciones que puede conllevar la medida de apoyo acordada, por eso habla de 'mera privación de derechos'.

A la vista de la reforma legal y de la doctrina del Tribunal Supremo, procede en primer lugar suprimir de la sentencia de instancia toda declaración a la ausencia de capacidad de Dª A., pues ha desaparecido cualquier declaración judicial de modificación de capacidad, si bien como señala el TS 'Cuestión distinta es que la provisión de apoyos, en cuanto que debe tener en cuenta la necesidad de la persona con discapacidad y acomodarse a ella, entrañe necesariamente un juicio o valoración de los efectos de la discapacidad en el ejercicio de sus derechos y, en general, de su capacidad jurídica'.

Se acuerda una tutela representativa para ejercer por la Agencia Madrileña de Tutela de Adultos para: a) la toma de decisiones relativas a su patrimonio y a la gestión de las prestaciones que pueda recibir, salvo la cantidad que se le asigne por la AMTA para atender a sus gastos y que deberá ser entregada al padre atendiendo a la justificación de sus necesidades y una pequeña cantidad de dinero para Dª. A., que podrá disponer de ella sin asistencia, para pequeños gastos. b) para los actos de disposición a título gratuito; aceptación y repudiación de herencia".

Dice el art 94.2.3 LJV, que el expediente para promover la aceptación de la herencia si "se trata de personas con discapacidad provistas de medidas de apoyo representativo para este tipo de actos podrán promoverlo los que ejerzan el apoyo", con intervención del Ministerio Fiscal.

Téngase en cuenta que la persona puede haber designado preventivamente al guardador de hecho, quien puede aceptar o repudiar la herencia o las liberalidades a que fuera llamada la persona con discapacidad[105].

3. *Poderes y mandatos preventivos en relación con la capacidad para solicitar e intervenir en la partición de la herencia*

El art. 1052 CC ha sido modificado por la Ley 8/2021 para introducir la nueva figura de la asistencia a las personas con discapacidad, por lo que de acuerdo con su redacción si el coheredero "contase con medidas de apoyo por razón de discapacidad, se estará a lo que se disponga en éstas". Así pues, en las mismas se determinará si la persona con discapacidad puede actuar por sí misma o por quien haya dispuesto que sea su curador asistencial o con facultades de representación o su defensor judicial, guardador, etc[106]. Del precepto resulta cierta indeterminación[107], por lo que si nada se establece en las medidas de apoyo voluntarias (o judiciales) se presume que la persona con discapacidad podrá solicitar dicha partición por sí sola[108].

---

105 *Vid.* Represa Polo, M. P.: "Cuarenta y dos. El artículo 996 CC", en *Comentarios a la Ley 8/2021 por la que se reforma la legislación civil y procesal en materia de discapacidad,* (dir. por C. Guilarte Martín-Calero), Thomson Reuters Aranzadi, Cizur Menor, 2021, pp. 958-965, p. 963 y 964.

106 *Vid* SSTS 16 julio 2024 (*Tol 10117378*) y 11 junio 2024 (*Tol 10052873*).

107 Alventosa del Río, J.: "Reformas en Derecho de sucesiones", en pp.451-502, en *La discapacidad: una visión integral y práctica de la Ley 8/2021, de 2 de junio* (dir. por J. R. De Verda), Tirant lo Blanch, Valencia, 2022, p. 495.

108 Represa Polo, M. P.: "Cuarenta y cuatro. Comentario al art. 1052 CC", en *Comentarios a la Ley 8/2021 por la que se reforma la legislación civil y procesal en materia de discapacidad,* (dir. por C. Guilarte Martín-Calero), Thomson Reuters Aranzadi, Cizur Menor, 2021, pp. 969-980, p. 971.

A este respecto, la STS 8 abril 2016[109] señalaba que:

> "ha de partirse de la presunción de capacidad del testador, quién afirma su incapacidad debe probarla de modo claro e indubitado, pues cualquier duda al respecto no podría favorecer su pretensión".

La ya citada SAP Madrid 20 diciembre 2021[110] señala que:

> "el juez no debe perder de vista que bajo el reseñado principio de intervención mínima y de respeto al máximo de la autonomía de la persona con discapacidad, la ley presenta como regla general que el contenido de la curatela consista en las medidas de asistencia que fueran necesarias en ese caso. Consecuentemente, el párrafo segundo del art. 269 CC prescribe que el juez debe precisar 'los actos para los que la persona requiere asistencia del curador en el ejercicio de su capacidad jurídica atendiendo a sus concretas necesidades de apoyo'. No obstante, cuando sea necesario, al resultar insuficientes las medidas asistenciales, cabría dotar a la curatela de funciones de representación. Ordinariamente, cuando la discapacidad afecte directamente a la capacidad de tomar decisiones y de autodeterminación, con frecuencia por haber quedado afectada gravemente la propia consciencia, presupuesto de cualquier juicio prudencial ínsito al autogobierno, o, incluso, en otros casos, a la voluntad. En estos casos, la necesidad se impone y puede resultar precisa la constitución de una curatela con funciones representativas para que el afectado pueda ejercitar sus derechos por medio de su curador".

En relación con la capacidad para intervenir en la partición el art. 1057.4 CC habrá que estar, de nuevo a lo establecido en las medidas de apoyo. Por tanto, la persona de apoyo, tenga carácter representativo o no, debe estar presente en la formación del inventario[111], salvo que en las medidas de apoyo se hubiere

---

109 STS 8 abril 2016 (*Tol 5694636*).

110 SAP Madrid 20 diciembre 2021 (*Tol 8794206*).

111 Alventosa del Río, J.: "Reforma del Derecho", cit., p. 496.

determinado la autonomía de la persona, en todo caso o en determinadas condiciones y circunstancias.

De acuerdo con el art. 1060.2 CC, establece que no se requiere autorización judicial en la partición en que interviene el curador representativo o el defensor judicial, pero tras ésta si se exige la aprobación judicial, en el caso de la partición convencional[112], de conformidad con el art. 289 CC, según analizamos más adelante.

4. *Poderes y mandatos preventivos para la aceptación o repudiación de liberalidades*

La constitución de una administración separada del patrimonio donado, legado o heredado requiere para su eficacia, la aceptación por el beneficiario, en este caso, la persona con discapacidad. La cuestión estriba en determinar quién y cómo ha de llevarse a cabo tal aceptación o repudiación. Como regla general, será la persona con discapacidad la que acepte o repudie la liberalidad o disposición a título gratuito con el apoyo que proceda y cuando proceda, determinado voluntaria -o legalmente- (arts. 269 y 271 CC). En el caso de que la medida de apoyo consista en un curador representativo, precisará autorización judicial para repudiar o aceptar pura y simplemente. En el caso del guardador de hecho, cuando se requiera su actuación representativa -y excepcional- (art. 264 CC) necesitará, asimismo, autorización judicial para aceptar pura y simplemente o para repudiar de conformidad con el art. 287.5 CC[113].

---

112 *Vid.* STS 3 octubre 2023 (*Tol 9737274*).

113 *Vid.* Palomino Diez, I.: "Comentario al art. 252 CC", en *Comentarios a la Ley 8/2021 por la que se reforma la legislación civil y procesal en materia de discapacidad* (dir. por C. Guilarte Martín-Calero), Serie Derecho de la Discapacidad, Vol. III, Thomson Reuters Aranzadi, 2021, pp. 557-561, en p. 559.

Capítulo 3

Protección de las personas con discapacidad en el derecho de sucesiones del código civil español

I. INTRODUCCIÓN

La Ley 8/2021 no tuvo como propósito principal la reforma de la regulación del Código Civil en materia de la protección y mejora de los derechos de las personas con discapacidad, si bien es cierto que afectó en algunos aspectos a dichas normas. Aun cuando en ocasiones, la modificación no fue más allá del cambio de la terminología para actualizarla al nuevo lenguaje de la Convención, se han producido pequeños cambios, interesantes y bienvenidos, pero a todas luces insuficientes. El legislador ha perdido una gran oportunidad de reforzar la situación sucesoria de las personas con discapacidad, teniendo en cuenta la realidad actual, y muy especialmente, la situación del cónyuge supérstite, si atendemos a la posible edad avanzada de éste, probable discapacidad y/o situación económica no muy boyante. Así pues, en este análisis se plantea la revisión de las modificaciones en materia de capacidad para suceder y para testar de las personas con discapacidad, de las posibles medidas a disposición del testador para favorecer y proteger a sus familiares con discapacidad pero, asimismo, de los escasos derechos sucesorios del cónyuge supérstite y la limitada libertad de testar en este aspecto, teniendo en cuenta las trasformaciones de la familia española en los últimos decenios y, especialmente, de la relación marital que subsiste pese al aumento de las crisis conyugales y consiguientes divorcios de los tiempos actuales.

En todo caso, las temáticas de que de un modo u otro aborda la reforma de la Ley 8/2021 se centran en reconocer una mayor capacidad para testar de las personas con discapacidad, así como para aceptar o repudiar la herencia a la que son llamados; como también, en las limitaciones para suceder a de las personas con discapacidad, esto es, en las prohibiciones y supuestos de indignidad de los llamados, como medidas protectoras aunque no se las denomine como tales.

En otro orden de materias, la reforma avanza en la protección de las personas con discapacidad mediante la autorización al testador para establecer una sustitución fideicomisaria sobre la legítima estricta en favor del descendiente legitimario con discapacidad (arts. 782 y 808 CC) o bien, en la posibilidad de constituir un legado de derecho de habitación sobre la vivienda habitual del causante en favor del legitimario con discapacidad que conviviera en la misma con el causante (ar. 822 CC). Asimismo, la reforma también plantea alguna modificación relativa a los gastos no colacionables en favor del legitimario con discapacidad yo a la posible delación del curador testamentario, o a la administración separada de una atribución a título gratuito. Todas ellas medidas protectoras que tampoco solventan las nuevas demandas familiares y sociales.

II. MEDIDAS DE PROTECCIÓN DE LA DISCAPACIDAD DESDE LA PERSPECTIVA SUCESORIA

Como parte del sistema de protección que dispensa nuestra regulación a las personas con discapacidad, podrán éstas procurarse un apoyo voluntario mínimamente invasivo, que será más intenso en función de la necesidad concreta de cada situación.

No siendo posible o no existiendo la opción voluntaria, por la imposibilidad de manifestar la persona con discapacidad su voluntad o por la disparidad de pareceres entre ésta y quienes le prestan apoyo voluntario, entonces, procederá la provisión judicial de apoyo. No obstante, no son éstas las únicas medidas de protección que se establecen en favor de las personas con discapacidad en materia sucesoria.

Se trata de aquellas situaciones en las que el beneficiario de las disposiciones testamentarias de terceros es la persona con discapacidad. Para ello hemos de remitirnos a algunas de las modificaciones efectuadas por la Ley 8/2021, en relación con los arts. 252, 276.4, 782, 808, 813 y 822 CC.

Que, en todo caso, el nudo gordiano del concepto de discapacidad no es la persona con alguna deficiencia de carácter previsiblemente permanente de tipo físico, mental, intelectual o sensorial; ni siquiera que estas personas tengan barreras que les impidan participar en la sociedad en igualdad de condiciones con las demás, sino que no tengan medidas de apoyo efectivas que les permitan superar o paliar las barreras existentes y conseguir la participación plena y efectiva en la sociedad[1].

En tal sentido, la SAP Sevilla 27 febrero 2024[2] señala que:

> "En cuanto al concepto de discapacidad que contenía el antiguo artículo 200 del CC es inservible pues se refería como causas de incapacitación a las enfermedades o deficiencias persistentes de carácter físico o psíquico que impidan a la persona gobernarse por sí misma. El artículo 1 de la Convención sobre los derechos de las personas con discapacidad establece: 'Las personas con discapacidad incluyen a aquellas que tengan deficiencias físicas, mentales, intelectuales o sensoriales a largo plazo que, al interactuar con diversas barreras, puedan impedir su participación plena y efectiva en la sociedad, en igualdad de condiciones con las demás'. Y el Preámbulo de la Convención recoge en su apartado e) 'Reconociendo que la discapacidad es un concepto que evoluciona y que resulta de la interacción entre las personas con deficiencias y las barreras debidas a la actitud y al entorno que evitan su participación plena y efectiva en la sociedad, en igualdad de condiciones con las demás'. Podemos pues atender que el concepto jurídico de discapacidad a que se refiere la ley es la condición que hace que una persona tenga dificultades para desarrollar tareas y actos en los distintos aspectos de su vida, y que pueden dificultarle el ejercicio de su capacidad jurídica (artículo 271 del CC) en igualdad de condiciones que los demás. Esta discapacidad puede ser psíquica, (trastornos mentales como esquizofrenia, depresión, trastorno bipolar, de conducta, de la personalidad así como deterioros cognitivos de mayores) o física (falta o alteración funcional de una de las partes del cuerpo que produce disminución o inamovilidad y por ultimo sensorial (visual o auditiva)".

---

1 De Fuentes García-Romero de Tejada, C.: "Sobre el concepto jurídico de persona con discapacidad y la noción de apoyos necesarios", *Revista Española de Discapacidad*, 4 (2), 2016, pp. 81-99, en p. 83 a 86.

2 SAP Sevilla 27 febrero 2024 (*Tol 10122719*).

Consecuentemente, se podría afirmar que la discapacidad es una condición, una dolencia física, psíquica, cognitiva o sensorial, de cierta importancia y gravedad que no es posible paliar ni con medidas de apoyo o ajustes que hace que una persona tenga dificultades para desarrollar tareas y actos en los distintos aspectos de su vida, y que pueden dificultarle el ejercicio de su capacidad jurídica, incluso que la persona sea capaz de entender y querer aquellos actos que va a llevar a cabo y/o a su vez, sea capaz de expresar su voluntad libremente, sin influencias indebidas. Sin embargo, por el juego de la DA 4ª CC la determinación de quién es el verdadero destinatario de las diferentes normas de los arts. 756.7, 782, 808, 822 y 1041 CC, es compleja[3] pues en relación con estos preceptos no basta con la referencia a la Ley 41/2003 sino que habrá que estar también a lo dispuesto en la Ley 39/2006, dos leyes que gradúan a las personas según la gravedad de su deficiencia y el grado de su dependencia. Así pues, las personas destinatarias de las medidas mencionadas en los arts. 756.7, 782, 808, 822 y 1041 CC son aquellas que presenten una discapacidad psíquica igual o superior al 33 por ciento, así como las que presenten una discapacidad física o sensorial igual o superior al 65 por ciento. A éstas hay que añadir a las personas en situación de dependencia de los grados II y III de la Ley 39/2006 con independencia de que necesiten o estén provistas de medidas de apoyo[4]. Sin embargo, puesto que la situación de dependencia no es asimilable a la de discapacidad entiendo que la reforma que introduce la Ley 8/2021 ha ido más allá de la Convención, al no distinguir entre la asistencia o apoyos de carácter personal -para el cui-

---

3 Álvarez Lata, N.: "Disposición Adicional Cuarta CC", en *Comentarios a la Ley 8/2021 por la que se reforma la legislación civil procesal en materia de discapacidad* (dir. por C. Guilarte), Thomson Reuters Aranzadi, Cizur Menor, 2021, pp. 1068-1073, en p. 1070.

4 Así, Álvarez Lata, N.: "Disposición Adicional Cuarta CC", cit., p. 1071.

dado de la persona en su vida diaria- de los apoyos jurídicos centrados en el proceso de toma de decisiones con relevancia jurídica de una persona con discapacidad en igualdad de condiciones que todas las demás, provocando con ello ciertas complejidades en la determinación de sus destinatarios[5]. Por ello, si la reforma se centra en el proceso de toma de decisiones con relevancia jurídica de una persona con discapacidad que precisa apoyos en este ámbito, es de tipo jurídico, por lo tanto, la reforma se centra en las personas con discapacidad intelectual o psicosocial. Lo cierto es que la reforma no se centra en dar respuesta a las actividades de la vida diaria o doméstica sino de garantizar que estas personas, cuando quieran o deban tomar una decisión con relevancia jurídica, lo hagan en igualdad de condiciones que todas las demás[6]. Cierto.

Además, el novísimo planteamiento sobre la discapacidad se asienta sobre la premisa de que el sistema ya no protege[7] (o

---

5 *Vid.* al respecto, Marín Calero, C.: *La integración de las personas con discapacidad en el Derecho Civil. Una crítica constructiva a la Ley 8/2021*, Aferre, Barcelona, 2022, p. 100.

6 Guilarte Martín-Calero, C.: "Las grandes líneas del nuevo sistema de apoyos regulado en el Código Civil Español", en *El nuevo sistema de apoyo a las personas con discapacidad y su incidencia en el ejercicio de su capacidad jurídica* (coord. por N. Álvarez Lata), Thomson Reuters Aranzadi, Cizur Menor, 2022, pp. 21-80, en p. 22. *Vid.* asimismo la STS 12 junio 2024 (*Tol 10075613*) y las SSAP Huesca 15 noviembre 2023 (*Tol 9871268*), SAP Huesca 14 julio 2023 (*Tol 9721721*) y Valladolid 7 diciembre 2021 (*Tol 8831538*).

7 Carrasco Perera, Á.: "Contratación por discapacitados con y sin apoyos", en *El nuevo sistema de apoyo a las personas con discapacidad y su incidencia en el ejercicio de su capacidad jurídica* (coord. por N. Álvarez Lata), Thomson Reuters Aranzadi, Cizur Menor, 2022, pp. 239-276, en p. 240, para quien el nuevo paradigma de la discapacidad se asienta sobre un postulado ideológico radical y altamente contrafáctico, aunque aclara que tales epítetos no comportan una crítica ni una reivindicación de un determinado modelo funcional o psiquiátrico de la discapacidad.

no debe hacerlo) los intereses de la persona expuesta a los riesgos de su dolencia sino que el sistema propugna -de manera prioritaria- el desarrollo autónomo de la persona con discapacidad, aun con apoyos y ajustes si cabe, posibilitando y favoreciendo el acceso de estas personas al ejercicio sin restricciones ni barreras de todos sus derechos y a la asunción, por ende, de todas sus obligaciones y responsabilidades. El propósito del art. 12 de la Convención (y de nuestra reforma por la Ley 8/2021) es, en mi opinión, tanto la autonomía personal de la persona con discapacidad como la no discriminación. Luego, para ser congruentes, la no discriminación reclama la absoluta inexistencia de normas particularmente protectoras de las personas con discapacidad, lo que nos lleva a la convulsión del sistema normativo[8]. Todo ello ha ocasionado no pocas incoherencias como que la reforma, además de lo antedicho, introduce numerosas normas "protectoras" en favor de las personas con discapacidad en materia sucesoria como los arts. 782, 808, 822 CC que, además, pueden conducir en ocasiones a una desheredación de facto de los colegitimarios de la persona con discapacidad[9], en un claro ejercicio de discriminación contra los que no tienen discapacidad, entre otras cuestiones que analizamos más adelante.

Así pues, como decimos, se aprecia una regulación sucesoria que establece medidas de protección en favor de las personas con discapacidad reconocida, en la que se atisba cierta discriminación y paternalismo. Por ello, retomamos el planteamiento expuesto al principio de esta obra: ¿no será, quizás, que legislador pese al pleno reconocimiento de los derechos, obli-

---

8 Carrasco Perera, Á.: "Contratación por discapacitados", cit., p. 240.

9 De Amunátegui Rodríguez, C.: Tratamiento de la discapacidad en la regulación de la sucesión en el Código Civil", en *Dolencias del Derecho civil de sucesiones. 130 años después de la aprobación del Código Civil* (dir. por P. M. Estellés Peralta), Tirant lo Blanch, Valencia, 2022, pp. 411-469, concretamente en p. 457.

gaciones y responsabilidades de quienes padecen una discapacidad no puede dejar de lado la vulnerabilidad de la mayoría de ellas, y aquí sí, es donde el legislador se plantea proteger a estas personas, no por su discapacidad, porque ello conllevaría dar un trato discriminatorio y desigual en relación a quienes no padecen discapacidad sino por la vulnerabilidad a la que les aboca su discapacidad? ¿No estamos confundiendo discapacidad con vulnerabilidad?

III. LAS PREVISIONES TESTAMENTARIAS DE TERCEROS EN FAVOR DE LA PERSONA CON DISCAPACIDAD

La preocupación por la satisfacción de las necesidades personales y económicas de los familiares con discapacidad no es una novedad en nuestra sociedad española ni en la regulación de la materia civil introducida por la reforma sino que ha sido una preocupación constante de las familias, favorecer testamentariamente la posición patrimonial y personal de sus hijos y descendientes con discapacidad, con el fin de atender sus necesidades futuras, llegado el caso del fallecimiento del ascendiente testador.

La reforma es de tal envergadura que ha afectado especialmente, también al Derecho de sucesiones, aunque "sin perder su estructura ni modificarse sus principios rectores, lo cual presenta a veces problemas de adaptación y ensamblaje de las normas a la hora de interpretar sus preceptos"[10]. Aunque ciertamente unos pocos artículos son reformados en profundidad y en otros muchos, los más, tan sólo se corrige la terminología

---

10 De Amunátegui Rodríguez, C.: "Tratamiento de la discapacidad", cit., p. 446.

para adaptarla a los principios y nuevos postulados de la Convención.

1. *La delación de curador testamentario*

El Código Civil permitía en el antiguo art. 223 que los padres nombraran tutor testamentario a sus hijos menores e incapacitados. Tras la reforma por la Ley 8/2021, es hoy el art. 276.4 CC el recoge la posibilidad de proponer curador bien por testamento o en documento público a los padres respecto de sus hijos y cónyuge o conviviente de hecho con discapacidad.

La delación testamentaria se extiende con la nueva regulación en favor del cónyuge o pareja, por delegación, lo que amplía el elemento subjetivo del anterior art. 223 CC.

Asimismo, la delación testamentaria plantea el problema de la posible revocación del testamento con lo que quedaría sin efecto la delación que el mismo contenía[11].

2. *La constitución de una administración separada del patrimonio donado, legado o heredado*

El art. 252 CC es heredero del antiguo art. 227 CC por el que se puede establecer la "administración separada" en el caso de que se disponga de bienes a título gratuito en favor de una persona necesitada de apoyo, con independencia del tipo de apoyo, voluntario o legal.

Así pues, cualquiera que disponga de bienes a título gratuito (sea donante o testador), familiar o extraño, en favor de una

---

11 De Salas Murillo, S.: Comentario al art. 276 CC", en *Comentarios a la Ley 8/2021 por la que se reforma la legislación civil y procesal en materia de discapacidad,* (dir. por C. Guilarte Martín-Calero), Serie Derecho de la Discapacidad, Vol. III, Thomson Reuters Aranzadi, 2021, p. 750.

persona necesitada de apoyo está legitimado para establecer las reglas de administración y disposición de los bienes donados, legados o heredados y nombrar al administrador de estos bienes y a los órganos de control y supervisión de éste.

La constitución de una administración separada del patrimonio donado, legado o heredado requiere para su eficacia, la aceptación por el beneficiario, en este caso, la persona con discapacidad. La cuestión estriba en determinar quién y cómo ha de llevarse a cabo tal aceptación o repudiación. Como regla general, será la persona con discapacidad la que acepte o repudie la liberalidad o disposición a título gratuito con el apoyo que proceda y cuando proceda, determinado voluntaria o legalmente (arts. 269 y 271 CC). En el caso de que la medida de apoyo consista en un curador representativo, precisará autorización judicial para repudiar o aceptar pura y simplemente. En el caso del guardador de hecho, cuando se requiera su actuación representativa -y excepcional- (art. 264 CC) necesitará, asimismo, autorización judicial para aceptar pura y simplemente o para repudiar de conformidad con el art. 287.5 CC[12].

Una vez aceptada la atribución a título gratuito, conviene precisar que la persona con discapacidad va a encontrarse un régimen distinto de administración de su patrimonio según se trate de estos bienes donados, legados o heredados con atribuciones de administración e incluso de disposición de los mismo, en favor del administrador y otro régimen de administración y disposición de conformidad con las medidas de apoyo, voluntarias o legales, que le sean aplicables. Así el art. 252 CC puede convertirse en la puerta de acceso a mecanismo sustitu-

---

12 *Vid.* Palomino Diez, I.: "Comentario al art. 252 CC", en *Comentarios a la Ley 8/2021 por la que se reforma la legislación civil y procesal en materia de discapacidad,* (dir. por C. Guilarte Martín-Calero), Serie Derecho de la Discapacidad, Vol. III, Thomson Reuters Aranzadi, 2021, p. 259.

torios de la voluntad de la persona con discapacidad proscritos por la reforma introducida por la Ley 8/2021, que pretende devolver a éstas el protagonismo en la adopción de sus propias decisiones[13]. Sin embargo, con esta medida "protectora" el disponente, por su soberana voluntad, está legitimando al administrador que él mismo ha nombrado -no la persona con discapacidad, beneficiaria y también afectada por la medida-, a llevar a cabo actuaciones en el marco de la administración y disposición de tales bienes sin sujetarse a los límites o cautelas que afectan a las medidas de apoyo de carácter representativo, como obtener autorización judicial, en determinados casos[14].

En esta línea opina de De Amunátegui[15] que la nueva letra del precepto "ha mejorado el texto en el sentido de aclarar que el administrador tiene poder de disposición sobre los bienes, pero creo que choca con los designios de la CDPD al permitir que por la voluntad de un tercero, y por estar sujeto a una medida de apoyo, se prive a la persona con discapacidad de la llevanza de sus propios asuntos, creando un régimen especial que entiendo que carece de justificación, pues sólo conservará esas facultades de forma residual y subsidiaria a la expresión de voluntad del causante. Si han cambiado sustancialmente los parámetros que disciplinan la libre actuación de las personas con discapacidad, ahora en igualdad con los demás, no es posible mantener reglas que tan sólo posibilitan apartar, separar o

---

13 De Amunátegui Rodríguez, C.: "El protagonismo de la persona con discapacidad en el diseño y gestión del sistema de apoyo", en *Claves para la adaptación del ordenamiento jurídico privado a la Convención de Naciones Unidas en materia de discapacidad* (dir. por S. De Salas Murillo y M. V. Mayor del Hoyo), Tirant lo Blanch, Valencia, 2019, p. 134. Igualmente, Palomino Diez, I.: "Comentario al art. 252" cit., p. 560.

14 En el mismo sentido opina Palomino Diez, I.: "Comentario al art. 252", cit., p. 561.

15 De Amunátegui Rodríguez, C.: "Tratamiento de la discapacidad", cit., p. 423.

privar de su ámbito de control la administración o disposición de masas patrimoniales enteras".

3. *La protección mediante la sustitución fideicomisaria*

El art. 782 CC que regula la sustitución fideicomisaria ha sufrido una importante transformación junto con el art. 808 CC teniendo en cuenta el contenido de la DA 4ª CC que permite la ampliación de los beneficiarios que padezcan tanto una discapacidad psíquica como física o sensorial. Estos preceptos, junto con el art 813 CC con el que están interconectados, han supuesto un importante golpe en la línea de flotación del férreo e impenetrable sistema legitimario español, que tras más de 130 años de vigencia del Código Civil y atendiendo a la nueva realidad social y familiar española, demanda una revisión en profundidad para dotar de mayor libertad de testar a los españoles[16]. No obstante, el legislador lleva años haciendo "oídos sordos" a esta demanda aunque ha tenido que reformar los preceptos que comentamos para aportar, al menos en parte, soluciones a esta gran problemática de los testadores con familiares con discapacidad.

El reformado art. 782 CC en relación con el concordante art. 808 CC, permite excepcionalmente gravar la legítima, también la estricta de los colegitimarios del descendiente con discapacidad, en una clara expansión de la autonomía de la voluntad del testador. Pese a ello, la doctrina es crítica con la nueva redacción del precepto y con su finalidad al entender que en vez de mejorar y proteger a la persona con discapacidad, cercena y restringe sus derechos como fiduciario, lo que no tienen lugar en la sucesión de las personas que no presentan discapacidad. En primer lugar, porque parece que el precepto no contempla

---

16 *Vid.* Magariños Blanco, V.: *Libertad para ordenar la sucesión. Libertad de testar*, Dykinson, Madrid, 2022, pp. 348 a 349.

que la persona con discapacidad -la persona beneficiada- herede en las mismas condiciones que los demás pues no puede gestionar el patrimonio como cualquier otro fiduciario, ni se garantiza su libertad de decisión pues se restringen sus posibilidades de disponer mortis causa o a título gratuito[17]. En mi opinión, esto no es lo más grave de esta modificación antes, al contrario, pues las sustituciones fideicomisarias tienen todas, salvo las de residuo, restringidas las facultades de disposición de los fiduciarios. Considero que al legislador le ha parecido que se debe dotar de mayor libertad de disposición a los causantes en ciertos casos en que están implicadas situaciones delicadas de algunos familiares y con la escusa de favorecer a las personas con discapacidad, abre la puerta de atrás a una mayor libertad de disposición en este sentido. Libertad que beneficia al legitimario con discapacidad pero que sin duda perjudica a sus colegitimarios, al establecer sobre su legítima este gravamen. Y quizás verse privado, asimismo, de la mejora y la libre disposición con las que también ha sido beneficiado su hermano con discapacidad.

En relación con a la discapacidad concreta que padece el hijo fiduciario, obviamente, habrá que estar a la DA 4ª CC que exige una discapacidad física o sensorial superior al 65% y psíquica superior al 33%, y un grado de pendencia II y III, acreditados administrativamente, aun cuando no necesiten o estén

---

17 Así, De Amunátegui Rodríguez, C.: "Comentario a los arts. 782, 808 y 813 CC", en *Comentarios a la Ley 8/2021 por la que se reforma la legislación civil y procesal en materia de discapacidad,* (dir. por C. Guilarte Martín-Calero), Serie Derecho de la Discapacidad, Vol. III, Thomson Reuters Aranzadi, 2021, pp. 936 y ss., que se muestra muy crítica con esta figura de la sustitución fideicomisaria de residuo, pues entiende que la reforma está posibilitando un trato diferente y nada igualitario en disfavor de los legitimarios que presenten discapacidad, lo que contradice las premisas de la Convención. La institución funciona como una carga para el beneficiario y como un gravamen para sus colegitimarios.

provistas de medidas de apoyo. Sin embargo, no todas estas discapacidades suponen que se halle necesitada dicha persona de sustento económico o de patrimonio que coadyuve a su subsistencia y que justifique el establecimiento de esta sustitución fideicomisaria de residuo.

El problema, a mi modo de ver, es la posibilidad de constituir esta sustitución fideicomisaria y además de residuo, que grava la legítima, incluso estricta de los demás colegitimarios en favor de cualquier hijo con discapacidad, sin atender a la discapacidad concreta que padece y si ésta conlleva un estado de necesidad que pueda justificar tal medida, ciertamente lesiva para los demás colegitimarios-fideicomisarios, pues supone una desheredación de facto[18], que puede dañar las relaciones entre hermanos. Sin embargo, la letra del art. 808 no exige otros requisitos para que el testador pueda constituir el fideicomiso de residuo que el dato de que el fiduciario tenga discapacidad, en el grado que exige la DA 4ª CC, pero no se exige que carezca de patrimonio o rentas o que estas sean insuficientes para cubrir sus necesidades, por lo tanto, y atendiendo a la literalidad del precepto sería posible que el testador-progenitor pudiera constituir este fideicomiso en favor del hijo con discapacidad aunque goce de una excelente situación económica, pese a lo absurdo de la posible adopción de esta medida[19].

---

18 En este sentido, Espejo Lerdo de Tejada, M.: *Tendencias reformistas en el Derecho español de sucesiones*, Bosch, Madrid, 2020, pp. 77-78 y 114-115, se plantea si serían posible, además otras restricciones o gravámenes diferentes sobre la legítima estricta, aunque para ello habrá que reformar absolutamente el art. 813 CC.

19 Cervilla Garzón, M. D.: "La sustitución fideicomisaria y las personas con discapacidad", en Un nuevo orden jurídico para las personas con discapacidad (dir. por G. Cerdeira Bravo de Mansilla y M. García Mayo), Bosch-Wolters Kluwe, Madrid, 2017, p. 702.

Otro problema que se plantea en relación con esta cuestión es la pérdida de la condición administrativa de persona con discapacidad, en la que además puede seguir subsistiendo la discapacidad aunque se haya reducido el grado de la deficiencia. En estos casos, si la pérdida de tal condición se produce antes del fallecimiento del testador, será ineficaz la sustitución fideicomisaria que no llegará a desplegar sus efectos y si el causante no otorga nuevo testamento y no ha previsto la mejora y/o la libre disposición en favor del hijo con discapacidad (tenga el grado administrativo que tenga), éste recibirá la misma porción de legítima que sus hermanos. Por el contrario, si la pérdida de tal condición se produce tras el fallecimiento del causante, el fideicomiso se extinguirá automáticamente[20].

Al hilo de ello plantea la doctrina que si el testador hace uso de la sustitución fideicomisaria, esta será de residuo -salvo disposición contraria del testador-. Se trata de la primera vez que el Código Civil menciona esta modalidad[21], hasta ahora fundada por vía jurisprudencial en el artículo art. 783. Asimismo, el inciso del precepto que indica "salvo disposición contraria del testador", no es muy afortunado porque crea el problema interpretativo del margen de configuración que tiene el testador en cuanto a las facultades dispositivas del fiduciario para limitarla o no[22].

Así pues, en cuanto a las facultades del fiduciario, esta sustitución fideicomisaria de residuo permitirá al legitimario con discapacidad disponer de los bienes tan sólo a título oneroso e inter vivos, pero no establece el art. 808 CC, si se exige la si-

---

20 Díaz Alabart, S.: "Derecho de sucesiones y discapacidad", en *El nuevo sistema de apoyo a las personas con discapacidad y su incidencia en el ejercicio de su capacidad jurídica* (coord. por N. Álvarez Lata), Thomson Reuters Aranzadi, Cizur Menor, 2022, en p. 226.

21 Cervilla Garzón, M. D.: "La sustitución fideicomisaria", cit., p. 698.

22 Cámara Lapuente, S.: "Art. 782 CC", en *Comentarios del Código Civil* (dir. por M. P. García Rubio), Tirant lo Blanch, Valencia, p. 3812.

tuación de necesidad económica del fiduciario para ello[23]. Debería ser exigible tal situación de necesidad que fundamentara privar a los colegitimarios de su legítima -porque recibirán lo que reste- en un sistema de legítimas tan férreo como el nuestro. Lo que es claro para De Amunátegui, a tenor del texto, es que "la posibilidad de disponer en caso de necesidad se refiere a lo recibe como fiduciario y que constituye la legítima de sus hermanos, pero no (va de suyo) a lo que adquiera en propiedad a consecuencia de la sucesión"[24]. Otro sector doctrinal, incluso entiende que es posible -aunque no comparte- la disposición a título gratuito que el legislador permite con la frase salvo disposición contraria del testador". La única justificación se encuentra en la finalidad de tal disposición gratuita: que le fiduciario tenga la potestad de poder favorecer con donaciones y disposiciones testamentarias a quienes se ocupen de atenderlo[25].

Tampoco se pronuncia el texto legal sobre quién deba controlar, si procede, la concurrencia de esa necesidad, del posible orden de disposición preferente de los bienes, lo que probablemente conduzca a un aumento de la litigiosidad y a una limitación de la utilidad y uso de esta institución a no ser que el testador detalle todas estas cuestiones en sus disposiciones testamentarias[26].

Evidentemente el art. 808 CC perjudica y lesiona gravemente el derecho de los colegitimarios, primero porque retrasa la percepción de su legítima, quizás por muchos años. En segun-

---

23 No se exige tal situación de necesidad para Diaz Alabart, S.: "Derecho de sucesiones", cit., p. 227, aunque cuando se emplea, suele ser precisamente con el objetivo de cubrir estas necesidades.

24 De Amunátegui Rodríguez, C.: "Comentario a los arts. 782, 808 y 813 CC", cit., p. 949.

25 Díaz Alabart, S.: "Derecho de sucesiones", cit., p. 227.

26 *Vid.* De Amunátegui Rodríguez, C.: "Comentario a los arts. 782, 808 y 813 CC", cit., p. 949.

do lugar, porque esta privación de la legítima puede ser total si el colegitimario fallece antes que el fiduciario o si el fiduciario dispone de todos los bienes.

En cualquier caso, la nueva redacción del art. 808 CC tras la reforma de la Ley 8/2021, no supone tampoco una mejora para el fiduciario y sus propios descendientes, sino todo lo contrario, si de la letra del precepto entendemos que al fallecer el fiduciario toda la cuota de legítima estricta irá a parar a sus colegitimarios, sin que los herederos del fiduciario retengan la parte de la legítima estricta que correspondía al legitimario con discapacidad beneficiado en vida con el fideicomiso de residuo, dado que éste no podrá disponer de tales bienes por acto mortis causa[27]. Ahora bien, también se podría realizar ahora, tras la reforma, una lectura menos lesiva para los colegitimarios y herederos del fiduciario y más respetuosa con los derechos mortis causa del propio fiduciario, si entendemos, con la nueva redacción, que al fallecer el fiduciario aquéllos recibirán lo que reste de su propia cuota, pudiendo los herederos del fiduciario retener la parte de la legítima estricta que correspondía al fiduciario. No en vano, el precepto dice que el testador podrá disponer a favor del fiduciario de la legítima estricta de los demás legitimarios sin discapacidad pero que no podrá éste disponer de tales bienes –los que se computan en la legítima estricta de los demás legitimarios- ni a título gratuito ni mortis causa, porque la finalidad de la norma es proveer a las necesidades asistenciales y económicas del beneficiado y nada más. La expresión "a favor de los que hubieren visto afectada su legítima estricta" no tiene por qué significar la vulneración de los derechos sucesorios del fiduciario con discapacidad, y por ende de sus sucesores, por pretender negarle que disponga mortis causa, de lo que reste de su parte de legítima. Si algo queda, porque lo justo sería que proceda a la venta de

---

27 Cámara Lapuente, S.: "Art. 782 CC", cit., p. 3812.

los bienes se puedan computar en su legítima y después de los que se computen en la de sus hermanos, si es que el testador llegó a contemplar tales cuestiones.

En otro orden de cosas y en relación a los beneficiarios de esta medida y teniendo en cuenta la propia dicción del art. 782 CC que se debe poner en relación con el art. 808 que regula las legítimas de hijos y descendientes, en la redacción dada por la Ley 8/2021, pese a su deficiente claridad, la mayoría de la doctrina entiende que en esta nueva dicción del precepto tan sólo podrán ser fiduciarios los hijos del fideicomitente -porque la norma se refiere a colegitimarios-[28], a diferencia de la reforma por la Ley 41/2003 en que se beneficiaba tanto a hijos como a nietos con derecho de representación. Actualmente, tan sólo resta que el testador beneficie al nieto con discapacidad mediante los tercios de mejora y el de libre disposición.

Así pues, el legislador ha optado por beneficiar con esta polémica medida tan sólo a los hijos dejando desprotegidos a otros descendientes con discapacidad y al cónyuge viudo, que por edad y/o por las habituales enfermedades que aquejan a las personas en la vejez, es más probable que se encuentre en situación de discapacidad y, sobre todo, de vulnerabilidad. ¿Otra oportunidad perdida?

4. *El legado de derecho de habitación sobre la vivienda habitual*

El legado de derecho de habitación sobre la vivienda habitual que regula el art. 822 CC constituye para un sector doctrinal una medida que -al igual que los arts. 782 y 808 CC-, restrin-

---

28 Díaz Alabart, S.: "Derecho de sucesiones", cit., en p. 225. Igualmente, Cervilla Garzón, M. D.: "La sustitución fideicomisaria", cit., p. 697 y De Amunátegui Rodríguez, C.: "Comentario a los arts. 782, 808 y 813 CC", cit., p. 939.

ge los derechos de las personas con discapacidad a heredar en igualdad de condiciones que las demás. Porque por muy discriminación positiva que sea, no deja de ser discriminación[29].

Esta norma, que tiene como finalidad garantizar el acceso a la vivienda habitual del beneficiario, es heredera de aquel concepto de protección -discriminatorio- que debería haber quedado superado[30]. Con esto no nos oponemos a que se proteja a las personas, pero sí a que se imponga en base a una condición específica como pueda ser la discapacidad y ello desde la propia ley. Cuestión distinta es si el testador decide "proteger", es decir, dejar mejor posicionado patrimonialmente a uno o varios familiares por las causas que considere y sólo a él conciernan.

Que la finalidad proteccionista es una constante, se puede advertir en la SAP Tenerife 26 junio 2012[31]:

> "no se da ninguna relación entre el derecho de habitación que se regula en dicho precepto y el derecho que ostenta el actor sobre la vivienda, que es el derecho de propiedad en común pro indiviso con su hermana al 50%, siendo el único hecho en que se funda la parte para pretender su aplicación a la situación de hecho, la discapacidad definitiva reconocida de un 70%, pero no puede fundarse en la misma, no para satisfacer la necesidad de vivienda, que es la finalidad proteccionista de la persona con discapacidad

---

29 En tal sentido, Martínez Martínez, M: "Sucesión intestada, atribuciones *ex lege* y protección de las personas con discapacidad", en *Derecho de sucesiones y discapacidad: retos y cuestiones problemáticas,* Fundación Coloquio Jurídico Europeo, Madrid, 2020, pp. 152 y ss.

30 Así también de De Amunátegui Rodríguez, C.: "Comentario a los arts. 782, 808 y 813 CC", cit., p. 955, para quien si la protección de la persona, incluso respecto de su propia actuación no es posible ya al haber quedado sustituida tal finalidad por la garantía del respeto a la igualdad, preferencias y libertad de decisión en igualdad de condiciones que los demás.

31 SAP Tenerife 26 junio 2012 (*Tol 2627637*).

> que tiene la norma, que en todo caso, como dice dicho precepto 'no podrá impedir que continúen conviviendo los demás legitimarios mientras lo necesiten' sino para impedir la convivencia con la hija de la copropietaria en igual porcentaje que el actor, que no ha quedado acreditado que expulsara al mismo de la vivienda, no existiendo desprotección del actor, pues este como copropietario puede ejercitar los derechos de propiedad, pero en la forma y con los límites que la copropiedad al 50% implica".

Como quiera que el valor de este derecho de habitación sea (donado o) legado o atribuido por ministerio de la ley, "no se computará para el cálculo de las legítimas" si el legitimario estuviere conviviendo en la vivienda con el causante al tiempo de su fallecimiento, lo que conlleva a que no se compute en el *relictum* o el *donatum* (art. 818 CC) reduciendo, así, la legítima de los demás legitimarios; ni se imputa su valor a la cuota legitimaria del beneficiado[32] y sin que haya habido modificación sobre este extremo del art. 813 CC. Por consiguiente, se establece una nueva medida, en dos modalidades -la de carácter voluntario a través de donación o legado y la legal- que atenta a la supuesta intangibilidad de la legítima (ya excepcionada por el art. 808 CC, entre otros) sobre un bien como es la vivienda habitual del causante, que quizás constituya el bien más importante de todo el patrimonio del causante y que por esta medida va a quedar gravada con un derecho de habitación vitalicio (de

---

32 Martos Calabrús, M. A.: "Constitución del derecho de habitación del legitimario discapacitado", en *Vivienda y colectivos vulnerables* (dir. por M. D. Cervilla Garzón e I. Zurita Martín), Thomson Reuters, Aranzadi, Navarra, 2022, pp. 297-327, en p. 306, señala que este beneficio tiene como resultado un incremento del valor de la cuota de herencia del legitimario con discapacidad beneficiado con la medida, al añadirse a lo recibido por legítima, el valor de ese derecho de habitación (arts. 819, 825 y 828 CC). A su vez, quedan liberados de la obligación de colacionar del art. 1035 CC.

mayor o menor duración -y valor-, según los casos)[33]. Al mismo tiempo, si se aplica junto a la atribución de la vivienda habitual al cónyuge viudo como resultado de aplicación de las reglas del régimen económico matrimonial (arts. 1406 y 1407 CC) en relación con el derecho de habitación contemplado en el art. 822 CC fuerzan a la persona con discapacidad y beneficiaria de la medida a vivir en unas condiciones "especiales" no elegidas libremente por ellas. Ello, además, podría conculcar el derecho de las personas con discapacidad a vivir de forma independiente y con quien decidan, sin imposiciones, contenido en el art. 19 de la Convención[34]:

> "Los Estados Partes en la presente Convención reconocen el derecho en igualdad de condiciones de todas las personas con discapacidad a vivir en la comunidad, con opciones iguales a las de las demás, y adoptarán medidas efectivas y pertinentes para facilitar el pleno goce de este derecho por las personas con discapacidad y su plena inclusión y participación en la comunidad, asegurando en especial que:
>
> a) Las personas con discapacidad tengan la oportunidad de elegir su lugar de residencia y dónde y con quién vivir, en igualdad de condiciones con las demás, y no se vean obligadas a vivir con arreglo a un sistema de vida específico".

Para determinar el ámbito subjetivo del precepto hay que acudir a la DA 4ª CC de cuyo texto se desprende que son destinarios de esta norma, el art. 822 CC, aquellas que presenten una discapacidad psíquica igual o superior al 33 por ciento, así como las que presenten una discapacidad física o sensorial igual o superior al 65 por ciento. A éstas hay que añadir a las

---

33 Obviamente, la medida, que me parece muy interesante, provoca indudablemente la quiebra de otro principio, el de igualdad de los legitimarios. En el mismo sentido, Martos Calabrús, M. A.: "Constitución del", cit., en p. 306.

34 De Amunátegui Rodríguez, C.: "Comentario a los arts. 782, 808 y 813 CC", cit., p. 955.

personas en situación de dependencia de los grados II y III de la Ley 39/2006, reconocida administrativamente[35], con independencia de que necesiten o estén provistas de medidas de apoyos[36].

La SAP Madrid 23 junio 2017[37], señala que para ser beneficiado por este derecho se necesita el reconocimiento administrativo de la situación de discapacidad no siendo suficiente la solicitud:

> El apelante D. L. no tiene reconocido ningún grado de minusvalía, como ya afirmó con acierto el juzgador de instancia, por cuanto no se ha aportado sobre ello ningún certificado expedido en forma reglamentaria ni se ha acreditado el reconocimiento por resolución judicial firme. Luego sobra cualquier otra disquisición al respecto, como es la circunstancia que se alega por primera vez en el recurso de tener "solicitado" el reconocimiento del grado de discapacidad o minusvalía, pues: 1) Es alegación nueva en el recurso, no formulada en primera instancia y, por tanto, inadmisible (artículo 456.1 de la Ley de Enjuiciamiento Civil); y 2) No basta una solicitud, sino que se requiere el expreso reconocimiento en la forma dicha (artículo 2.3 Ley 41/2003). Se desestima el motivo.

---

35 En opinión de De Amunátegui Rodríguez, C.: "Comentario a los arts. 782, 808 y 813 CC", cit., p. 954, para ser destinatario de estas medidas se requiere la correspondiente declaración administrativa de discapacidad o dependencia, que puede ser sustituida por la existencia de una medida de apoyo en el supuesto de discapacidades cognitivas, especialmente si el apoyo es prestado por el curador representativo.

36 Hay autores, como Rivera Fernández, M.: "Art. 822 CC", en *Comentarios del Código Civil* (dir. por M. P. García Rubio), Tirant lo Blanch, Valencia, p. 3996, que extienden el derecho a favor de todo legitimario, y no solo de aquellos que al momento del fallecimiento del disponente ostenten el derecho a la legítima de manera efectiva, dada la finalidad última de la Ley 8/2021 de proteger a la persona en situación de discapacidad.

37 SAP Madrid 23 junio 2017 (*Tol 6321008*).

Ahora bien, para la concesión del derecho de habitación, el legitimario en situación de discapacidad debe demostrar su "necesidad", según la SAP Vizcaya 15 noviembre 2011[38] y la SAP Burgos 11 marzo 2005[39]:

> "ha de referirse al momento en que se solicite por el legitimario en quien concurran los dos requisitos legalmente establecidos (la necesidad y la convivencia con el causante)".

Y SAP Burgos 6 octubre 2005[40]:

> "En este derecho de habitación atribuido por ministerio de la ley concurren los requisitos exigidos por esta norma: a) se trata de un legitimario de la persona causante del bien hereditario; b) discapacitado, pues tiene reconocido un grado de minusvalía del 66 por ciento; sin que sea necesaria una declaración judicial de incapacidad; c) ha convivido en esa vivienda con su madre hasta su fallecimiento, y sigue residiendo en la actualidad; d) está justificada la necesidad de la habitación dados sus ingresos de 458,82 euros mensuales y no se ha excluido o dispuesto otra cosa por el testador".

La SAP Murcia 9 octubre 2007[41] señala claramente que el derecho nace con la vigencia de ley y el fallecimiento del causante, con la delación, luego los requisitos para ser designado se deben cumplir en ese momento:

> "no puede atribuirse ningún derecho sucesorio a una persona que no le correspondiese cuando se produce la delación o el llamamiento a la herencia y éste tiene lugar con el fallecimiento del causante, don J. , padre de los demandados, esto es, antes de que entrase en vigor la reforma

---

38 SAP Vizcaya 15 noviembre 2011 (*Tol 2535891*).

39 SAP Burgos 11 marzo 2005 (*Tol 622681*).

40 SAP Burgos 6 octubre 2005 (*Tol 793414*).

41 SAP Murcia 9 octubre 2007 (*Tol 7384316*).

del artículo 822 del C. Civil, pues aquel fallece el día 25 de diciembre de 2002, dejando herederos a sus dos únicos hijos, los demandados, con lo que quedó formada la comunidad de bienes por dichos hijos y su madre (separada del causante por lo que no es heredera del fallecido, pero sí condueña por su parte de gananciales).

Por tanto, este derecho hereditario legal de habitación, que se recoge por primera vez en el año 2003, no debe nacer en cualquier delación hereditaria anterior a su vigencia.

Se trata, por tanto, de un derecho real de habitación que, por disposición legal, se otorga al disminuido psíquico, salvo expreso desconocimiento del testador, que tiene su origen 'mortis causa', esto en que nace con el fallecimiento del causante, como señala el C. Civil; pero el mencionado precepto no puede operar, con efecto retroactivo, respecto de aquellas sucesiones en las que no se reconocía el mencionado derecho, ya que como, claramente y de forma concisa, indica el art. 657 del C. Civil, los derechos a la sucesión de una persona se transmiten desde el momento de su muerte.

No puede entenderse, como pretende el recurrente, que el derecho real de habitación del discapacitado, nace cuando se intenta la división de la cosa común, con independencia de cual fuese la fecha del fallecimiento del finado, puesto que, como hemos indicado anteriormente, es un derecho real que, por Ministerio de la Ley, nace en el momento del fallecimiento del testador y no puede producirse en ningún momento posterior al nacimiento de los derechos hereditarios".

Asimismo, el legitimario beneficiado puede ser tanto un descendiente como un ascendiente como el cónyuge viudo. Ciertamente que la Ley 8/2021, pretendió mejorar la situación del legitimario con discapacidad, sea cual fuere, al reformar el art. 822 CC y crear esta posibilidad jurídica que permite que un legitimario del testador con discapacidad ejerza este derecho en el uso de la vivienda familiar[42] pero que puede plantear algunas situaciones problemáticas[43] si concurren varios beneficiarios, como en el caso de concurrencia del cónyuge con los ascendientes del premuerto o con sus los descendientes no comunes, dando lugar a posibles situaciones conflictivas, sobre todo para el cónyuge viudo. Obviamente, no es lo mismo convivir en la vivienda familiar de manera temporal con los ascendientes o descendientes no comunes del premuerto en vida de éste, a que esta situación se perpetúe por adquirir este legitimario un derecho real sobre la vivienda conyugal, que en incluso y en parte, pueda ser propiedad del viudo.

Por lo tanto, si el sujeto gravado con el derecho de habitación es el propietario de la vivienda, que debe ser persona distinta del habitacionista, en el caso de que la medida beneficie a los ascendientes o descendientes del cónyuge premuerto, ésta grava al viudo, con todas sus consecuencias en relación a los actos de disposición sobre la misma. Nótese, asimismo, que esta medida puede poner en riesgo la legítima de los colegitimarios cuando la vivienda habitual constituye el único bien de relevancia en el patrimonio del causante.

El entendimiento de la norma no ha sido fácil, ni para los juristas ni para nuestros tribunales. Las sentencias, pocas, de que disponemos son bastante antiguas, en todo caso. La SAP Bizkaia 15 noviembre 2011[44] ya calificó a este derecho como una carga para los demás coherederos:

---

42 Estellés Peralta, P. M.: "La familia española del siglo XXI: nuevas realidades en la sucesión mortis causa del cónyuge supérstite", *Teoría y Derecho: revista de pensamiento jurídico*, 2022, núm. 33, pp. 222-251, p. 240.

43 *Vid.* De Amunátegui Rodríguez, C.: "Aspectos controvertidos del legado de habitación previsto por el artículo 822 del Código civil", en *Estudios de Derecho de Sucesiones. Liber Amicorum T.F. Torres García* (dir. por A. Domínguez Luelmo y M. P. García Rubio), *La Ley*, Wolters Kluwer, 2014, 143-164, en p. 143.

44 SAP Bizkaia 15 noviembre 2011 (*Tol 2535891*).

"nos encontramos con una persona que entra dentro del ámbito de la mencionada Ley y que necesita de la vivienda familiar al no disponer de otra, siendo una carga de la herencia la atribución del domicilio familiar en los términos señalados por la Ley y sin que concurra ninguna de las circunstancias que la excluya.

En tal sentido y habida cuenta que el interés del discapacitado representado por el Instituto Tutelar de Bizkaia debe prevalecer sobre el de los restantes coherederos, entrañando el derecho de habitación una carga que por ministerio de la Ley reciben al heredar, los argumentos de la sentencia recurrida no pueden ser compartidos por esta Sala y debe ser revocada, estimado el recurso y reconocido el derecho de Don F. al uso de la vivienda familiar".

IV. LA DISCUTIBLE SUPRESIÓN DE LA SUSTITUCIÓN EJEMPLAR Y SU CONVERSIÓN LEGAL EN SUSTITUCIÓN FIDEICOMISARIA DE RESIDUO: LA DISPOSICIÓN TRANSITORIA CUARTA

Antes de que la sustitución ejemplar fuera definitivamente suprimida por la Ley 8/2021[45] hubo varias versiones en el Anteproyecto y el Proyecto y es finalmente, en su tramitación parlamentaria cuando se suprime el art. 776 CC y se incluye la Disposición Transitoria Cuarta (en adelante DT 4ª), que no se había previsto inicialmente. De acuerdo con ésta:

"Cuando se hubiera nombrado sustituto en virtud del artículo 776 del Código Civil, en el caso de que la persona sustituida hubiera fallecido con posterioridad a la entrada en vigor de la presente Ley, se aplicará lo previsto en esta y, en consecuencia, la sustitución dejará de ser ejemplar, sin que pueda suplir el testamento de la persona sustitui-

[45] Tras el trámite de enmiendas en el Congreso se propuso su supresión por Grupos Socialista, Popular, Podemos y En Comú.

> da. No obstante, la sustitución se entenderá como una sustitución fideicomisaria de residuo en cuanto a los bienes que el sustituyente hubiera transmitido a título gratuito a la persona sustituida".

Una vez más las disposiciones transitorias de la Ley 8/2021, de 2 de junio, pretenden aportar la solución con mayor o menor acierto a determinadas problemáticas que ha desencadenado la propia reforma. Esta vez, la DT 4ª en relación con el derogado art. 776 CC[46] establece con una dicción francamente mejorable, que las sustituciones ejemplares ordenadas al amparo del art. 776 CC serán válidas cuando el sustituido (que debía ser un descendiente mayor de catorce años que hubiese sido incapacitado)[47] hubiera fallecido antes de la entrada en vigor de la Ley 8/2021. En caso contrario, si el sustituido fallece con posterioridad a la entrada en vigor de la Ley, esto es, a partir del 3 de septiembre de 2021, la sustitución deja de ser ejemplar sin que pueda suplirse el testamento de la persona sustituida, lo viene a significar que si la apertura de la sucesión es posterior al 3 de septiembre de 2021, dejan de tener eficacia los testamentos en los que el ascendiente sustituyente sustituía a la persona incapacitada judicialmente en el acto de otorgar testamento. Todo ello es coherente con la nueva redacción en materia de capacidad para otorgar testamento de los arts. 269 y 663 a 666 CC que excluyen una inhabilitación judicial para ejercer el derecho de testar y que en consonancia con la DT 1ª de la Ley que impide las meras privaciones de derechos de las

---

46 Art. 776 CC: "El ascendiente podrá nombrar sustituto al descendiente mayor de catorce años, que conforme a derecho haya sido declarado incapaz. La sustitución de que habla el párrafo anterior quedará sin efecto por el testamento del incapacitado hecho durante un intervalo lúcido o después de haber recobrado la razón".

47 *Vid.* en tal sentido, Lledó Yagüe, F.: *Compendio de Derecho de Sucesiones*, Dykinson, Madrid, 1998, p. 251. Asimismo, STS 29 marzo 2001 (*Tol 71710*), entre otras.

personas con discapacidad o de su ejercicio, como la de otorgar testamento, luego para el legislador, deja de tener razón de ser el derogado art. 776 CC y la sustitución ejemplar que regulaba[48], pues la persona con discapacidad podrá otorgar testamento cuando a juicio del notario pueda comprender y manifestar el alcance de sus disposiciones (art. 665 CC). Pero ¿y si no es el caso? ¿y si la persona con discapacidad no puede otorgar testamento porque a juicio del notario no puede comprender y manifestar el alcance de sus disposiciones? Es un hecho que la mayoría de las personas que han sido incapacitadas hasta junio de 2021 eran absolutamente incapaces de autogobernarse y, por tanto, de comprender y querer en materia testamentaria[49], por tanto, hubiera sido más adecuado para estos casos, el mantenimiento del texto tal y como aparecía en la redacción del Proyecto de Ley que sí permitía reflejar las preferencias y deseos de las personas con discapacidad aunque no pudieran testar debido a la gravedad de su discapacidad cognitiva, luego se ajustaba a los principios de la Convención al contemplar en la redacción de su párrafo segundo que "El ascendiente deberá tener en cuenta la voluntad, deseos y preferencias del sustituido". La supresión del precepto tras las enmiendas parlamentarias denota un defectuoso entendimiento no sólo de la institución de la sustitución ejemplar sino también de los principios de la Convención por parte de sus se-

---

48 Aunque las justificaciones parlamentarias para la supresión de esta figura son poco elaborados y reflejan el desconocimiento de esta figura y de sus fines, en opinión de De Amunátegui Rodríguez, C.: "Comentario al art. 776 CC", cit., p. 931, defensora de la redacción dada en el Proyecto que finalmente no prosperó.

49 En el mismo sentido, Marín Calero, C.: *La integración de las personas*, cit., p. 20.

ñorías[50] y un grave error pues se debería de haber mantenido para los supuestos de discapacidad cognitiva grave[51].

Respecto a las sustituciones ejemplares ya constituidas cuando el fallecimiento de la persona sustituida se produzca tras la entrada en vigor de la reforma, establece la DT 4ª -apartándose así el legislador de la consolidada jurisprudencia del Tribunal Supremo que considera que la sustitución comprende la totalidad de los bienes del sustituido (discapacitado) en favor del sustituto[52]-, que la sustitución ejemplar se reconduzca *ope legis* a una sustitución fideicomisaria de residuo en cuanto a los bienes que el sustituyente hubiera transmitido a título gratuito, inter vivos o mortis causa, a la persona sustituida pero no otros. Se trata de una sustitución fideicomisaria especial que operará en el supuesto de que el fiduciario no haya dispuesto de la totalidad de los bienes[53], si bien restringida a los bienes recibidos del testador a título gratuito, inter vivos o mortis causa por el fiduciario[54], porque el fiduciario de residuo es heredero y, por tanto, propietario de los bienes con facultades dispositivas consideradas como esenciales a su condición de fiduciario de

---

50 *Vid.* al respecto, De Amunátegui Rodríguez, C.: "Comentario al artículo segundo. Modificación del Código Civil. Treinta y siete. Se suprime el artículo 776", en *Comentarios a la Ley 8/2021 por la que se reforma la legislación civil y procesal en materia de discapacidad,* (dir. por C. Guilarte Martín-Calero), Serie Derecho de la Discapacidad, Vol. III, Thomson Reuters Aranzadi, 2021, pp. 927-933.

51 En igual sentido, Domínguez Luelmo, A.: "Disposiciones transitorias", en *Comentarios a la Ley 8/2021 por la que se reforma la legislación civil y procesal en materia de discapacidad* (dir. C. Guilarte-Martín Calero), vol. III. Serie Derecho de la discapacidad. (dir. R. De Lorenzo García. L Cayo Pérez Bueno), CizurMenor, Thomson Reuters Aranzadi, 2021, 1483-1516, p. 1498.

52 Domínguez Luelmo, A.: "Disposiciones transitorias", cit., p. 1503.

53 En el mismo sentido, Lledó Yagüe, F.: *Compendio,* cit., p. 268.

54 En contra, Domínguez Luelmo, A.: "Disposiciones transitorias", cit., p. 1507.

residuo, sea o no persona con discapacidad y, por tanto, quedarán incluidos en sus facultades los actos dispositivos a título oneroso pero no es pacífica la doctrina en relación a los actos dispositivos gratuitos[55].

Con esta disposición desatiende el legislador la voluntad testamentaria del sustituyente que, habiendo constituido una sustitución ejemplar con unas concretas finalidades, al modificarse y transformar aquello que el testador ni previó ni quiso como tal[56] y sobre lo que ya no puede manifestarse, si el testador falleció con anterioridad a la Ley 8/2021. Luego si la supresión viene argumentada por algunos Grupos Parlamentarias en base a que nadie puede ni debe testar por otro porque atenta a los postulados de la Convención, es absolutamente incongruente esta medida porque afecta directamente a las disposiciones testamentarias "de otro", en este caso, el sustituyente y atenta a su libertad.

V. LA POSIBLE PROTECCIÓN DE LA PERSONA CON DISCAPACIDAD MEDIANTE LA AMPLIACIÓN DE LA LIBERTAD DEL TESTADOR

Vistas las medidas adoptadas por el legislador, sus carencias y polémicas aplicaciones prácticas debemos plantear un nuevo enfoque de la regulación sucesoria. Porque los cambios acaecidos en la familia, en las relaciones entre parientes, en la propiedad y en el propio Derecho de familia, así como el

---

55 A favor, Lora Tamayo Rodríguez, I.: *Reforma civil y procesal para el apoyo a personas con discapacidad*, Francis Lefebre, Madrid, 2021, p. 281; en contra, Domínguez Luelmo, A.: "Disposiciones transitorias", cit., pp. 1505-1506.

56 En el mismo sentido, De Amunátegui Rodríguez, C.: "Se suprime el artículo 776", cit., p. 932.

nuevo paradigma de las personas con discapacidad obliga a la necesidad de proceder a una revisión de algunas instituciones sucesorias *de siempre*[57].

Todo ello sugiere -según vengo argumentando-, la conveniencia de reflexionar sobre los diferentes aspectos y regulación del derecho de sucesiones que hoy en día no resuelven los nuevos modelos de convivencia familiar; sobre el sistema de legítimas para suprimirlas o bien para modificar sustancialmente su extensión y cuantía, tan lesiva para la libertad de testar, en general, y sobre todo atendiendo a la posible supervivencia al causante de parientes con discapacidad.

Sin embargo, queda un largo camino hacia la libertad de testar. Ya señalaba Delgado Echeverría en relación con la reforma de las legítimas que "el debate sobre las legítimas apenas está abierto. Como digo, a medio plazo no preveo sino intervenciones puntuales con la finalidad de atender a algunos objetivos específicos. Ahora bien, en la primera ocasión de una reforma global del Derecho de sucesiones las legítimas serían uno de los puntos más importantes de la misma y saldrían sin duda muy modificadas a la baja. Lo que ocurre es que tal reforma global no es previsible para los próximos cinco años"[58] (y ya han transcurrido casi veinte años desde entonces).

En esta línea, son varias las voces que se alzan para propugnar un cambio en esta materia sucesoria[59] (y en otras parcelas

---

57 *Vid.* en el mismo sentido, Delgado Echeverría, J.: "Una propuesta de política del derecho en materia de sucesiones por causa de muerte", en *Derecho de Sucesiones. Presente y futuro.* (XII Jornadas de la Asociación de Profesores de Derecho Civil). Servicio de Publicaciones de la Universidad de Murcia, 2006, pp. 13-172, p. 86.

58 Delgado Echeverría, J.: "¿Qué reformas cabe esperar en el Derecho de Sucesiones del Código Civil? (Un ejercicio de prospectiva)", *El Cronista del Estado Social y Democrático de Derecho,* núm. 3, 2009, p. 7.

59 Roca Trias, E.: "Una reflexión sobre la libertad de testar", en *Estudios de Derecho de sucesiones, Liber amicorum T.F. Torres García* (dir.

del Derecho sucesorio)[60]. Por parte de algún sector doctrinal se defiende, por ejemplo, revisar las rigideces derivadas del

por A. Domínguez Luelmo y M. P. García Rubio), *La Ley*, Madrid, 2014, pp. 1245 a 1266, en concreto en las pp. 1265 y 1266 termina afirmando que: "el sistema actual que impide que el causante distribuya sus bienes como estime más conveniente va resultando un sistema obsoleto que habrá que revisar, porque las necesidades han cambiado a todos los niveles." Es partidaria también de una mayor libertad de testar De La Esperanza Rodríguez, P.: "Perspectiva de la legítima. Notas para una posible revisión", en *Libro Homenaje a Ildefonso Sánchez Mera*, V.I, Colegios Notariales de España, Madrid, 2002, pp. 1097 a 1116. Cañizares Laso, A.: "Legítimas y libertad de testar", en *Estudios de Derecho de sucesiones, Liber Amicorum T.F. Torres García* (dir. por A. Domínguez Luelmo y M. P. García Rubio) La Ley, Madrid, 2014, pp. 245 y ss. Delgado Echeverria, J.: "Una propuesta de política del Derecho en materia de sucesiones por causa de muerte", en *Derecho de sucesiones. Presente y futuro.* (*XII Jornadas de la Asociación de Profesores de Derecho Civil*), Servicio de Publicaciones de la Universidad de Murcia, Murcia, 2006, pp. 13 y ss. Parra Lucan, M. A.: "Legítimas, libertad de testar y transmisión de un patrimonio", *Anuario de la Facultad de Derecho de la Universidad de La Coruña*, núm. 13, 2009, pp. 481 y ss. Roca Trias, E.: "Una reflexión sobre la libertad de testar", en *Estudios de Derecho de sucesiones, Liber Amicorum T.F. Torres García* (dir. por A. Domínguez Luelmo y M. P. García Rubio), *La Ley*, Madrid, 2014, pp.1245 y ss. Torres García, T.F. y García Rubio, M. P.: *La libertad de testar: El principio de igualdad, la dignidad de la persona y el libre desarrollo de la personalidad en el Derecho de sucesiones*, Fundación Coloquio Jurídico Europeo, Madrid, 2014, y Vaquer Aloy, A.: "Reflexiones sobre una eventual reforma de la legítima", *InDret*, 3/2007, y del mismo autor, "Libertad de testar y condiciones testamentarias", *InDret* 3/julio de 2015.

60 Así, en el IX Congreso Notarial sobre "Patrimonio familiar, profesional y empresarial: su formación y transmisión", se puso de manifiesto ya en 2005 la idea de que los notarios españoles, en su condición de agentes sociales y económicos, y, sobre todo, de funcionarios públicos y profesionales del Derecho, abogaban por conseguir un marco normativo "que potencie los mecanismos de autorregulación jurídica, a fin de que se allanen los obstáculos que impiden a los particulares y a las empresas, muy especialmente a las familiares,

sistema de legítimas y permitir sin ambages los testamentos mancomunados, los pactos sucesorios y las instituciones fiduciarias, siempre que éstas se ajusten a nuestro orden público económico"[61]. Por otra parte, un importante sector doctrinal está a favor de mantener un sistema de legítimas[62] que ha de seguir cumpliendo la función social de proteger a la familia[63].

En todo caso, y con independencia del debate doctrinal, el legislador para garantizar el sistema de legítimas "dispone de normas protectoras referidas a la propia legítima (causas taxativas de desheredación y efectos de la preterición, art. 814 CC), referidas a la cualidad de la legítima (art. 813 CC) que prohíbe establecer sobre la legítima gravámenes, condiciones o sustituciones, normas dirigidas a garantizar la cuantía de la legítima (art. 815; 817 y 820.3 CC); normas que protegen la legítima frente actos inter vivos, como las donaciones que han de reducirse en su caso(art. 819 CC); normas que protegen las legítimas prohibiendo los pactos de renuncia de la legítima (art. 816 CC); y por último, citar las normas que establecen limitaciones con base en la procedencia de los bienes (una es-

---

ordenar la creación, organización y transmisión de masas patrimoniales productivas.

61 En Parra Lucán, M. A.: "Legítimas, libertad de testar", cit., p.485.

62 Espejo Lerdo De Tejada, M.: "Tendencias reformistas en el Derecho español de sucesiones. Especial consideración al caso de las legítimas", *Notariado hoy*, Bosch, Wolters Kluwer, Madrid, 2020, p. 16: "Por tanto, debiéramos ser muy prudentes y no aceptar de un modo excesivamente crédulo acrítico que resulte una verdadera y atendible necesidad la reforma legislativa de las legítimas", quien llama a la cautela ante la reforma del Derecho de sucesiones.

63 Sánchez Hernández, A.: "Legitima y libertad de testar", en *Derecho Civil. Octavo centenario de la Universidad de Salamanca*, Tirant lo Blanch, Valencia, 2018, pp. 1489 a 1500, defiende que el Código Civil ha de reconocer a la voluntad del causante un mayor protagonismo para ordenar la sucesión, sin embargo, respetando las legítimas que han de seguir cumpliendo la función social de proteger a la familia.

pecie de fiducia tácita a favor de la familia de procedencia), diferenciando por una parte las reservas de los art. 811 y 968 y por otra, el derecho de reversión del art. 812 CC"[64].

Como plantea Sánchez, "hoy revive el interrogante sobre si es preciso mantener ese sistema de legítimas o si hay que modificarlo creando un sistema sucesorio con mayor libertad de testar. Incluso no faltan los partidarios de la libertad absoluta de testar como objetivo de todas las reformas de nuestro esquema sucesorio del Código Civil. Así, revive la vieja la cuestión, ¿quién debe ordenar la sucesión? ¿la Ley (regulación de la sucesión, al menos en parte ordenada, por el Estado de un modo más solidario) o el testador? ¿Es mejor que la Ley limite la libertad del testador cuando dispone para después de su muerte, por considerarla diferente que la libertad con la que dispuso en vida?"[65].

A este respecto, entiende Magariños que se ha iniciado un cambio para reducir el ámbito de la legítima, como el art. 1056 CC que ofrece flexibilidad del sistema en beneficio de la conservación de la empresa, y también los arts. 841 a 847 CC relativos al pago de la legítima en metálico extra-hereditario, el art. 808.3 CC que permite imponer sobre la legítima estricta una sustitución fideicomisaria a favor del discapacitado y el art. 822 CC que excluye del cómputo de la legítima la donación del derecho de habitación de la vivienda habitual y el art. 831 referido a la facultad que se concede al cónyuge viudo, en particular la facultad de pagar la legítima con bienes del cónyuge que

---

64 Sánchez Hernández, A.: "¿Reforma de la legítima, en particular la del cónyuge viudo ante su mayor longevidad?, en *Dolencias del Derecho civil de sucesiones. 130 años después de la aprobación del Código Civil español* (dir. por P. M. Estellés Peralta), Tirant lo Blanch, Valencia, 2022, pp. 193-269, en p. 214.

65 Sánchez Hernández, A.: "¿Reforma de la legítima", cit., p. 224.

ejercite tales facultades[66]. Ciertamente, sin embargo, el cambio apuntado por el legislador es insuficiente. El legislador desconoce la realidad personal y familiar del causante y no debiera interferir en las disposiciones de última voluntad que decida otorgar el testador, siempre mejor conocedor de las necesidades de sus parientes.

En consecuencia, sería conveniente que la legítima adoptara una nueva función, y dejara de tener la que en origen tuvo: la protección del patrimonio familiar aunque solo sea porque este patrimonio ya no se recibe de los ascendientes en la mayoría de los casos sino que es fruto del esfuerzo, trabajo y ahorro del propio causante[67].

En todo caso y si atendemos a las transformaciones sociales y familiares, importantes desde la promulgación del Código Civil se evidencian varias cosas: un aumento de la esperanza de vida de todas las personas, tanto del causante como de sus ascendientes y descendientes (también de los descendientes con discapacidad), debido fundamentalmente a una mejora de sus condiciones de vida y de la sanidad. Que la posibilidad

---

66 Magariños Blanco, V.: "Libertad de testar. Una reforma necesaria", en *Autonomía de la voluntad en el Derecho Privado, T.I, Derecho de la persona, familia y sucesiones*, Consejo General del Notariado, Madrid, 2012, pp. 641 a 690, en concreto *vid.* las pp. 645 y 646, en ésta última página escribe "todas estas posibilidades no son más que o bien rodeos doctrinales o interpretativos o paliativos legales que no resuelven el problema de modo satisfactorio".

67 Galicia Aizpurua, G.: "En torno a la revisión de las legítimas: casos vasco y estatal", *InDret*, 2017, p. 4: " Los hijos que suceden a sus padres, a diferencia de lo que ocurría años atrás, no son ya (normalmente) niños menores necesitados de protección material, sino personas maduras que, a salvo situaciones excepcionales (padecimiento de algún tipo de discapacidad, damnificados por la crisis económica, etc.), cuentan con recursos propios para subsistir y con respeto a las que el causante satisfizo tiempo ha sus obligaciones asistenciales".

de que al causante le puedan suceder sus ascendientes con discapacidad no es algo excepcional. Que el sistema de legítimas está anquilosado en el momento actual, prueba de lo cual es la modificación por la Ley 8/2021 de los arts. 782 y 808 CC, para permitir mayor libertad de testar en favor de los hijos con discapacidad.

VI. OTROS MEDIOS DE PROTECCIÓN DE LA VULNERABILIDAD

Hasta que en nuestro ordenamiento jurídico, se asuma sin ambages el ejercicio de la libertad del individua, también mortis causa, debemos plantear otras fórmulas que permitan la protección de los familiares mediante disposiciones mortis causa.

1. *La legítima alimenticia o sucesoria "redimensionada"*

Tradicionalmente la doctrina ha vinculado al propio Derecho natural la obligación de garantizar el sustento[68]; es decir, la obligación alimenticia deviene impuesta a la misma naturaleza del individuo. El deber de asistencia y el principio de solidaridad intergeneracional que se deriva del mismo, es un pilar de nuestro ordenamiento que se extiende tras la muerte del alimentante y se manifiesta mediante la instrumentalización de dos instituciones: alimentos y legítima. Mientras que los ali-

---

68 Y que tiene naturaleza constitucional como señala la STS 21 marzo 2001 (*Tol 71705*) al estimar que esta obligación alimentaria: "tiene su fundamento constitucional en el art. 39.1 de la Constitución Española que proclama que los poderes públicos han de asegurar la protección social, económica y jurídica de la familia".

mentos entre parientes aseguran la solidaridad familiar en vida del obligado, el *officium pietatis* se traslada a las disposiciones mortis causa a través del sistema legitimario[69].

No es una novedad que gran parte de la doctrina se resiste a suprimir el instituto de la legítima y aporta sucesivas alternativas para su mantenimiento aunque sea revestido con nuevas fórmulas que no puedo dejar de considerar que pueden ser muy interesantes como en el caso que nos ocupa. Asimismo, existen voces que abogan por la sustitución de las actuales legítimas[70] y su conversión en una nueva figura que como *legítima alimenticia* ofreciera solución a la necesidad de alimentos sucesorios de los deudos del difunto[71]. En este sentido, Salvador Coderch[72], señalaba que una "legítima moderna redimensionada" podría estructurarse como una *legítima alimenticia* en

---

69 Atxutegi Gutiérrez, J.: "El derecho de alimentos sucesorio, ¿alternativa a las legítimas?, *Revista Boliviana de Derecho,* núm. 35, 2023, pp. 126-147, en p. 133 y ss. Asimismo, a Barrio Gallardo, A.: *El largo camino hacia la libertad de testar, de la legítima al derecho sucesorio de alimentos,* Dykinson, Madrid, 2012, pp. 555 y ss.

70 Galicia Aizpurua, G.: "En torno a la revisión de las legítimas: casos vasco y estatal", *Indret,* núm. 4, 2017, pp. 4 y ss.

71 Téngase en cuenta que la propuesta no es nueva, según señala Torres García, T. F.: "Legítima, legitimarios y libertad de testar (síntesis de un sistema)", en *Derecho de Sucesiones. Presente y futuro* (XII Jornadas de la Asociación de Profesores de Derecho Civil). Servicio de Publicaciones de la Universidad de Murcia, 2006, pp. 173-230, pp. 222-223, pues ya se recogió el derecho a pedir alimentos de los bienes hereditarios en favor de determinados parientes, en el art. 2.266 del Proyecto de Código Civil de 1836 de Cambronero, como novedad extraña que tiene un fundamento moral frente a los posibles dispendios u omisiones del testador, sobre todo en favor del cónyuge viudo. Sin embargo, ya en el Proyecto de Código Civil de 1851 ya no se recoge esta previsión.

72 Salvador Coderch, P.: "Amor et Caritas. La parella de fet en el dret successori català", en *Setenes Jornades de Dret Català a Tossa. El nou dret successori de Catalunya,* Barcelona, 1994, p 221.

favor los hijos o el cónyuge deben tener contra la herencia los mismos derechos a percibir alimentos que habrían tenido de seguir vivos sus padres o cónyuge[73], que, como consecuencia de la muerte del causante, hayan visto perjudicada la satisfacción de sus necesidades vitales[74]. Todo ello supondría hacer depender el derecho a la legítima de la situación de necesidad en que se hallara el beneficiario[75].

Estado de necesidad del alimentista que debe ser consecuencia de la sucesión, es decir, el fallecimiento del causante y la distribución de los bienes hereditarios deben ligarse, directamente con la situación de desamparo. Es decir, que el derecho sólo nacerá si la necesidad sobreviene como consecuencia del fallecimiento del causante al quedar desamparado quien hasta entonces no lo estaba[76].

En estos casos, la *legítima alimenticia* quedaría limitada siempre y en todo caso al cónyuge viudo y a los hijos menores, así como a los mayores con discapacidad, a diferencia de los derechos autonómico vasco, navarro y aragonés en los que los beneficiarios son únicamente los descendientes; asimismo, podría considerarse este derecho de alimentos por vía sucesoria en favor de los ascendientes mayores que convivan con el fallecido[77] en la medida en que el fallecimiento del causante les afecta a todos ellos de manera significativa porque puede alterar su seguridad y estabilidad económica. En este sentido, la *legítima alimenticia* tendría como finalidad evitar la situación de desamparo a determinados parientes, una vez producido el

---

73 Magariños Blanco, V.: "La libertad de testar", cit., pp. 27 y ss.

74 *Vid.* Delgado Echeverría J.: "Una propuesta de", cit., en p. 127 ss; en contra, T. F. Torres García.: "Legítima, legitimarios", cit., p. 234.

75 En este sentido, Vaquer Aloy, V.: "Reflexiones", cit., p. 15.

76 Galicia Aizpurua, G.: *Legítima y troncalidad, la sucesión forzosa en el Derecho de Bizkaia*, Marcial Pons, Madrid, 2002, p. 332 y Atxutegi Gutiérrez, J.: "El derecho de alimentos", cit., p. 136.

77 Magariños Blanco, V: "La libertad de testar", cit., p. 29.

fallecimiento del titular de los bienes, con el fin de proteger a ciertas personas vulnerables o impedir que puedan quedar en situación de vulnerabilidad[78].

La idea para propugnar esta medida por parte de un sector doctrinal tiene su origen en la aparente similitud entre legítimas y alimentos. Los alimentos, constituyen una obligación legal en favor de los parientes más próximos con la finalidad de procurarles medios de vida en caso de necesidad cuando concurran determinadas circunstancias, de ahí su entronque con el principio de solidaridad, por lo que gozan –según este sector doctrinal- de una cierta similitud con la legítima: ambas instituciones tendrían un alcance similar en favor de los parientes más próximos, es decir, descendientes, ascendientes y cónyuge viudo; ambas instituciones tendrían su fundamento en el principio de solidaridad familiar y ambas perseguirían la protección de determinadas personas cercanas al alimentante o al causante, con quienes comparten vínculos de parentesco muy estrechos. Sin embargo, en mi opinión no existe tal similitud entre ambas instituciones, antes bien, la regulación actual de las legítimas no requiere de ese estado de necesidad, sino que los legitimarios son llamados *ope legis* a la muerte del causante, en función de su parentesco con el *de cuis* y con independencia de su fortuna personal[79]. Luego, no se alcanza a vislumbrar exactamente la finalidad de dar cumplimiento al principio de solidaridad familiar cuando el legitimario no sólo no se encuentra en estado de necesidad sino que puede incluso, gozar de una mejor situación patrimonial que el causante. Para ello, se debería modificar el fundamento del sistema legitimario que ha quedado ciertamente obsoleto.

---

78 *Vid.* en igual sentido, Cobas Cobiella, M. E.: "Hacia un nuevo enfoque de las legítimas", *Revista de Derecho Patrimonial*, núm. 17, 2006, pp. 1-26.

79 *Vid.* en el mismo sentido, Royo Martínez, M.: *Derecho Sucesorio mortis causa*, Sevilla, 1951, p. 188.

En relación con el estado de necesidad del legitimario alimentista, Torres García[80], es bastante crítica con esta solución porque entiende que si no existe la necesidad de alimentos en el beneficiario, la *legitima alimenticia* no se originaría ocasionando su fallo y la recepción de cualquier porción de los bienes del testador, lo que para la autora se contrapone con el permanente carácter de la legítima, tal y como está regulada, que no responde a ningún presupuesto vital y se debe en todo caso. Po ello, en estos casos, la *legítima alimenticia* frustraría las expectativas de los legitimarios que no se encuentran necesitados. Sin embargo, es una posibilidad a considerar cuando el causante tienen parientes con discapacidad y en posible situación de vulnerabilidad.

Torres García señala, asimismo, que en la actualidad un derecho de alimentos con tintes sucesorios sí está previsto pero para supuestos muy concretos, como el que regula el art. 964 CC en favor de la viuda que al morir su marido quede en cinta "aunque sea rica"; o los comprendidos en el art. 1408 CC, aunque estos alimentos, señala, tienen poco que ver con los regulados en los arts. 142 y siguientes CC.

En opinión de Parra[81], la sustitución del sistema de legítimas por un derecho de alimentos ofrece para su implantación general en el Derecho español algunas dificultades y señala que uno de los problemas de esta medida es la determinación del momento relevante para apreciar la situación de necesidad y critica que sea exclusivamente el de la muerte del causante por lo injusto que puede resultar, a lo que se añaden otros, como el excesivo choque con la tradición de las legítimas por cuotas, lo que indudablemente daría lugar a costes adicionales de transacción (consultas jurídicas, pleitos). Asimismo, señala que

---

80 Torres García, T. F.: "Legítima, legitimarios", cit., p. 224

81 *Vid.* Parra Lucán, M. A.: "Legítimas, libertad de testar", cit., p. 504 y ss.

quienes defienden este derecho de alimentos como alternativa al derecho a la subsistencia de los descendientes necesitados no son totalmente coherentes con los derechos que reconocen al cónyuge o a la pareja de hecho, que no se hacen depender de situación de necesidad alguna, dando por supuesto que la mejor situación del viudo o la pareja así lo exige, con independencia de su nivel y situación económica tras el fallecimiento [82].

Esta reconvertida *legítima alimenticia*, de prosperar legislativamente como solución intermedia al problema que enfrenta el actual sistema de legítimas con la libertad de disposición *mortis causa* y las posibles situaciones de necesidad en las que quedan los parientes allegados (hijos menores, algunos hijos con discapacidad inhabilitante para su propia subsistencia, cónyuge viudo anciano) tras la muerte del causante, se hallaría en la línea seguida por derecho sucesorio inglés, donde la libertad de testar se manifiesta de forma especialmente marcada por la primacía de la libertad del causante y donde la legítima no existe como tal si bien se protege a los familiares y dependientes en la sucesión, al establecer la posibilidad de que una serie de personas que considera dependientes económicamente del causante puedan solicitar judicialmente una orden de manutención que podrá ser concedida discrecionalmente por el juez, pero y aquí radica la primordial diferencia, se trata de un derecho de concesión discrecional por el juez y no de un derecho imperativo por ley[83]. En todo caso, sería interesante introducir a la misma, algunas de las incompatibilidades, en el sentido de que no se perciban si ya se es beneficiario de una cuota de la herencia suficiente para la subsistencia, ya sea por llamamiento testamentario o abintestato.

---

[82] *Vid.* asimismo, Vaquer Aloy, A.: "Reflexiones", cit., p. 14.

[83] *Vid.* en tal sentido, de Lama Aymá, A.: *Libertad de testar y memorias testamentarias*. Tirant lo Blanch, Valencia, 2016, p. 147.

2. *La conversión y reducción de las legítimas*

El resultado de una realidad jurídico-social y familiar e histórica tiende a prestar asistencia -con la fórmula que se quiera elegir- a quienes "representan la proyección de la estirpe en el futuro", pues como dice la reflexión, atribuida a Justiniano, "el amor hacia los consanguíneos baja, se dirige en primer lugar a los descendientes, y sólo en segundo término sube"[84]. En consecuencia, ello viene a corroborar que el debate acerca del mantenimiento de las legítimas frente a la primacía de la libertad de testar, no se va a cerrar fácilmente pese a que aquéllas suponen una restricción de esta última. Al respecto la doctrina clásica y actual mantiene posturas contrapuestas[85] e irreconciliables en algunos casos; hay autores, incluso, que alertan de que un movimiento doctrinal *acecha* al sistema legitimario del Código Civil[86] y muchos se resisten al cambio aun cuando perciben que ya no es posible mantener las cosas como están. Pero es que las situación económica, familiar y social española ya no

---

84 Lledó Yagüe, F.: "Reforma del sistema legitimario y el principio de libertad de testar", en *El patrimonio sucesorio. Reflexiones para un debate reformista,* (dir. por F. Lledó Yagüe, et al.), Dykinson, Madrid, 2014, p. 678.

85 *Vid.* las diferentes posturas doctrinales a favor y en contra de la libertad de testar Lacruz Berdejo, J. L.: *Elementos de Derecho Civil,* Dykinson, Madrid, 2009, pp. 309-310; Vallet De Goytisolo, J.: "Significado jurídico y social de las legítimas y de la libertad de testar", *Anuario de Derecho Civil,* 1966, p. 3 y ss., en pp. 11 y ss.; Vallet De Goytisolo, J.: *Limitaciones de Derecho sucesorio a la facultad de disponer, Tomo I. Las legítimas.* Instituto Nacional de Estudios Jurídicos, Madrid, 1974, pp. 25 y ss., Magariños Blanco, V.: "Libertad de testar", cit., pp. 1-6; De la Esperanza Rodríguez, P.: "Perspectiva de la legítima. Notas para una posible revisión", *Libro Homenaje a D. Idelfonso Sánchez Mera,* t. I, Colegios Notariales de España, Madrid, 2002, pp. 1097-1116, entre otros.

86 Torres García, T. F.: "Legítima, legitimarios", cit., p. 215.

es la misma que en el siglo pasado. En los últimos veinte años ha sufrido una importante transformación.

En estas circunstancias algunos autores han propuesto -tal como se refleja en algunas legislaciones autonómicas- tímidos cambios como la sustitución de la legítima *in natura* por una legítima en valor; o reducir la cuantía o la extensión de los familiares favorecidos con la actual legítima, con el fin todo ello, de facilitar y flexibilizar la institución[87], y otorgar de mayor libertad al testador que podrá así , más fácilmente subvenir a las necesidades de hijos, cónyuge y ascendientes ¿y por qué no hermanos? con algún tipo de vulnerabilidad.

Ahora bien, estas propuestas evidencian tantas problemáticas como se quieren resolver.

2.1. Conversión de la legítima en pars valoris bonorum

Partiendo de que la opinión mayoritaria considera que la legítima del Código Civil está configurada como *pars bonorum*, algunos autores proponen la conversión de la legítima en un simple derecho de crédito[88], en una *pars valoris* que podrá hacerse efectiva sobre el caudal hereditario[89] y frente a los sucesores a título universal del alimentante –lo que enlazaría con la "legítima alimenticia" ya analizada-. En opinión de Barrio,

---

87 *Cfr.* Torres García, T. F. y García Rubio, M. P.: "La legítima", cit., pp. 131 a 156.

88 *Vid.* asimismo, Torres García, T. F.: "La legítima", pp. 75-76, quien se muestra partidaria de la modificación cualitativa de la legítima de los descendientes, mediante su conversión en un derecho de crédito, de forma que se atempere la rígida exigencia de consentimientos unánimes en la partición, cuya falta genera situaciones de bloqueo jurídico.

89 Sobre el tema, Vallet de Goytisolo, J.: "Contenido cualitativo de la legítima de los descendientes en el Código Civil", *Anuario de derecho civil,* vol. 23, núm. 1, 1970, pp. 9-122.

esta *pars valoris*, que confiere un derecho de crédito –derecho de carácter personal- al legitimario para reclamar su legítima, quizá debiera dotarse de una garantía real sobre los bienes relictos que hiciera su tutela más efectiva, es decir, que lo que pretende el autor es transformarla en *pars valoris bonorum*, lo que constituiría una solución apta para sustituir a la actual legítima regulada en los arts. 806 y siguientes del Código Civil[90]. El caso es que algunos preceptos del Código Civil ya contemplan excepcionalmente esta naturaleza de *pars valoris bonorum*, como los arts. 821, 829, 839, 841, 1056.2, 1062.1 CC[91].

Sin embargo, esta solución sea inconveniente para no desprenderse de algunos bienes familiares, quizás los únicos bienes relictos del causante, puede provocar un agravamiento del estado de necesidad de quienes por su situación de dependencia económica del causante (hijos menores, algunos hijos mayores con discapacidad tal que le impida el ejercicio de una profesión u oficio, el cónyuge viudo anciano y enfermo, etc.) quedan pendientes de percibir su legítima en efectivo -ningún problema- cuando se solita el aplazamiento de pago del art. 1056 CC, o se demora el pago en los supuestos del art. 1062.I CC o la venta en pública subasta del art. 1062.II CC.

2.2. La reducción de la cuantía legitimaria

Otras posiciones doctrinales que apoyan el fundamento de las legítimas en la situación de necesidad en la que se puedan encontrar algunos parientes próximos del causante al resultar privados de recursos para la vida como consecuencia de la muerte de éste, valoran el carácter excesivo de las cuotas fijadas

---

90 Barrio Gallardo, A.: *El largo camino hacia la libertad de testar de la legítima al derecho sucesorio de alimentos,* Dykinson, Madrid, 2012, pp. 585-596.

91 *Vid.* Lledó Yagüe, F.: *Compendio,* cit., p. 474.

en favor de los legitimarios, atendiendo a la evolución experimentada por la familia desde la época de la Codificación[92]. Y es que hoy en día, salvo algunos casos que requieran de ayudas para subsistir, la vida de los hijos ya no depende de los bienes que hereden de sus padres a la muerte de éstos y, en todo caso, el estado del bienestar, ofrece prestaciones para situaciones de necesidad. En consecuencia, se plantean el mantenimiento de la legítima pero con una reducción de la cuantía, en la línea de algunos derechos autonómicos como los de Galicia y Cataluña -que lo fijan en una cuarta parte-, o Baleares -que lo fija entre un tercio y un medio en función del número de descendientes legitimarios que concurran-, y a diferencia del Código Civil cuyas cuantías en favor de descendientes son exageradamente amplias.

En tal sentido, autores como Lledó Yagüe[93] opinan que una reducción en la cuantía de la legítima favorecería la ampliación de la libertad de testar y se acomodaría más a la realidad social actual, respondiendo mejor a las exigencias del modelo familiar del legislador actual; sin embargo, considero que no se trata de acomodar el libre ejercicio de un derecho a cualesquiera condicionantes de la época sino que más bien se trata -Constitución en mano- de reconocer el ejercicio de ese derecho y de eliminar, de una vez por todas, las trabas que impiden su plenitud por lo que reducir o atemperar la legítima no es una solución adecuada para ello a no ser que no se reconozca

---

92 En igual sentido, Parra Lucán, M. A.: "Legítimas, libertad de testar", cit., p. 497. En opinión de la autora, "transformada en el sistema del Código civil la regulación de la prodigalidad, que pasa en el año 1984 de ser instrumento de defensa de los legitimarios a un sistema de protección de los parientes con derecho a alimentos, la conservación de la legítima sería el único residuo de una ideología que, permitiendo a las personas disponer de sus bienes, les impediría hacerlo libremente para después de su muerte".

93 Lledó Yagüe, F.: "Reforma del sistema", cit., p. 712,

el ejercicio pleno de este derecho, en cuyo caso la adecuación (por reducción) de las legítimas a la realidad actual sí mejoraría la situación[94].

En consecuencia, quedando parientes del causante en situación de vulnerabilidad, tendría éste mayor margen de actuación para subvenir a sus necesidades una vez que se produjera su fallecimiento, sin necesidad de recurrir al fideicomiso de residuo de los arts. 782 y 808 CC y pudiendo ampliar esta solución a otros parientes además de los hijos (como el cónyuge y los ascendientes e incluso los hermanos del de cuis, con los que normalmente existe un vínculo afectivo muy estrecho).

2.3. La inconveniente reducción de los legitimarios beneficiarios

Supuesto el mantenimiento del sistema legitimario en nuestro Derecho, algunos autores defienden la conveniencia de suprimir la legítima en favor de los ascendientes para ampliar la libertad de testar[95].

Sin estar a favor del sistema de legítimas tal y como está estructurado, prefiero la libertad de testar y que sea la soberana voluntad del testador la que decida cómo mejor distribuir sus bienes -suyos únicamente- para después de su muerte. Pero dada la regulación vigente y llegado el caso de un ascendiente supérstite, soy partidaria de aplicar el principio de solidaridad familiar y atender las posibles necesidades que los padres del

---

94 *Vid.* Torres García, T. F.: "La legítima", cit., pp. 75-76 en cuya opinión la solución no ha de ser necesariamente la supresión de las legítimas, salvo en el caso de la de los ascendientes, aunque sería preciso, proceder a una reducción cuantitativa de la legítima de los descendientes (e incluso de su sustitución por un derecho de alimentos u otra fórmula similar).

95 Delgado Echeverría, J.: "¿Qué reformas", cit., pp. 1-14, pp. 6-7.

causante, de edad sin duda, avanzada; de atender la posible situación de vulnerabilidad y precariedad económica de estos ascendientes; de cumplir con el principio de solidaridad familiar y justa atención y retorno hacia los padres que tantos esfuerzos y atenciones prodigan a los hijos (y nietos). Porque "la familia continúa siendo, y no puede no serlo, la principal institución para el bienestar de la persona, además resulta imprescindible para lograr una sociedad cohesionada, estable y con un crecimiento económico sostenido"[96] y esta familia también la forman los ascendientes, que con su esfuerzo y dedicación impulsaron a los hijos y la economía familiar y es justo retribuirles aunque sea *post mortem*; porque lejos de la maniquea imagen del jubilado ocioso, las abuelas y abuelos actuales están asumiendo muchas de las funciones de apoyo familiar y de reproducción social que siempre han sobrecargado a las mujeres jóvenes. Lejos de llevar a la bancarrota al Estado de Bienestar, sus recursos, patrimonio y atenciones, han acabado por convertirse en un auténtico estado de bienestar paralelo para sus familias. Son ellos los que suplen la falta de guarderías para los hijos de mujeres que trabajan y son ellos los que cuidan a sus mayores dependientes[97].

Aun así, existen propuestas doctrinales que, con el fin de ampliar la libertad del causante, defienden la reducción de las legítimas[98], y concretamente, la necesidad de suprimir la legítima de los ascendientes[99] basándose, entre otras razones en

---

96 López López, M. T.; González Hincapié, V.; y Sánchez Fuentes, J.: *Personas mayores y solidaridad intergeneracional en la familia. El caso español*, Cinca, Madrid, 2015, p. 42.

97 Pérez Díaz, J.: "Poder tener abuelos: la normalización demográfica española". En II Congreso: *La familia en la sociedad del siglo XXI*. Libro de ponencias. FAD. 2004.

98 Delgado Echeverría, J.: "¿Qué reformas", cit., pp. 6-7.

99 En el derecho foral español, en Aragón los ascendientes no son legitimarios y en la Ley de Derecho civil de Galicia de 2006 se suprimió

que los ascendientes quedan protegidos en caso de necesidad por la obligación de alimentos prevista en el Código Civil (lo que es discutible si tenemos en cuenta que esta obligación se extingue por la muerte del alimentante)[100]. En todo caso, la supresión de la legítima de los ascendientes, en mi opinión va a suponer una escasa repercusión en la libertad del testador al que en la mayoría de los casos sólo le sobrevivirán descendientes –dado el aumento de la esperanza de vida-. Y si por alguna razón sus ascendientes fueran extremadamente longevos y tampoco quedaran excluidos por los descendientes, por no haberlos, sería de justicia tener en cuenta la aplicación del principio de solidaridad familiar que debiera obligar a considerar las posibles necesidades de unos padres ya muy ancianos y valorar que fueron estos padres quienes educaron y cuidaron al causante y le procuraron una vida plena y saludable.

Los defensores de su supresión, como Vaquer, se apoyan en el actual sistema de pensiones y en que la riqueza de los ancianos es superior a la de los jóvenes (no puedo estar más en desacuerdo dadas las cuantías de las pensiones, el retraso de la edad de jubilación y las penalizaciones tributarias de los planes de pensiones), concluyendo que los problemas de los ancianos con bajas rentas no pueden ni deben solucionarse con arreglo al sistema legitimario general, sino con arreglo a otras políticas[101]. No quiero pensar cuáles. Comparto, en cambio, algunas de las ideas invocadas para justificar la legítima de los ascendientes que mantienen hoy sustancialmente su vigencia, tal y como sucede con la idea del "tributo al principio de familia" o la de débil compensación a los sacrificios realizados[102].

---

la legítima de los ascendientes aun cuando se mantiene en otros territorios forales.

100 En este sentido se llevó a cabo la reforma francesa en 2006.

101 Vaquer Aloy, A.: "Reflexiones", cit., p. 9.

102 En Moreu Ballonga, J. L.: "Aportación a la doctrina sobre la legítima aragonesa en contemplación de su futura reforma legal", *Anuario de*

Porque en una sociedad envejecida como la española, con un decreciente nivel de vida relativo, es contrario a la justicia suprimir únicamente la legítima de los ascendientes, si se opta por mantener esta institución en favor de otros legitimarios, sobre todo en los casos en los que el hijo (causante) fallecido no tiene descendencia. La legítima en favor de los ascendientes supone la plasmación real de la solidaridad intrafamiliar al funcionar como un pago de la deuda moral contraída por el descendiente a lo largo de muchos años, y ello, teniendo en cuenta el dolor de ver morir a un hijo desde la edad avanzada[103]. No pretende ser una medida de protección frente al ascendiente anciano, que puede encontrarse, asimismo, en situación de discapacidad, sino una medida que atienda a su vulnerabilidad.

3. *La actualización de la donación mortis causa de carácter "asistencial" o "retributiva"*

La donación mortis causa viene a ser como un legado, que en vez de ser ordenada en codicilo o en testamento lo es como tal donación -aunque como donación no tiene más que la forma- pues es esencialmente revocable y se rige por las normas del derecho de sucesiones (art. 620 CC). De esta vieja figura ya señalaba nuestro Tribunal Supremo en STS 19 junio 1956[104] que:

> "la donación mortis causa se hace por causa de muerte o peligro mortal, sin intención de perder el donante la cosa

---

Derecho Civil, tomo I (Revista de Derecho Civil Aragonés, III 1997-1, p. 99 y Moreu Ballonga, J. L.: "El sistema legitimario en la ley aragonesa de sucesiones", Actas del Foro de Derecho Aragonés, Decimoquintos Encuentros, *El Justicia de Aragón*, Zaragoza, 2006, p. 163.

103 Moreu Ballonga, J. L.: "Aportación a la doctrina" y "El sistema legitimario", cit. pp. 99 y 163 respectivamente.

104 STS 19 junio 1956 (*Tol 4379874*).

ni su libre disposición en caso de vivir, al igual que sucede con las disposiciones testamentarias.

(...) conforme al art. 620, en su tenor literal, son donaciones mortis causa aquellas cuyo efecto está aplazo a la muerte del donante, lo que impone la aplicación de las reglas de la sucesión testamentaria y, por tanto, la necesidad de testamento para otorgarlo".

Esta liberalidad otorgada *contemplatio mortis* o en previsión de la muerte del donante[105], significa que el fallecimiento del donante es el momento en que ésta comienza a desplegar sus efectos, por tanto, no existe transmisión inmediata de la propiedad de la cosa donada hasta la muerte del donante[106]. En consecuencia, constituye una interesante figura que sirve al propósito de las personas con discapacidad o en situación de vulnerabilidad de retribuir post mortem los cuidados y atenciones asistenciales (e incluso afectivas) de un tercero que bien puede ser un familiar (hijo, hermano, nieto) pero también un cuidador externo, en el soberano ejercicio su voluntad, preferencias y deseos y sin que su patrimonio, en vida del donante, se vea afectado.

Así pues, sobre esta figura se puede afirmar con Vallet que, respecto del bien donado, el donante prefiere al donatario antes que a sus herederos, ya que fallecido aquél, el bien donado no se integrará en la masa hereditaria; sin embargo, en vida se prefiere a sí mismo antes que al donatario, puesto que podrá disponer del bien donado[107].

---

105 Roca Sastre Muncunill, R. M.: *Estudios de Derecho Privado, Obligaciones y Contratos*, T. I, Aranzadi, Thomson, 2009, p. 641.

106 *Vid.* sobre el tema, Castillo López de Medrano-Villar, I.J.: "La donación mortis causa", en *Dolencias del Derecho civil de sucesiones. 130 años después de la aprobación del Código Civil* (dir. por P. M. Estellés Peralta), Tirant lo Blanch, Valencia, 2022, pp. 505-527, en p. 506.

107 Vallet de Goytisolo, J. B.: *Estudios sobre donaciones*, Montecorvo, Madrid, 1978, p. 22.

Con todo, esta figura es muy controvertida doctrinalmente y tanto la doctrina mayoritaria como la jurisprudencia, consideran que el tenor del art. 620 CC somete la institución a la rigurosas normas y requisitos de la sucesión testamentaria. Por tanto, si se asimila al legado, aquélla ha quedado claramente relegada[108] e incluso, erradicada[109]. Esta postura ha tenido su causa en el intento -constante e incansable por parte de algún sector doctrinal- de proteger a los legitimaros del donante y también a sus acreedores. Sin embargo, toda donación sea revocable o irrevocable, se presumirá fraudulenta frente a los acreedores del donante si éste resulta insolvente (art. 1111 CC) y, asimismo, quedará supeditada a la computación de donaciones que establece el art. 818 CC para la fijación de las legítimas, luego puede ser reducida por inoficiosa en aras de preservar los intocables derechos de los legitimarios del donante. En tal caso, ¿cómo podrían burlarse los derechos de acreedores y legitimarios? No me parece factible.

Tampoco es un pacto sucesorio proscrito y nulo en nuestro Derecho según el art. 1271.2 CC, porque no existe vinculación contractual entre donante y donatario en el sentido de atribuir irrevocabilidad a la disposición del donante y, además, porque ésta es *per se* revocable[110]. En todo caso, debemos realizar un esfuerzo para mejorar y/o readaptar o flexibilizar las viejas instituciones. El Derecho sirve para dar solución a los problemas

---

108 Castillo López de Medrano-Villar, I.J.: "La donación mortis causa", cit., p. 509.

109 Roca Sastre Muncunill, R. M.: *Estudios de Derecho Privado,* cit., p. 575. En contra, Vallet de Goytisolo, J. B.: *Estudios sobre donaciones,* cit., que sostienen la subsistencia e independencia de la donación mortis causa.

110 Vallet de Goytisolo, J. B.: *Estudios sobre donaciones,* cit., p. 376; González Meneses García-Valdecasas, M.: *Instituciones de Derecho Privado,* (coord. por J. F. Delgado de Miguel) vol. 3, t. 2, Civitas, Madrid, 2001, pp. 575-938, en pp. 623-657; y Castillo López de Medrano-Villar, I.J.: "La donación mortis causa", cit., p. 519.

del ciudadano, no para trabar el libre desarrollo de su personalidad y soberana voluntad.

Debemos ser conscientes de que las necesidades sociales, familiares y de las personas con discapacidad y vulnerables, demandan nuevas soluciones jurídicas o viejas soluciones adaptadas al momento actual. Porque las necesidades presentes pueden requerir de la posibilidad de disponer de ciertos bienes a favor de una persona con la condición de que ésta se haga cargo de su cuidado hasta su fallecimiento, si es ese su deseo y preferencia.

4. *El recurso al usufructo testamentario de disponer en caso de necesidad apreciada según conciencia*

El usufructo con facultad de disposición es una figura jurídica que nuestra legislación no contempla actualmente pero que es admitida por la jurisprudencia del Tribunal Supremo[111], al amparo del art. 467 CC[112].

Mediante esta figura se permite que el testador dispense testamentariamente al usufructuario -ya sea el cónyuge viudo, para el que habitualmente se utiliza, ya sea un descendiente o ascendiente con discapacidad- de la obligación de conservar la forma y sustancia de los bienes, por lo que se le conceden plenas facultades de disposición, en las condiciones determinadas

---

[111] Así las SSTS 23 octubre 1925 (JC 168, 64) 3 marzo 2000 (*Tol 1550*) y 9 marzo 2000 (*Tol 1478*), entre otras muchas.

[112] *Vid.* especialmente De Verda y Beamonte, J. R.: "Usufructo testamentario de disponer en caso de necesidad apreciada según conciencia", en *Dolencias del Derecho civil de sucesiones. 130 años después de la aprobación del Código Civil* (dir. por P. M. Estellés Peralta), Tirant lo Blanch, Valencia, 2022, pp. 471-503, en p. 473.

por el testador[113]. Ni ello desnaturaliza la institución ni priva a los nudos propietarios, de lo que no se haya dispuesto. Por tanto, se entiende que esta figura guarda muchas similitudes con el fideicomiso de residuo a la que se denomina como "pariente jurídico"[114].

Así pues, esta figura permite al testador instituir a un usufructuario -pariente con discapacidad o cierta vulnerabilidad a juicio del propio testador, sin más- al que protege con esta figura y al que permite disponer de los bienes que usufructúa en caso de necesidad. La consideración de esta situación de necesidad -no exenta de cierta problemática y posible litigiosidad- según la conciencia del usufructuario, no significa que quede a su criterio subjetivo y arbitrario sino que el testador le exime, por la existencia de una relación de estrecha confianza entre ambos, de tener que probar la necesidad antes de proceder a la realización de los actos dispositivos a los que está autorizado[115].

---

113 *Vid.* Roca Sastre, R. M.: "Usufructo con facultad de vender en caso de necesidad", en *Estudios de Derecho Privado,* vol. II-Sucesiones, Edersa, Madrid, 1948, pp. 71-84.

114 En tal sentido, la STS 3 marzo 2000 (*Tol 1550*).

115 *Vid.* sobre la cuestión más detalladamente el análisis de De Verda y Beamonte, J. R.: "Usufructo testamentario", cit., pp. 488 y ss.

Capítulo 4

La desprotección del cónyuge supérstite en situación de discapacidad y/o vulnerabilidad

I. CUESTIÓN PRELIMINAR

Una de las cuestiones que requiere un replanteamiento y análisis en mayor profundidad -tarde o temprano llegamos a esta tesitura-, es la situación de discapacidad y/o de vulnerabilidad, por edad, soledad, situación económica y/o enfermedad, en la que puede encontrarse el cónyuge viudo -en no pocas ocasiones todas ellas al mismo tiempo-. Pues no siempre son los hijos y descendientes los que pueden padecer una discapacidad. Lo más probable es que la padezca el cónyuge supérstite longevo.

De acuerdo con los datos proporcionados por el INE, en 2022 el número de personas viudas mayores de 70 años asciende a 2.666.07, cifra que asciende a 2.026.040 sólo en los tres primeros trimestres de 2023 y de las cuales el 80% son mujeres[1]. La tasa de mortalidad[2] masculina es del 12.83% frente a la femenina del 5.65%. De acuerdo con estos datos, cuatro de cada cinco personas viudas son mujeres y la tendencia se mantiene. Por tanto, enviudar constituye una experiencia sobre todo femenina, dadas las mayores tasas de mortalidad que, a cualquier edad que se considere, registran los varones como pone de manifiesto López[3]. ¿Se podrá apreciar, en consecuencia, sesgo de género en esta circunstancia? Factible, dado el número de viudas que ofrecen las estadísticas y porque, según diversos estudios, la viudez, además de afectar más a la mujer que al hombre, tiende a concentrarse en la vejez. A ello, debemos añadir que más de la mitad de las mujeres viudas (y mayores) viven solas[4] y cuentan con menos recursos económicos que en vida de sus consortes.

Por ello, la desatención por el legislador de las problemáticas y situación de vulnerabilidad en que queda el cónyuge viudo, normalmente la mujer, debería corregirse.

A lo antedicho conviene añadir un análisis sobre cuáles son las necesidades de las personas viudas con discapacidad –sea ésta psíquica, física o sensorial-, con el fin de determinar si la

---

1 INE: https://www.ine.es/jaxiT3/Datos.htm?t=4031 (Consultado 01/09/2024).

2 https://www.ine.es/dyngs/INEbase/es/operacion.htm?c=Estadistica_C&cid=1254736177004&menu=ultiDatos&idp=1254735573002 .

3 López Doblas, J.: "Las Mujeres Viudas en España". *Research on Ageing and Social Policy*, 2016, núm. 4 (1), pp. 22-44.

4 López Doblas, J.: "Las Mujeres", cit., p. 28.

regulación actual atiende a la satisfacción de tales necesidades, ya sean éstas de cuidado personal y/o económicas[5].

La primera de estas finalidades, el cuidado de la persona, puede atenderse con el uso de figuras que llevan muchos lustros reguladas en nuestro Código Civil y que ayudan a cumplir la voluntad de los testadores, como el establecimiento de condiciones, los modos testamentarios, algunos legados o mediante la figura del contrato de alimentos a favor de la persona con discapacidad, en este caso, el cónyuge viudo[6]. Creo también que el uso de la -lamentablemente suprimida- sustitución ejemplar, habría servido perfectamente para la consecución de este propósito, llegado el caso, poniendo en conocimiento de la persona beneficiada la disposición testamentaria correspondiente asociada al cumplimiento de una condición o carga, como es la de atender en su vejez, al cónyuge supérstite.

A su vez, y en relación a la ampliación de la libertad de testar que permite la nueva redacción del art. 808 CC en favor de los descendientes con discapacidad y que posibilita, incluso, establecer sobre la legítima estricta una sustitución fideicomisaria de residuo, se echa en falta la misma solución en favor del cónyuge viudo y ello pese al porcentaje de cónyuges viudos con una discapacidad a consecuencia de la avanzada edad en la que enviudan. Ancianidad, soledad y discapacidad un coctel preocupante que provoca, en estos casos, una grave vulnerabilidad.

---

5 En el mismo sentido, De Amunátegui Rodríguez, C.: "Tratamiento de la discapacidad en la regulación de la sucesión en el Código Civil", en *Dolencias del Derecho civil de sucesiones. 130 años después de la aprobación del Código Civil* (dir. por P. M. Estellés Peralta), Tirant lo Blanch, Valencia, 2022, pp. 411-469, concretamente en p. 462.

6 Se ocupa de estas cuestiones con profusión de argumentos Espejo Lerdo de Tejada, M.: *Tendencias reformistas en el Derecho español de sucesiones. Especial consideración al caso de las legítimas*, Bosch, Barcelona, 2020, pp. 70 y ss.

En todo caso, y además de lo antedicho, los efectos negativos de los cambios en las estructuras familiares y la mayor vulnerabilidad de las personas cada vez más longevas, se pueden mitigar a través de políticas públicas de apoyo a las personas mayores que también fomentarán la existencia de más cuidadores, facilitando las condiciones para la prestación de cuidados. El envejecimiento de la población, que lleva a varios países a poner el énfasis en la prestación de cuidados informales debe equilibrarse con las políticas de apoyo. Por otro lado, la propia ley debe adaptarse a esta nueva realidad. En el ámbito del Derecho sucesorio nos encontramos ante la limitación de los mecanismos que permiten asegurar el cuidado de las personas mayores, de los cónyuges supérstites, en el ejercicio de la autonomía privada[7].

II. LA INJUSTIFICADA DESPROTECCIÓN SUCESORIA DEL CÓNYUGE VIUDO EN LOS TIEMPOS PRESENTES

Así las cosas, no sólo no se incluye una disposición similar al fideicomiso de residuo en favor del cónyuge viudo para los casos en que su situación de discapacidad lo requiera, sino que es significativa la estricta exigencia de convivencia a los cónyuges para que se deriven los derechos sucesorios a la sucesión abintestato y a la legítima como prueba y garantía de la conyugalidad y "affectio maritalis". Incluso la separación de facto -período de reflexión y/solución de algunos problemas

---

7 *Vid.* al respecto De Bettencourt Rodrigues, D.: "Autonomía personal, autodeterminación y financiación del cuidado de las personas mayores en el Derecho portugués", *Revista Boliviana de Derecho,* núm. 38, 2024, pp. 260-295, en p. 266 en relación con esta problemática en Derecho sucesorio portugués, que no es ajuna al Derecho español.

conyugales y que puede ser muy breve en el tiempo-, si no se reanuda con anterioridad al óbito de unos de los esposos tiene consecuencias muy graves para el supérstite. Y pese a ello, la inexistencia de convivencia -que no en todo caso es indicativa de distanciamiento o desapego conyugal- es terminante.

Por el contrario, se observa que el legislador y los tribunales son más laxos con el desafecto y distanciamiento de los parientes consanguíneos en línea recta. Curiosamente, la más reciente jurisprudencia de nuestro Tribunal Supremo entiende respecto de los hijos y descendientes, que la mera ausencia de relación o abandono emocional no es siquiera causa de desheredación porque el legislador no la contempla como tal lo que se aprecia en las SSTS 24 mayo 2022[8] y 19 abril 2023[9] y 19 abril 2023[10]. Los Tribunales no crean Derecho, lo aplican e interpretan únicamente. Así las cosas, es responsabilidad del legislador corregir estas deficiencias indicadas suficientemente por la doctrina y la jurisprudencia durante los últimos años.

---

8 STS 24 mayo 2022 (*Tol 8996156*).

9 STS 19 abril 2023 (*Tol 9524362*). Que la falta de relación de las actoras con su padre y con su abuela, sin ningún episodio de maltrato de obra ni de palabra, dada la regulación de nuestro Código Civil, no permite incluir el mero distanciamiento familiar dentro del maltrato psicológico constitutivo del maltrato de obra. Entienden las mencionadas sentencias que la aplicación del sistema vigente no permite configurar por vía interpretativa una nueva causa autónoma de desheredación basada exclusivamente, sin más requisitos, en la indiferencia y en la falta de relación familiar, puesto que el legislador no la contempla.

10 La STS 19 abril 2023 (*Tol 9524362*), reitera la doctrina anterior y considera que, a pesar de una ausencia de relación continuada de 16 años ante el testador y la legitimaria, no permite apreciar una causa de maltrato sicológico ni de abandono injustificado. Lógicamente, los tribunales aplican las leyes.

1. *La actual desprotección del cónyuge viudo en la legítima*

Escasa es la regulación de la sucesión forzosa del cónyuge supérstite (arts. 834 a 840 CC) y aun así ha sufrido diversas modificaciones acordes con las varias reformas del sistema matrimonial español que especialmente han incidido en la exigencia de vínculo y de convivencia conyugal efectiva entre cónyuges en el momento del fallecimiento del premuerto tal y como se exige para ser llamado a la sucesión intestada. En relación con el requisito del vínculo, no habrá derecho a la legítima vidual cuando haya mediado nulidad, porque se estima que no ha habido matrimonio aunque haya habido convivencia y la causa haya que buscarla en el premuerto (art. 73.1 CC), o divorcio de los cónyuges porque el matrimonio se ha disuelto (arts. 85 y 89 CC).

En los casos en que el vínculo persiste, se atiende exclusivamente a la convivencia efectiva, es necesario que no exista separación legal ni de hecho. Así la SAP Salamanca 19 noviembre 2019[11] señaló que la nueva redacción del art. 834 elimina la legítima conyugal, sin buscar culpables o inocentes, por el cese de la convivencia; o el ATS 4 julio 2018[12] que apreció igualmente en el caso enjuiciado -aunque el proceso de divorcio contencioso no concluyó por morir el testador-, que había separación de hecho debidamente acreditada[13].

---

11 SAP Salamanca 19 noviembre 2019 (*Tol 7861936*).

12 ATS 4 julio 2018 (*Tol 6666116*).

13 *Vid.*, Martínez Velencoso, M. L.: "Aspectos sustantivos del derecho hereditario", en *Derecho de sucesiones* (dir. por J. Alventosa del Río y M. E. Cobas Cobiella), Tirant lo Blanch, Valencia, 2017, pp. 149-725, p. 676 y Alventosa Del Río, J.: *Derechos sucesorios del cónyuge y reglamento sucesorio de la unión europea,* Tirant lo Blanch, Valencia, 2021, p. 71.

2. *La actual desprotección del cónyuge viudo en la sucesión intestada*

Por el motivo antedicho, seguimos analizando críticamente el empecinamiento legislativo sobre la situación del cónyuge viudo y su evidente desprotección[14]. En nuestro Código Civil, pese a las últimas reformas incorporadas en materia de discapacidad, familia, régimen jurídico de los animales, etc., el llamamiento al cónyuge viudo en la sucesión intestada sigue exigiendo, además del vínculo conyugal, la existencia de convivencia (art. 945 CC), de "affectio maritalis"[15]. Consecuentemente, lo relevante para algunas sentencias de las Audiencias Provinciales, es si se había producido el cese de la convivencia del matrimonio, es decir, una separación de hecho reveladora de la ruptura de la "affectio maritalis" y si ello suponía una ruptura de su proyecto común con independencia de la causa de esa separación[16]. A ello contribuyó significativamente la entrada en vigor de la Ley 15/2005, de 8 de julio, por la que se modificaron el Código Civil y la Ley de Enjuiciamiento Civil en materia de separación y divorcio, y que supuso una merma en

---

[14] *Vid*, al respecto, Estellés Peralta, P. M.: "El valor de la conyugalidad: la conveniencia de una revisión de los derechos sucesorios del cónyuge supérstite y su posible discapacidad ante la nueva realidad socio-familiar", *Actualidad Jurídica Iberoamericana*, núm. 20 bis, 2024, pp. 554-601.

[15] Aunque la presunción de convivencia de los cónyuges del art. 69 CC, libera al cónyuge viudo de la carga de la prueba.

[16] Así, la SAP Barcelona 4 febrero 2002 (*Tol 781095*), referida al art. 442-6 del CCat. impide al cónyuge supérstite suceder *ab intestato* al causante, si a su muerte, se hubiera producido una separación de hecho reveladora de la ruptura de la "affectio maritalis", con independencia de la causa de esa separación, de si existía una tercera persona con la que se había iniciado una nueva relación de convivencia. Lo relevante era si se había producido el cese de la convivencia del matrimonio y si ello suponía una ruptura de su proyecto común.

la posición sucesoria del cónyuge viudo al suprimir la exigencia de que la crisis conyugal que desencadena la separación de hecho de los cónyuges obedezca al cese efectivo de la convivencia, sin posibilidad de reconciliación o a la violación grave y reiterada de los deberes conyugales. En consecuencia, para la exclusión del cónyuge supérstite no conviviente como heredero abintestato, no se exige ahora que el cese de la convivencia se haya producido de mutuo acuerdo y conste fehacientemente, de tal manera que ahora basta el cese de la convivencia y, por tanto, de la "affectio maritalis", por parte de uno sólo de los cónyuges para que tenga lugar la exclusión del derecho del sobreviviente a heredar al causante, tanto en el caso de la separación legal como de hecho; tanto si el supérstite hubiera mantenido la "affectio maritalis" como si no; tanto si es causa de la ruptura como si no[17].

Afortunadamente, se atiende jurisprudencialmente en favor del cónyuge viudo que, mantuvo buenas relaciones o prestó la ayuda necesaria al difunto pese a no convivir de facto con el causante por diversas causas que no implican una separación de hecho mutuamente consentida que suponga una fractura conyugal y que tienen lugar cuando se produce una separación física de los cónyuges pero no una pérdida de contacto entre ellos que en modo alguno puede equipararse a una separación de hecho mutuamente consentida, como que la esposa viviera fuera de España, hecho que estaba relacionado con motivos laborales del marido y el cuidado de los familiares de la esposa[18]

---

17 Estellés Peralta, P. M.: "La familia española del siglo XXI: nuevas realidades en la sucesión mortis causa del cónyuge supérstite", *Teoría y Derecho: revista de pensamiento jurídico*, 2022, núm. 33, pp. 222-251, en p. 228.

18 Así la SAP Soria 14 septiembre 2009 (*Tol 1428144*). *Vid.*, Cervilla Garzón, M. D.: "Planteamiento de una reforma de la sucesión intestada", en *Dolencias del Derecho civil de sucesiones. 130 años después de*

o incluso cabría plantearse que uno de ellos esté ingresado en una residencia por motivos asistenciales, etc.

III. LA PERTINENCIA DE RECONSIDERAR LOS DERECHOS SUCESORIOS DEL VIUDO

Como decíamos, la realidad familiar actual denota una crisis intergeneracional profunda que ha originado un gran vacío afectivo y de convivencia que afecta a los distintos miembros y generaciones de la familia[19]. En esta tesitura, la posición del cónyuge viudo ocupa un rango etario más elevado, en torno a los 77 u 80 años, es económicamente más débil y se halla más aislado a nivel social y familiar y, por tanto, es más vulnerable a todos los efectos. Por todo ello, un elevado número de testadores se posicionan en favor de la mejora de la posición del supérstite, lo que afecta directamente a la mejora de la porción legitimaria del viudo[20]. Incluso si ha mediado una separación de hecho temporal en que la "affectio maritalis" pervive pese a los avatares conyugales[21]. Incluso, afirma Delgado Echeverría, "hay indicios vehementes de que un número importante de casados desearía favorecer en sus disposiciones mortis causa a su cónyuge más allá de lo que permiten las normas que protegen la legítima de los descendientes... No otra cosa indica la frecuencia de las cláusulas que atribuyen al viudo el usufructo

---

la aprobación del Código Civil español (dir. por P. M. Estellés Peralta), Tirant lo Blanch, Valencia, pp. 613-652, en p. 619.

19 Ortuño Muñoz, J. P.: "La mediación en el ámbito familiar", *Revista Jurídica de Castilla y León*, 2013, núm. 29, pp. 1-23, en p. 21.

20 Carrau Carbonell, J. M.: "Las limitaciones a la libertad de testar y la injusta asignación legitimaria al cónyuge viudo en el siglo XXI: propuesta de soluciones prácticas", *Tribuna*, Instituto de Derecho Iberoamericano, 2019.

21 Como el caso enjuiciado por la SAP Lugo 31 octubre 2018 (*Tol 7020324*).

universal de los bienes del causante, con opción compensatoria de legítima, y los intentos doctrinales por justificarlos"[22].

Así las cosas, la posición del cónyuge supérstite es un tema complejo tanto en relación con su débil posición como legitimario como en su postergado llamamiento como heredero legítimo (pese a la reforma introducida por la Ley 11/1981, de 13 de mayo, de modificación del Código Civil en materia de filiación, patria potestad y régimen económico del matrimonio, que antepuso al cónyuge viudo en el orden sucesorio abintestato de manera preferente a los parientes colaterales en los arts. 943 y 944 CC). Si a ello le añadimos la exigencia de convivencia conyugal y/o "affectio maritalis", se puede concluir en que el legislador dispensa un trato diferenciadamente injusto al compañero de vida del causante[23] y desatiende el valor de la

---

22 Delgado Echeverria, J.: "Autonomía privada y Derecho de sucesiones", en *Autonomía de la voluntad en el Derecho Privado: Estudios en conmemoración del 150 aniversario de la Ley del Notariado,* 1, Derecho de la Persona, familia y sucesiones" (coord. por L. Prats Alventosa), Wolters Kluwer, Madrid, 2012, pp. 513-640, en p. 592.

23 Téngase en cuenta que el Código Civil solo defiere la sucesión -y lo antepone a los colaterales- al cónyuge viudo y no al supérstite de la pareja de hecho, lo que diferencia la regulación del Derecho común con algunos ordenamientos civiles autonómicos (catalán y vasco). Al respecto, ya se pronunció la STC 93/2013, de 23 de abril (*Tol 3711269*) que resolvía el recurso de inconstitucionalidad contra la Ley foral 6/2000, de 3 de julio, para la igualdad jurídica de las parejas estables que modificaba la Ley 304.5 CDCFN, y en su FJ 13 estima que la modificación contemplada "no se limita a prever la posibilidad de que al miembro sobreviviente de la pareja estable se le reconozcan determinados derechos sucesorios, lo que hubiera dotado a la regulación de un carácter dispositivo sino que establecen preceptivamente tales derechos, prescindiendo de la voluntad de los integrantes de la pareja, únicos legitimados para regular sus relaciones personales y patrimoniales y, en consecuencia, para acordar entre ellos los derechos que puedan corresponder a cada uno en la sucesión del otro. Si la constitución de una unión estable se

conyugalidad. En consecuencia, debe insistirse en la reforma del actual sistema legitimario que actualmente imposibilita a los cónyuges instituirse herederos recíprocamente o, al menos, proveer al supérstite de medios económicos suficientes que le permitan mantener un tenor de vida similar al anterior a la viudez y que obliga, en cambio, a garantizar una porción de la fortuna paterna a los hijos sin que haya mediado ningún esfuerzo por su parte. Convendría reflexionar seriamente sobre el trato dispensado por la legislación civil al compañero de vida del causante, a la persona que ha acompañado al causante en esta comunidad de vida y amor que es el matrimonio y que desde la reforma introducida por la Ley 30/1981 de 7 de julio, permanece unido a su consorte por absoluta voluntad. Es en relación con el cónyuge viudo que sí puede afirmarse con rigor la idea de la colaboración en el aumento y conservación del patrimonio del testador y de las sinergias económicas familiares[24].

1. *La pertinencia de una revisión de los derechos legitimarios del cónyuge viudo*

Por los motivos expuestos, que tienen su fundamento en la colaboración conyugal de los esposos y su participación tanto en el aumento como en la conservación del patrimonio conyugal, una parte del cual será titular el testador, se debería revisar el reconocimiento al cónyuge viudo de un mayor protagonismo en la sucesión hereditaria de su consorte difunto, tanto cuantitativamente como cualitativamente, incrementando su

---

encuentra fundada en la absoluta libertad de sus integrantes, que han decido voluntariamente no someter su relación de convivencia a la regulación aparejada ex lege a la celebración del matrimonio, no resulta razonable que esa situación de hecho sea sometida a un régimen sucesorio imperativo, al margen de su concreta aceptación o no de los miembros de la pareja (...)".

24 *Vid.* Estellés Peralta, P. M.: "El valor de la conyugalidad", cit., p. 573.

participación en la herencia del fallecido[25] teniendo en cuenta que la legítima se ha sustentado tradicionalmente en el deber de asistencia post mortem del causante hacia sus familiares más próximos, con fundamento en la solidaridad patrimonial de la familia y el matrimonio, de tal manera que de acuerdo con ello vendría a cumplir una función similar a la que desempeña la obligación de alimentos en vida del causante[26].

Es por ello, que la doctrina propone como ya analizamos la nueva figura de la *legítima alimenticia* que parece ofrecer una buena solución a la necesidad de alimentos sucesorios de los parientes del difunto[27]. En este sentido, se señala[28] la conveniencia de regular una "legítima moderna redimensionada"

---

25 Pérez Escolar, M.: *El cónyuge supérstite en la sucesión intestada,* Dykinson, Madrid, 2003, pp. 91 y ss.; y misma autora en "Sucesión del cónyuge supérstite. Perspectiva histórica del Derecho romano a la época de las Recopilaciones", *Revista Crítica de Derecho Inmobiliario,* 2004, núm. 685, pp. 2711-2777.

26 *Vid.*, Royo Martínez, M.: *Derecho sucesorio «mortis causa»*, Edelce, Sevilla, 1951, pp. 181 y 182; Galicia Aizpurua, G. H.: "Las legítimas en la propuesta de reforma de la Asociación de profesores de Derecho civil", en *Retos y oportunidades del Derecho de sucesiones* (dir. por C. Villó Travé), Thomson Reuters Aranzadi, Cizur menor, 2019, pp. 47-74.

27 Propuesta que no es nueva, según señala Torres García, T. F.: "Legítima, legitimarios y libertad de testar (síntesis de un sistema)", en *Derecho de Sucesiones. Presente y futuro.* (XII Jornadas de la Asociación de Profesores de Derecho Civil). Servicio de Publicaciones de la Universidad de Murcia, Murcia, 2006, 173-230, pp. 222-223, pues ya se reguló en el Proyecto de 1836 de Cambronero en favor del cónyuge viudo con un fundamento moral frente a los posibles dispendios u omisiones del testador y ya no se recoge esta previsión en el Proyecto de 1851.

28 Salvador Coderch, P., Lloveras i Ferrer, M. R. y Seuba Torreblanca, J. C.: "Amor et Caritas. La parella de fet en el dret successori català", *Setenes Jornades de Dret Català a Tossa. El nou dret successori de Catalunya,* Promociones y Publicaciones Universitarias, Barcelona, 1994, pp. 207-226, en p. 221.

estructurada como una "legítima alimenticia" en favor del cónyuge y que le otorgue contra la herencia los mismos derechos a percibir alimentos que habría tenido de seguir vivo su cónyuge[29], si a raíz de la muerte del causante ha visto perjudicada la satisfacción de sus necesidades vitales.[30] Algo muy apropiado si tenemos en cuanta la realidad vital (económica, física, psíquica y sensorial de los viudos/as). Todo ello supondría hacer depender el derecho a la legítima de la situación de necesidad en que se hallara el beneficiario[31], el cónyuge viudo, en la medida en que el fallecimiento de su esposo/a afecte de manera significativa a su seguridad y estabilidad económica, todo lo cual constituyó el fundamento originario de la legítima en los tiempos de la codificación pero que actualmente se ha desligado de la existencia de ese presupuesto de necesidad económica en su destinatario[32] y que se debiera revisar si se decide mantener el sistema legitimario. En este sentido, la "legítima alimenticia" tendría como finalidad proteger al vulnerable o impedir que

---

29 Magariños Blanco, V.: "La libertad de testar", *Revista de Derecho Privado*, 2005, núm. 89, pp. 3-30, en pp. 27 y ss.

30 *Vid.*, Delgado Echeverría, J.: "Una propuesta de política del derecho en materia de sucesiones por causa de muerte", en *Derecho de Sucesiones. Presente y futuro.* (XII Jornadas de la Asociación de Profesores de Derecho Civil). Servicio de Publicaciones de la Universidad de Murcia, 2006, pp. 13-172, en pp. 127 y ss.; en contra, Torres García, T. F.: "Legítima, legitimarios", cit., p. 234.

31 Así Vaquer Aloy, A.: "Reflexiones sobre una eventual reforma de la legítima", *InDret: Revista para el análisis del Derecho,* 2007, núm. 3, p.15; o Magariños Blanco, V.: "La libertad", cit., p. 29, ya se trate de cónyuge viudo, hijos menores o mayores con discapacidad e incluso los ascendientes mayores que convivan con el fallecido.

32 Pérez Escolar, M.: "Sucesión intestada y legítima del cónyuge supérstite en el Código civil español. Revisión de fundamentos y planteamiento de fututo", *Anuario de Derecho Civil,* vol. 60, núm. 4, 2007, pp. 1641-1678, en p. 1655.

pueda quedar en situación de vulnerabilidad[33], tanto más tratándose del cónyuge viudo.

Al mismo tiempo, en la realidad actual no tiene sentido -y es manifiestamente injusto- que el cónyuge viudo, normalmente vulnerable, sea tratado como un cuasi ajeno al causante en cuestiones tan relevantes como la legítima (que suele recaer en el patrimonio conyugal), tanto en el quantum que percibe cuando concurre con descendientes como en la atribución en usufructo[34] , en vez de como pleno propietario[35] en una clara discriminación en relación con los demás legitimarios. Cuestión que debería ser revisada para evitar agravios comparativos de difícil justificación que se producen en esta materia.

Se echa en falta una auténtica equiparación del cónyuge viudo a los demás legitimarios. Y se aprecian problemáticas y fricciones familiares por ese concurso de descendientes y cónyuge viudo en el tercio de mejora. Tan es así, que el mismo legislador que los genera pretende paliarlos permitiendo la conmutación del usufructo del viudo en el tercio de mejora en virtud de los arts. 839 y 840 CC, pero ello tampoco acaba de dar solución a las posibles problemáticas por la cicatería con que se "mira" al viudo/a. Por consiguiente, se propone una nueva alternativa que mejore la posición del cónyuge viudo como la de ofrecer la posibilidad de que esta facultad de solicitar la conmutación sea concedida al propio cónyuge con

---

33 *Vid.*, Cobas Cobiella, M. E.: "Hacia un nuevo enfoque de las legítimas», *Revista de Derecho Patrimonial*, 2006, núm. 17, pp. 49-65, en p. 52.

34 *Vid.*, Fernández Campos, J. A.: "¿El usufructo como legítima del cónyuge viudo?", en *Las legítimas y la libertad de testar. Perfiles críticos y comparados* (coord. por J. P. Murga y C. Hornero), Aranzadi, Cizur Menor, 2019, pp. 437-462, en pp. 437 y ss.

35 Carrión Olmos, S.: "Conviviente de hecho y sucesión testamentaria: reflexiones desde la obsolescencia del régimen de legítimas", *Revista Boliviana de Derecho*, 2020, núm. 30, pp. 364-391, en p. 368.

carácter general, es decir, sin estar condicionada a supuestos de concurrencia con hijos comunes o no comunes -"hijos sólo del causante"- (arts. 839 y 840 CC)[36].

Otra cuestión controvertida, es la variabilidad de su cuantía legitimaria dependiendo de los parientes del difunto con los que concurra. Así pues, el cónyuge viudo siempre queda al albur de que existan descendientes del difunto, comunes o no, o bien ascendientes que le mengüen su porción[37]. De hecho, la realidad social muestra que, en ausencia de hijos, de los pocos españoles que testan, los cónyuges se instituyen recíprocamente como herederos o, quedando descendientes, hacen uso del usufructo universal que se contempla en la cautela socini del art. 820. 3 CC[38], de forma mayoritaria aconsejada por los notarios. Parece que el sentir social es el de ampliar y garantizar la posición del viudo[39] porque en muchas ocasiones, la sociedad

---

36 Pérez Escolar, M.: "Sucesión intestada", cit., p. 1668.

37 De dos tercios si concurre solo, a la mitad si concurre con ascendientes y el escaso tercio -de mejora- si concurre con descendientes. Asimismo, en el supuesto del viudo que no tuvo descendencia pero concurra con sus ancianos suegros que en pocos años (a veces meses) pueden fallecer es verdaderamente insolidario si se da esta circunstancia (y se da) que una parte importante de la fortuna de su cónyuge que ayudó a reunir con su colaboración y abnegación en interés de la familia y quizás, gracias a su política de poco gasto y ahorro para una futura vejez, por estos avatares de la vida y del vigente derecho sucesorio español, la disfruten sus cuñados y sobrinos en vez del cónyuge viudo.

38 Delgado Echeverria, J.: "Autonomía privada", cit., p. 592, entiende que "hay indicios vehementes de que un número importante de casados desearía favorecer en sus disposiciones mortis causa a su cónyuge más allá de lo que permiten las normas que protegen la legítima de los descendientes...No otra cosa indica la frecuencia de las cláusulas que atribuyen al viudo el usufructo universal de los bienes del causante, con opción compensatoria de legítima, y los intentos doctrinales por justificarlos".

39 *Vid.*, Torres García, T. F.: "Legítima, legitimarios", cit., p. 227.

y el individuo deben ir por delante de la norma para paliar los posibles fallos e injusticias y la actual normativa no favorece la mejora en favor del cónyuge viudo que le preserve de la estrechez económica en que queda tras la muerte de su consorte, y su consiguiente vulnerabilidad, debido a la exigua cuantía de las pensiones y a los gastos para subsistir en su viudez, cuando -en la mayoría de los casos- los descendientes recibieron del causante los bienes que este cónyuge viudo ayudó a adquirir y conservar[40].

Por tanto, es incuestionable hoy día, que la legítima del cónyuge viudo debe reconsiderarse, para su mejora, atendiendo a la colaboración y participación de éste en la adquisición, creación y conservación de la riqueza del causante y a la solidaridad conyugal y patrimonial entre las generaciones de parientes, y que avalan que sea el cónyuge viudo el que por precisar una mayor ayuda económica para mantener el mismo nivel de vida digno del que disponía en vida del cónyuge fallecido, sea quien más reciba de su consorte difunto[41]. Se trata de reformar la actual asignación legitimaria para para evitar la desprotección de este cónyuge en la vejez[42] y en una muy posible situación de

---

40 *Vid.*, Luna Serrano, A.: "Unas breves reflexiones para una reforma del derecho sucesorio en el contexto de la realidad actual", en *El patrimonio sucesorio. Reflexiones para un debate reformista* (dir. por F. Lledó Yagüe, M. P. Ferrer Vanrell y J. A. Torres Lana), Dykinson, Madrid, 2014, p. 6.

41 Asimismo, Sánchez Hernández, A.: "¿Reforma de la legítima, en particular la del cónyuge viudo ante su mayor longevidad?", en *Dolencias del Derecho civil de sucesiones. 130 años después de la aprobación del Código Civil español* (dir. por P. M. Estellés Peralta), Tirant lo Blanch, Valencia, 2022, pp. 193-268, en p. 257.

42 Pérez Escolar, M.: "Sucesión intestada", cit., pp. 1641-1678; Sánchez Hernández, A.: *El usufructo universal vidual y el artículo 820.3 del CC*, Thomson Reuters Aranzadi, Navarra, 2020; o Delgado Echeverria, J.: "Autonomía privada", cit., p. 593, para quien "si la legítima de los descendientes se juzga hoy un límite indeseable a disposiciones

discapacidad, aunque no cuente con las correspondientes certificaciones administrativas que así lo avalen, sin necesidad de que el difunto haya de recurrir testamentariamente a la cautela socini para paliar lo que el legislador no remedia.

2. *Y ya que estamos, planteemos una revisión de la cautela socini en favor del cónyuge viudo*

La cautela socini o gualdense[43] o cláusula de opción compensatoria es la fórmula que puede emplear el testador (y se otorga muy frecuentemente) para -favoreciendo al legitimario con una mayor parte de la que le corresponde en la herencia por legítima estricta-, gravar lo así dejado con ciertas cargas o limitaciones y advirtiendo que si el legitimario no acepta expresamente dichas cargas o limitaciones perderá lo que se le ha dejado por encima de la legítima estricta[44]. La opción supone, en consecuencia, escoger entre un quantum mayor, que exceda del valor de su legítima sufriendo una merma en la cualidad de lo recibido -por hallarse sometido a alguna limitación-, o la legítima estricta, libre de todo gravamen.

Mediante esta fórmula, lo habitual en la práctica es conceder al cónyuge viudo el usufructo universal sobre toda la herencia. Constituye pues, un importante instrumento con el que el testador puede reforzar su voluntad testamentaria, sin afectar a los derechos de los legitimarios ya que permite al testador hacer una atribución al legitimario bajo la condición

---

socialmente bien consideradas a favor del cónyuge, lo mejor sería reducir en general las legítimas de los descendientes para...permitir a los cónyuges instituirse en herederos u otorgarse legados según sus deseos".

43 Llamada así por apoyarse en un dictamen emitido por el jurisconsulto italiano del S.XVI Mariano Socini Gualdense o bien cláusula angélica (por atribuirse dicha fórmula a Ángelo Ubaldi).

44 Según señala la STS 21 noviembre 2011 (*Tol 2299929*).

suspensiva de que se comporte de una determinada manera, especificando que, en caso de no hacerlo, sólo recibirá la legítima estricta[45].

Pese a que inicialmente no se aceptaba jurisprudencialmente la fórmula en que se compensaba a los legitimarios con una mayor porción en la herencia siempre que no impugnaran la partición realizada por el testador[46] porque ello no facilitaba la opción del legitimario en estos casos, la jurisprudencia la ha admitido mayoritariamente desde mediados del siglo XX[47]. Así la jurisprudencia del Tribunal Supremo a raíz de una interesante e innovadora sentencia, la STS 10 junio 2014[48], en que estimó la validez de esta disposición mortis causa[49], afirmando

---

45 *Vid.*, al efecto Barba, V.: "Las condiciones que refuerzan la voluntad testamentaria", en *Condiciones y negocios jurídicos mortis causa,* (dir. por A. Cañizares Laso), Tirant lo Blanch, Valencia, 2023, pp. 99-136, en p. 131. Asimismo, Mingorance Gosálvez, C.: "La sucesión mortis causa de la vivienda familiar y fallecimiento de uno de los cónyuges o unidos de hecho", *Actualidad Jurídica Iberoamericana,* 2023, núm. 19, pp. 600-629.

46 Lo que se mantiene en pronunciamientos como los de las SSTS 12 diciembre 1959 (*Tol 4349439*) y 3 marzo 1980 (*Tol 1740711*), entre otros.

47 Mingorance Gosálvez, C.: "Las legítimas en el Derecho Civil común" en *Derecho de sucesiones contemporáneo. Aspectos civiles y fiscales* (dir. por C. Lasarte), Tirant lo Blanch, 2020, pp. 71-118, en p. 100. *Vid.* asimismo, SSTS 6 mayo 1953 (*Tol 4446619*), 12 diciembre 1958 (*Tol 4351475*), y 20 septiembre 1994 (*Tol 1665583*), pero también otras más recientes como las SSTS 3 diciembre 2001 (*Tol 136592*), 10 julio 2003 (*Tol 4924549*), 27 mayo 2010 (*Tol 1864867*) y 3 septiembre 2014 (*Tol 4521095*).

48 STS 10 junio 2014 (*Tol 4374204*).

49 Señala la STS 10 junio 2014 (*Tol 4374204*), que en efecto, desde el desarrollo lógico-jurídico de la figura, se observa que la prohibición impuesta por el testador de recurrir a la intervención judicial, en las operaciones de ejecución testamentaria llevadas a cabo por el comisario contador-partidor, no afecta directamente al plano material de ejercicio del derecho subjetivo del legitimario, que conserva, de

que no supone una vulneración del derecho del legitimario, sino sólo una elección que no merma sus derechos[50]. También la Dirección General de Seguridad y Fe Pública[51]. La mencionada sentencia estima que:

> "profundizando en la esencia o naturaleza testamentaria de esta cautela, en el marco de configuración dispuesto por el testador, se observa la validez de la misma conforme tanto con la potestad de disposición y distribución del causante, como al alcance de la prohibición impuesta. En este sentido, de las disposiciones testamentarias objeto de análisis, se desprende que el testador permite el necesario juego de la opción para el legitimario (cláusula novena: 'si se incumpliere la prohibición quedarán automáticamente instituidos herederos en la porción o cuota que en concepto de legítima estricta o corta señala la ley, acreciendo la parte en que habían sido mejorados los restantes') como, también, el natural desarrollo testamentario de la condición o prohibición impuesta pues, aunque con el rigor usual de este tipo de cláusula se prohíbe absolutamente la intervención judicial, no obstante, el alcance de la misma queda enmarcado en las facultades dispositivas del testador, claramente referenciadas tanto respecto de la aceptación de las operaciones de ejecución testamentarias

---

modo intacto, las acciones legales en defensa de su legítima, pues su incidencia se proyecta exclusivamente en el marco de la disposición testamentaria como elemento condicionante que articula el juego de la correspondiente opción que da sentido a la cautela socini. No hay, por tanto, contradicción o confusión de planos en orden a la eficacia estrictamente testamentaria de la cautela dispuesta. En igual sentido, 3 septiembre 2014 (*Tol 4521095*).

50 *Vid.* Barba, V.: "Las condiciones", cit., p. 132.

51 Entendió en la Resolución de la DGRN 27 enero 2020 (*Tol 7969110*) que, en esta cláusula de opción compensatoria de la legítima, no se conculcaba la intangibilidad cualitativa de la misma porque la heredera forzosa tenía la facultad de elegir entre respetar la prohibición de disponer, recibiendo más de lo que le corresponde por su legítima, o bien la infracción de dicha prohibición aun cuando en este caso quede reducida su porción hereditaria a su legítima.

llevadas a cabo por su comisario contador-partidor, cláusula octava, como respecto de la aceptación de la validez y el carácter no colacionable de las donaciones y legados hechos en vida por el testador, cláusula décima del testamento. De forma que, conforme al sentido testamentario de esta cláusula y a la concreción dispuesta por el testador, no cabe interpretar que la prohibición presuntamente también refiera o se extienda a la necesaria aceptación de actos contrarios a la norma o de irregularidades, propiamente dichas, del procedimiento de ejecución extrajudicial de la herencia".

Sin embargo, la cautela socini no es una medida pacífica[52] y el tema ha sido ampliamente analizado por la doctrina[53]. No obstante, es apoyada por importante sector doctrinal[54], aunque otra parte de la doctrina la rechazó en base al art. 813.2 CC porque entiende que impide imponer sobre la legítima cualquier gravamen, condición o sustitución[55]. El caso es que

---

52 Aunque la doctrina mayoritaria española la acepta en relación con los arts. 816 y 820.3 CC. *Vid.*, Vallet De Goytisolo, J. B.: "Cautelas de opción compensatoria de la legítima", en *Estudios de Derecho Sucesorio, vol. III. Estudios dispersos sobre las legítimas* (dir. por J. B. Vallet De Goytisolo), Montecorvo, Madrid 1981, p. 251. Asimismo, Sanz Acosta, L.: "Alcance y validez de la 'cautela socini' en caso de petición injustificada de remoción de albacea", *Actualidad Civil*, 2014, núm. 12, Sección Fundamentos de Casación.

53 Barba, V.: "Las condiciones", cit., p. 131 y ss; Martínez Velencoso, M. L.: "Caracterización y alcance de la 'Cautela Socini' contenida en el testamento", *Revista Aranzadi Doctrinal*, núm. 6 (octubre 2014), 2014, pp. 157-175. Vázquez Lemos, A.: "La cautela socini: una duda existencial", en *Derecho de sucesiones: antiguas y nuevas controversias*, (coord. por M. Fuenteseca y L. Noriega), Boch, Barcelona, 2020, pp. 455-475.

54 Por todos, Vallet De Goytisolo, J. B.: "Cautelas de", cit., p. 251 o Sanz Acosta, L.: "Alcance y", cit.

55 *Vid.* en este sentido Berrocal Lanzarot, A. I.: "La cautela socini: caracterización y alcance de su validez testamentaria", *Actualidad Civil*, 2014, núm. 12, Sección Estudios de Jurisprudencia, Wolters Kluwer,

existen ciertos gravámenes a los que no alcanza la prohibición del art. 813.2 CC, como la cautela socini porque atribuye al legitimario *más* de lo que le corresponde por legítima aunque sobre ésta se establece un gravamen. El quid de la cuestión es que el legitimario podrá optar entre recibir lo otorgado en testamento o la legítima libre de gravámenes. Es su elección. Si bien es cierto que el legitimario que opta no sólo lo hace atendiendo a criterios económicos cobra especial relevancia el factor tiempo, en relación con el ejercicio de la opción[56]. Indudablemente, las actitudes pasivas o dubitativas de los legitimarios pueden originar no pocas complicaciones para los intereses del viudo/a en situación de vulnerabilidad o con discapacidad, pues demoran su acceso al usufructo[57].

---

p. 5, para quien, en este contexto, las expresiones gravamen, condición y sustitución contenidas en el art. 813.2 CC incluyen cualquier carga, modalidad, limitación e impedimento, sea de naturaleza real o personal, que de algún modo restrinjan o mermen el pleno disfrute y disponibilidad de lo asignado por legítima, o bien establezcan cualquier obligación en relación con ella, debiendo interpretarse el término "gravamen" en sentido amplio que, es el que, asimismo, tiene en otros preceptos concordantes como los arts. 782, 824 y 858 CC. En consecuencia, estamos en presencia de un gravamen sobre la legítima cuando se trate de imposiciones o prohibiciones del testador que restringen de cualquier modo las libertades de goce y disposición que, el legitimario ha de tener sobre los bienes que le corresponden por legítima, sin compensarle con una mayor atribución de bienes, o cuando se interponen obstáculos que impiden al legitimario averiguar qué bienes componen el caudal hereditario.

56 Véase Echevarría de Rada, M. T.: "La cautela socini: revisión crítica de su concepción actual", *Revista Crítica de Derecho Inmobiliario,* 2020, núm. 781, pp. 2583-2619, en p. 2606.

57 Porque en algunos casos, si todos los demás legitimarios, salvo uno de ellos han aceptado la cláusula de opción compensatoria en favor del cónyuge viudo, este dato supone una cierta "coacción" al indeciso que, en caso de negarse a la cláusula socini, queda limitado a recibir únicamente su porción del tercio de legítima estricta en plena propiedad. Es una condición justa y legal pero presiona igualmente.

Es obvio, y de ahí el reconocimiento a la importante labor notarial, que el testamento bien utilizado puede constituir una herramienta crucial para la protección de la unidad del patrimonio, como en los casos en que se busca preservar la pervivencia de la empresa familiar. Mediante el testamento, y en ejercicio de la voluntad testamentaria, cobra gran relevancia la opción que adopte el testador en relación con el cónyuge supérstite, quien puede quedar enormemente reforzado si se hace uso de la cautela socini y se le otorga el usufructo universal de la herencia con el fin de reducir el riesgo de impugnación por parte de los legitimarios, fiduciario con facultades de mejora sobre descendientes comunes del art. 831 CC[58] o limitarlo a su legítima que queda reducida al usufructo de tercio de mejora si concurre con descendientes. Por ello, la cláusula de opción compensatoria ha sido un "remedio" utilizado muy frecuentemente por el testador para beneficiar a un legitimario, normalmente el cónyuge supérstite frente a la falta de sensibilidad y empecinamiento del legislador de Derecho común no exenta de varias problemáticas. Si partimos, además, de un supuesto nada descabellado de cónyuge viudo de edad avanzada y con una más que probable discapacidad, la cuestión adquiere mayor gravedad.

Por ello, una de las finalidades de la utilización de esta cautela socini por el testador es -y ha sido- la búsqueda de la máxima garantía que asegure al cónyuge viudo, quizás en situación de especial vulnerabilidad, el uso y disfrute de la que fuera la vivienda familiar/conyugal, así como garantizar la máxima es-

---

Vid., al respecto, Irurzun Goicoa, D.: "La cautela socini y la práctica notarial", *El notario del siglo XXI*, 2011, núm. 37.

58 *Vid.* Checa Martínez, M.: "Instituciones jurídicas de Estate Planning internacional: La protección transfronteriza del patrimonio familiar", en *De los retos a las oportunidades en el derecho de familia y sucesiones internacional*, (dir. por B. Campuzano et al.), Tirant lo Blanch, Valencia, 2023, pp. 139-172, en p. 168.

tabilidad y cohesión de la familia supérstite y todo ello, salvando la grave limitación que representa la obligación de respetar los derechos de los legitimarios y su intangibilidad cuantitativa pero, asimismo, cualitativa. Junto a ello, como señala Irurzun, no es desdeñable el cúmulo de dificultades que implica el tener que emplear un sistema penalizador para vencer la resistencia de unos eventuales legitimarios disconformes, razones suficientes para encontrar una nueva fórmula notarial para la cautela sociniana[59].

El entendimiento del precepto regulador de esta cláusula, el art. 820.3 CC, plantea otras dificultades en relación con el usufructo o renta vitalicia "cuyo valor se tenga por superior a la parte disponible"[60]. Al hilo de ello, el legislador ha optado por garantizar la legítima únicamente en términos de "valor" de modo que, aun sin previsión expresa del testador, se establece tácitamente la cautela compensatoria que permite al legitima-

---

59 Irurzun Goicoa, D.: "La cautela socini", cit.

60 En este sentido resulta interesante traer a colación la solución que se plantea en el Código Civil de Cataluña, en su art. 451-9: Intangibilidad de la legítima "1. El causante no puede imponer sobre las atribuciones hechas en concepto de legítima o imputables a ésta, condiciones, plazos o modos. Tampoco puede gravarlas con usufructos u otras cargas, ni sujetarlas a fideicomiso. Si lo hace, estas limitaciones se consideran no formuladas. 2. Como excepción a lo establecido por el apartado 1, si la disposición sometida a alguna de las limitaciones a que se refiere dicho apartado tiene un valor superior al que corresponde al legitimario por razón de legítima, este debe optar entre aceptarla en los términos en que le es atribuida o reclamar solo lo que por legítima le corresponda. 3. Si el legitimario acepta la herencia o el legado sometidos a alguna limitación, se entiende que renuncia al ejercicio de la opción establecida por el apartado 2" y en la interpretación del precepto dada por la STSJCat 15 diciembre 2014 (*Tol 4698369*), que señala que la legítima se configura como un derecho sucesorio de carácter personal (*pars valoris*) y necesario que causa una obligación en el causante de atribuirla a determinadas personas en su sucesión.

rio comprobar y decidir si le compensa aceptar las atribuciones que le ha realizado el causante a título de herencia o de legado con las limitaciones impuestas en el testamento -si considera que estas superan el valor de la legítima en sentido estricto-, o bien renunciar a ellas para obtener únicamente la legítima, en forma cuantitativa y cualitativamente preservada[61].

Se requiere, por ello, una nueva formulación "notarial" de la cautela socini y el cambio se ha de centrar en el sujeto beneficiario y en su causa[62]. En el planteamiento de esta nueva fórmula no se hace necesario cambiar la finalidad primordial de la cautela socini, esto es, nombrar al cónyuge viudo usufructuario de toda la herencia. Tampoco implica modificar los derechos de los legitimarios y su intangibilidad[63]. Ni la opción de elegir entre las dos alternativas que plantea el art. 820.3 CC. Lo que se plantea es que mediante el testamento se cree la alternativa y se ofrezca al viudo la opción (no al descendiente legitimario) quedando a su elección decidir si prefiere ser legatario del usufructo universal o ser heredero conservando su cuota vidual para usufructuar el tercio de mejora. Con ello es indudable que se mejora la cautela socini y sobre todo la posición del cónyuge viudo (en tanto no se reforme la legislación al respecto) y se alcanzan importantes objetivos a considerar.

---

61 *Vid.* al respecto, Mingorance Gosálvez, C.: "Las legítimas", cit., p. 100.

62 Irurzun Goicoa, D.: "La cautela socini", cit.

63 El respeto a las legítimas tanto en lo cuantitativo como en lo cualitativo se puede alcanzar con la delegación por el testador de la facultad de mejorar establecida por el artículo 831 en la redacción dada por el artículo 10.6 de la Ley 41/2003, de 18 de noviembre. Con ello, se facilita al cónyuge viudo, sin necesidad de explicaciones, y de conformidad a lo que su conciencia le dicte, que pueda ejercer la facultad de mejorar en el momento en que ejercite su opción de ser heredero o simple legatario en las condiciones y con la finalidad de todos conocidas según señala Irurzun Goicoa, D.: "La cautela socini", cit.

Por una parte, se consigue evitar la pluralidad de opciones si existen varios legitimarios afectados, es decir, que existan tantas opciones como legitimarios. En segundo lugar, se reducen o suprimen los conflictos y presiones que tal opción pueden originar entre ellos, si unos aceptan y otros no; o se demoran deliberando. Asimismo, se elimina el problema de la representación de los legitimarios menores impidiendo que un problema que es familiar quede en manos del defensor judicial que bien puede ser alguien ajeno a la familia.

3. *La pertinencia de una revisión de los derechos abintestato del cónyuge viudo*

Si tenemos en cuenta el escasísimo número causantes españoles que otorgan testamento (no más de 15%)[64], la sucesión intestada se convierte en mayoritaria y los viudos (y mayoritariamente viudas) españoles quedan postergados en la herencia de sus consortes premuertos.

A su vez, es doctrina históricamente aceptada que los llamamientos a la sucesión intestada atienden al criterio de la voluntad presunta del causante. Esto es, se presupone lo que un testador español medio hubiera querido que fuera el destino post mortem de su patrimonio de haberse manifestado su voluntad en este sentido o haberse otorgado válidamente testamento pese a que no hubo tal[65]. Por tanto, de antiguo se basa en una conjetura o presunción que quizás fuese acertada en el pasado siglo pero que en este primer cuarto del siglo XXI no se corresponde con las relaciones familiares y necesidades de la sociedad actual[66].

---

64 https://notariadealboraya.es/blog/algunas-estadisticas-sobre-testamentos-y-herencias, cit., (Consultado 18/02/2024).

65 Pérez Escolar, M.: *El cónyuge*, cit., pp. 59 ss.

66 Pérez Escolar, M.: "Sucesión intestada", cit., p. 1644.

Si a ello le añadimos que la pervivencia de los matrimonios depende únicamente de la propia y absoluta voluntad de permanencia en una unión estable, no es descabellado proponer una reforma que priorice al cónyuge viudo en el orden sucesorio de los llamamientos abintestato, teniendo en cuenta que el derecho a suceder abintestato tiene su fundamento en una presunción de afecto hacia el llamado que es consecuencia, en estos casos, del mantenimiento de la "affectio maritalis".

Asimismo, debemos tener en cuenta que el patrimonio de los cónyuges proviene ahora, en la mayoría de los casos, de los frutos y rentas de sus propios empleos y profesiones y algo menos, de los bienes familiares heredados de generación en generación. Y absolutamente nada, de las aportaciones de los descendientes. Sobre estas premisas, la posición que el cónyuge supérstite ostenta en la sucesión intestada como heredero legal en defecto de descendientes y ascendientes del difunto (art. 944 CC), debería modificarse. Debería anteponerse el llamamiento al cónyuge viudo en el orden sucesorio con anterioridad a los descendientes[67] y a los ascendientes, teniendo en cuenta la pervivencia de la unión conyugal y la solidaridad intraconyugal que impera en estos matrimonios bien anclados frente a los avatares más diversos sobre la base sociológica de la concentración del grupo familiar que se produce en torno al núcleo de convivencia conyugal. Ello nos llevaría a priorizar al cónyuge como heredero[68] modificando, en consecuencia, el actual usufructo viudal para transformarlo en atribución en plena propiedad y, si es el caso, estableciendo un usufructo a favor de los ascendientes cuando concurran con el cónyuge viudo[69]. Una propuesta de mejora que el legislador ha desaprovechado en las últimas reformas del Código Civil.

---

67 Asimismo, Sánchez Hernández, A.: "¿Reforma de", cit., p. 257.

68 Pérez Escolar, M.: "Sucesión intestada", cit., p. 1646.

69 *Vid.*, en tal sentido, Pérez Escolar, M.: "Sucesión intestada", cit., pp. 1644 y 1645.

Por otro lado y una vez más, si se atiende a la dicción del art. 945 CC, la separación de hecho entre los cónyuges al tiempo del fallecimiento de uno de ellos es causa de exclusión del derecho a suceder, lo que lleva a considerar que se atiende más a la voluntad de convivir que al vínculo, por lo que no resulta difícil en un momento dado proceder a una desheredación encubierta -y no testamentaria- rompiendo simplemente la convivencia para con ello privar al consorte de derechos sucesorios unos meses e, incluso, unos días antes del fallecimiento pese a que se convivió maritalmente durante largos años. Otra desprotección legal del cónyuge viudo, que no se quiere corregir pese a la injusticia de la medida. Con ella se premia el comportamiento desleal del causante dado que el llamamiento a la sucesión intestada (y a la legítima) del cónyuge viudo queda sin efecto cuando se ha interrumpido la convivencia conyugal buscando esta finalidad. Pero también es posible en más de un caso que se haya interrumpido la convivencia por "darse un tiempo" cuando la relación atraviesa alguna crisis puntual, quizás por iniciativa y "culpa" del cónyuge difunto (aunque ese dato ya no sea relevante) que no cumplió con sus deberes de fidelidad, de convivencia y apoyo mutuo lo que no implica ausencia de afecto. Cuando la separación de facto no es acordada por ambos esposos o no es definitiva se puede producir una lesión irreparable en las expectativas del supérstite que compartió vida y anhelos al lado del cónyuge fallecido y al que probablemente cuidó con desvelo en su última enfermedad.

Se puede establecer como conclusión final de lo antedicho, que se ha desperdiciado una oportunidad única de proteger la vulnerabilidad del cónyuge viudo con probable discapacidad (debido entre otras causas, a su avanzada edad) y mujer, en mayor proporción y que la Ley 8/2021, de 2 de junio, por la que se reforma la legislación civil y procesal para el apoyo a las personas con discapacidad en el ejercicio de su capacidad jurídica, no ha considerado.

De no ampliarse de manera generalizada la libertad del testador, cabría proponer para la sucesión intestada, que la porción asignada como usufructo al cónyuge viudo con discapacidad se amplíe a toda la herencia y/o, asimismo, grave la legítima de descendientes (y ascendientes, en su caso); o bien se modifique la naturaleza de su atribución y su porción la reciba no como usufructuario sino como propietario con el fin de garantizar el caudal necesario para atender a las necesidades y gastos derivados de su situación de su discapacidad, que el mero usufructo no siempre va a garantizar; o bien que se establezca en su favor un fideicomiso de residuo sobre todo o parte importante de la herencia al estilo del art. 808 CC en favor de los hijos con discapacidad. No se comprende este trato diferenciado hacia el cónyuge viudo, incluso con discapacidad.

Todo ello debe ponerse en relación con la vulnerabilidad jurídica que sufre el cónyuge viudo (además de la posible vulnerabilidad económica y la muy probable vulnerabilidad primaria atendiendo a su avanzada edad) y que se ha definido como la vulnerabilidad proveniente del ordenamiento jurídico a causa de algunas de sus disposiciones que generan desequilibrios o introducen medidas que propician un trato desigual y discriminatorio generando lo que la doctrina[70] da en llamar el vulnerable *vulnerado,* esto es, que las personas vulnerables lo son a causa de la ausencia de medidas correctoras o de tipo preventivo del Estado que palíen su situación desfavorable teniendo en cuenta que en ellas ya concurre algún tipo de vulnerabilidad, como la biológica (v. gr. personas enfermas o de edad avanzada), pues en no pocos casos, la vulnerabilidad la ocasiona precisamente la vulneración de normas básicas de derechos humanos. Por ello, en ocasiones (excesivamente numerosas como el caso analizado), a la vulnerabilidad biológica,

---

70 *Vid,* en tal sentido, Uribe Arzate, E. y González Chávez, M. L.: "La protección jurídica de las personas vulnerables". *Revista de Derecho,* Universidad del Norte, 2007, núm. 27, p. 210.

social y económica se agrega esta otra categoría, la vulnerabilidad jurídica, que proviene de las deficiencias legislativas de los ordenamientos jurídicos vigentes en los Estados; pero también cuando esas disposiciones jurídicas no previenen, mitigan o erradican las causas que propician los diferentes tipos de vulnerabilidad. De ahí la necesidad de elaborar normas específicas de protección de los colectivos y/o personas en situación de vulnerabilidad con la finalidad de evitar la existencia de personas vulnerables *vulneradas*[71].

Asimismo, en relación con los derechos sucesorios legítimos del cónyuge viudo debemos detenernos en la atribución del uso de la vivienda familiar que se establece *ope legis* en el art. 822 CC.

IV. LA PROTECCIÓN MORTIS CAUSA DEL INTERÉS HABITACIONAL DEL CÓNYUGE VIUDO

La protección del interés habitacional de los miembros de la familia requiere de una regulación tendente a la protección del citado interés en favor de todos sus miembros pero especialmente del cónyuge supérstite que enviuda a una avanzada edad[72]. Innegablemente, el derecho de acceso a la vivienda de las personas con discapacidad ha constituido una preocupa-

---

71 *Vid.* al respecto, Estellés Peralta, P. M.: "El concepto de vulnerabilidad: análisis legal y constitucional", en *Vivienda y colectivos vulnerables* (dir. por M. D. Cervilla Garzón e I. Zurita Martín), Thomson Reuters, Aranzadi, Navarra, 2022, pp. 163-190, en p. 168.

72 Recuérdese que, de acuerdo con los datos proporcionados por el INE, en 2022 el número de personas viudas mayores de 70 años asciende a 2.666.07, cifra que asciende a 2.026.040 sólo en los tres primeros trimestres de 2023 y de las cuales el 80% son mujeres. Disponible en https://www.ine.es/jaxiT3/Datos.htm?t=4031 (Consulta 20/08/2024).

ción constante para el legislador regulando su protección en leyes como la Ley 29/1994, de Arrendamientos Urbanos (en adelante LAU) que concede al cónyuge viudo, ascendientes o descendientes del causante que sufran una discapacidad, (art. 16.2 LAU) el derecho a subrogarse en el contrato con preferencia a otros parientes y la Ley 12/2023, por el derecho a la vivienda pretende reconocer en su art. 14 las situaciones de las personas vulnerables y con discapacidad. A su vez, la Ley 8/2021 mejoró la situación de los hijos mayores con discapacidad, equiparándolos a los hijos menores, en la atribución del uso de la vivienda familiar en los supuestos de crisis familiar (art. 96 CC).

Así pues, si bien la vivienda familiar es objeto de una regulación especial en nuestro ordenamiento jurídico con el fin de proteger los intereses habitacionales de los miembros más vulnerables en situaciones de crisis familiar[73], el legislador ha resuelto en gran parte la problemática sobre la permanencia de los descendientes con discapacidad en la vivienda que compartían con el causante, tras su fallecimiento, evitando un cambio de residencia y un posible daño moral añadido al de la muerte del causante[74]. Además de permitirle constituir un derecho de habitación sobre la misma, voluntario e incluso por ministerio de la ley, suprime un grave obstáculo, cual es la intangibilidad de la legítima, al permitir que su valor no se compute en el cálculo de las legítimas[75]. Estas medidas, sin duda, también bene-

---

73 *Vid.* al efecto, Estellés Peralta, P. M.: "La atribución del uso de la vivienda familiar en las crisis de pareja: análisis legal y jurisprudencial del art. 96.1 CC y propuestas de *lege ferenda*". *Actualidad Jurídica Iberoamericana*, 2023, núm. 19, pp. 200-259.

74 Barba, V.: "Capacidad para otorgar testamento, legitimarios y protección de la persona con discapacidad", *La Ley Derecho de Familia*, 2021, núm. 31, pp. 34-69.

75 *Vid.* en el mismo sentido, Martos Calabrús, M. A.: "Constitución del derecho de habitación del legitimario discapacitado", en *Vivienda y colectivos vulnerables* (dir. por M. D. Cervilla Garzón e I. Zurita Mar-

fician al cónyuge viudo si al fallecimiento del causante estuviere afectado de una discapacidad aunque en algunas ocasiones no favorecen propiamente su situación.

Además, debemos tener en cuenta que las condiciones de vida materiales requieren contar con una vivienda que reúna las condiciones mínimas de habitabilidad, que sea económicamente asequible y esté situada en un entorno seguro. Todos estos requisitos constituyen elementos básicos para cubrir las necesidades de calidad de vida y bienestar de las personas y las familias. En 2022, en relación con el tipo de hogar, los porcentajes significativamente más altos de la población española que vivía en hogares cuya vivienda presentaba falta de espacio[76], correspondieron al hogar formado por dos o más adultos con hijos dependientes (9,9%) y al grupo de adulto solo con hijos dependientes (8,6%)[77].

---

tín), Thomson Reuters, Aranzadi, Navarra, 2022, pp. 297-327, en p. 298.

76 De acuerdo con la información facilitada por el INE, para considerar una vivienda sobreocupada o con falta espacio se tiene en cuenta el número mínimo de habitaciones que serían necesarias en el hogar, calculado según el siguiente criterio: una habitación para el hogar en su conjunto, una habitación por pareja que forma parte del hogar, una habitación para cada persona sola de 18 y más años, una habitación para dos personas del mismo sexo con edades comprendidas entre 12 y 17 años de edad, una habitación para una persona sola con edad comprendida entre 12 y 17 años no incluida en la categoría anterior y una habitación por pareja de niños menores de 12 años. Disponible en https://www.ine.es/ss/Satellite?L=es_ES&c=INESeccion_C&cid=1259949001153&p=1254735110672&pagename=ProductosYServicios%2FPYSLayout¶m1=PYSDetalleFichaIndicador¶m3=1259937499084, (Consultado 21/02/2024).

77 Últimos datos facilitados por el INE para el año 2022. Disponible en https://www.ine.es/ss/Satellite?L=es_ES&c=INESeccion_C&cid=1259949001153&p=1254735110672&pagename=ProductosYServicios%2FPYSLayout¶m1=PYSDetalleFichaIndicador¶m3=1259937499084, (Consultado 21/02/2024).

1. *Posibles soluciones sobre la vivienda familiar en la sucesión mortis causa*

Llegado el caso del fallecimiento de uno de los cónyuges, se plantean distintas vicisitudes y soluciones condicionadas por título de la vivienda familiar. Es decir, si pertenecía a uno de los cónyuges, sea al premuerto, al supérstite o a ambos, teniendo en cuenta su régimen económico matrimonial o si la disfrutaban en régimen de arrendamiento y con independencia de si padece, al tiempo del fallecimiento del testador, una posible discapacidad.

1.1. Atribución del usufructo de la vivienda familiar al cónyuge supérstite

Así pues, se puede plantear la atribución testamentaria del usufructo universal sobre la vivienda habitual a favor del cónyuge sobreviviente de la pareja conyugal. Ello podrá hacerse a través de la denominada cláusula de opción compensatoria de la legítima o cautela socini ya analizada anteriormente. Se trata de una medida muy conveniente para el cónyuge supérstite pero que plantea un inconveniente: depende la voluntad de su consorte premuerto. Por medio de la misma se constituye un usufructo universal vitalicio sobre la herencia del difunto que incluirá la vivienda familiar (si ésta es propiedad del cónyuge testador, bien porque le pertenece privativamente ya sea en régimen de gananciales como si es privativa en régimen de separación de bienes o de participación en las ganancias ya sea porque en la liquidación del régimen económico se ha asignado al cónyuge difunto). La cautela socini es sin duda, un gran mecanismo de protección del cónyuge sobreviviente que permite mantenerlo en la vivienda familiar con carácter vitalicio[78]. Mediante esta fórmula, que puede ser mejorada notarialmente, se va a facilitar el disfrute de la totalidad de la misma en favor del cónyuge viudo, si en la liquidación del régimen económico matrimonial no pudo asignarse en su totalidad al patrimonio del supérstite (art. 1406.4 CC) o si la misma pertenecía en propiedad al cónyuge premuerto o ambos ostentaban su titularidad en régimen de comunidad[79].

1.2. Atribución del uso de la vivienda familiar en favor del cónyuge viudo con discapacidad

El reformado art. 822.1 CC permite al testador constituir un derecho de habitación sobre la vivienda habitual/familiar del causante, en favor de un legitimario (ya sea ascendiente, descendiente y/o cónyuge) con discapacidad. En estos casos se admiten varias fórmulas: la constitución voluntaria del derecho por donación (inter vivos) o mediante legado (mortis causa) o, en su defecto, por ministerio de la ley.

Conviene destacar que el valor de este derecho de habitación sea donado o legado o por ministerio de la ley, "no se computará para el cálculo de las legítimas" si el legitimario estuviere conviviendo en la vivienda con el causante al tiempo de su fallecimiento, lo que conlleva a que no se compute en el *relictum* o el *donatum* (art. 818 CC) reduciendo, así, la legítima de los demás legitimarios; ni se imputa su valor a la cuota legitimaria del beneficiado[80]. Por consiguiente, se establece una

---

78 Mingorance Gosálvez, C.: "La sucesión", cit., p. 617.

79 Esta problemática no es infrecuente entre los esposos casados en régimen de separación de bienes pero que adquieren su vivienda familiar en condominio, ya sea por mitades indivisas (art. 1441 CC), ya sea en proporción a sus respectivas aportaciones.

80 Martos Calabrús, M. A.: "Constitución del", cit., p. 306, señala que este beneficio tiene como resultado un incremento del valor de la cuota de herencia del legitimario con discapacidad beneficiado con

nueva medida que atenta a la supuesta intangibilidad de la legítima (ya excepcionada por el art. 808 CC, entre otros) sobre un bien como es la vivienda habitual del causante, que quizás constituya el bien más importante de todo el patrimonio del causante y que por esta medida va a quedar gravada con un derecho de habitación vitalicio (de mayor o menor duración -y valor-, según los casos)[81].

En torno a esta cuestión, conviene detenerse en las necesidades habitacionales del cónyuge viudo que hasta el fallecimiento del premuerto compartía con éste la vivienda familiar y conyugal. Es innegable que la Ley 8/2021, pretendió mejorar la situación del legitimario con discapacidad, al reformar el art. 822 CC y crear esta posibilidad jurídica que permite que un legitimario del testador con discapacidad ejerza un derecho en el uso de la vivienda familiar[82] pero que puede plantear algunas situaciones problemáticas[83] si concurren diversos beneficiarios todos ellos legitimarios. Será el caso de cuando se benefician en el uso de la vivienda familiar el cónyuge viudo y los descendientes (comunes o no) o el cónyuge viudo con los ascendientes del causante, dando lugar a situaciones incómodas para el cónyuge viudo, en algunos de estos supuestos. Porque no es lo mismo convivir temporalmente en la vivienda fa-

---

la medida, al añadirse a lo recibido por legítima, el valor de ese derecho de habitación (arts. 819, 825 y 828 CC). A su vez, quedan liberados de la obligación de colacionar del art. 1035 CC.

81 Obviamente, la medida, que me parece muy interesante, provoca indudablemente la quiebra de otro principio, el de igualdad de los legitimarios. En el mismo sentido, Martos Calabrús, M. A.: "Constitución del", cit., en p. 306.

82 Estellés Peralta, P. M.: "La familia española", cit., p. 240.

83 *Vid.*, De Amunátegui Rodríguez, C.: "Aspectos controvertidos del legado de habitación previsto por el artículo 822 del Código civil", en *Estudios de Derecho de Sucesiones. Liber Amicorum T.F. Torres García* (dir. por A. Dominguez Luelmo y M. P. García Rubio), La Ley, Wolters Kluwer, 2014, 143-164, en p. 143.

miliar, a petición del cónyuge premuerto, con sus ascendientes o descendientes no comunes, y como algo temporal, a que esta situación se perpetúe por adquirir este legitimario un derecho real sobre la vivienda conyugal. Y, máxime, si se constituye *ope legis.*

Porque debemos relacionar este precepto con lo establecido en los arts. 1406[84] y 1407[85] CC que establecen para aquellos casados en sociedad de gananciales, la atribución preferente de la vivienda al cónyuge viudo -no necesariamente con discapacidad-, en propiedad y de no ser posible, un derecho de uso o habitación sobre la vivienda habitual. Ello puede provocar situaciones de convivencia de hijos sólo del causante con discapacidad y el cónyuge viudo con el que pueden o no mantener una relación más o menos cordial; o bien la convivencia del viudo con sus suegros mientras lo necesiten (aunque no acaben de congeniar).

Así pues, la mencionada reforma del art. 822 CC introduce un nuevo derecho de habitación en favor del legitimario con discapacidad[86], pero al mismo tiempo, con esta norma se debilita la posición del cónyuge viudo que tal vez sufra, asimismo,

---

84 El art. 1406 CC establece que: "Cada cónyuge tendrá derecho a que se incluyan con preferencia en su haber, hasta donde éste alcance: ... 4°. En caso de muerte del otro cónyuge, la vivienda donde tuviese la residencia habitual".

85 El art. 1407: "En los casos de los números 3 y 4 del artículo anterior podrá el cónyuge pedir, a su elección, que se le atribuyan los bienes en propiedad o que se constituya sobre ellos a su favor un derecho de uso o habitación. Si el valor de los bienes o el derecho superara al del haber del cónyuge adjudicatario, deberá éste abonar la diferencia en dinero".

86 Como pone de manifiesto Martos Calabrús, M. A.: "Constitución del", cit., en p. 298, el derecho a la vivienda de las personas con discapacidad ha sido una preocupación constante del legislador que se manifestó ya desde la Ley 29/1994 de Arrendamientos Urbanos, de la Ley de Propiedad Horizontal e incluso del Código Civil con

alguna discapacidad[87] y ello si atendemos, además a que la vivienda habitual representa sin duda el valor más significativo de la gran mayoría de patrimonios hereditarios que se generan en la sociedad actual[88].

3. *La sucesión en el arrendamiento de la vivienda familiar*

En el caso de que la vivienda familiar se encuentre en régimen de arrendamiento por el causante, la Ley 29/1994, de Arrendamientos Urbanos concede al cónyuge viudo el derecho a subrogarse en el contrato con preferencia a otros parientes y la Ley 12/2023, de 24 de mayo, por el derecho a la vivienda, pretende reconocer en su art. 14 las situaciones de las personas vulnerables y con discapacidad, situación en la que pueden encontrarse muchos viudos/as actualmente como ya hemos analizado.

Así pues, fallecido el arrendatario, el art. 16 LAU contempla los supuestos de subrogación que pueden darse en el arrendamiento cuando éste fallece antes de la finalización del plazo de duración del contrato, entre los que se encuentra, en primer lugar, el cónyuge viudo que conviviera en la vivienda con el

---

la nueva redacción dada al art. 96 en favor de los hijos mayores con discapacidad.

87 Además de restringir el derecho de los posibles legitimarios con discapacidad a elegir su lugar de residencia de forma libre e independiente y acorde con el art. 19 de la Convención de derechos sobre las personas con discapacidad (CDPD), según De Amunátegui Rodríguez, C.: "Se da una nueva redacción a los párrafos primero y segundo del artículo 822 CC", en *Comentarios a la Ley 8/2021 por la que se reforma la legislación civil y procesal en materia de discapacidad*, 3, (dir. por C. Guilarte Martín-Calero), Thomson Reuters Aranzadi, Navarra, 2021, pp. 953-958, en p. 955.

88 Pérez Escolar, M.: "Sucesión intestada", cit., p. 1657.

premuerto. En todo caso, y de acuerdo con el art. 16.4 LAU, no podrá pactarse una renuncia al derecho de subrogación en caso de que las personas que puedan ejercitar tal derecho en caso de muerte del arrendatario, se encuentren en situación de especial vulnerabilidad o afecte a menores de edad, personas con discapacidad o personas mayores de 65 años.

4. *Otras propuestas y soluciones habitacionales mortis causa en favor del cónyuge viudo con discapacidad*

Existen otras opciones a disposición del testador para mejorar la suerte habitacional del cónyuge viudo tras el óbito de aquel, como disponer en su favor de un legado de cosa específica sobre la vivienda regulado en los arts. 882 y 883 CC o un legado de usufructo o derecho de habitación sobre la vivienda familiar que se contempla en los arts. 467 y 524 CC. No obstante, la intangibilidad de la legítima juega a favor de los hijos y descendientes que concurran con el cónyuge viudo[89] y hace difícil encontrar una solución más satisfactoria y sencilla que la que otorga la plena libertad de testar.

---

89 *Vid.* al respecto, Martos Calabrús, M. A.: "Constitución del", cit., en p. 299.

Capítulo 5

La capacidad en materia sucesoria

I. LA CAPACIDAD EN MATERIA SUCESORIA

Como ya analizamos en los capítulos precedentes, el art. 12.5 de la Convención establece que "los Estados Partes tomarán todas las medidas que sean pertinentes y efectivas para garantizar el derecho de las personas con discapacidad, en igualdad de condiciones con las demás, a ser propietarias y heredar bienes, controlar sus propios asuntos económicos…", entre otros, de acuerdo con su voluntad y preferencias[1]. Asimismo, el Preámbulo de la mencionada Ley 8/2021, señala que "particularmente afectadas van a resultar algunas reglas relativas al Derecho de sucesiones y al Derecho de contratos, cuestiones estas en las que la capacidad de ejercicio de los derechos implica la posibilidad de realizar actos jurídicos de gran transcendencia, cuya celebración, validez y eficacia debe ser tratada de conformidad con la nueva perspectiva". Así las cosas, en opinión de Guilarte[2], el art. 12 de la Convención alerta contra aquellos sistemas que excluyen a las personas con discapacidad de la toma de decisiones sobre las cuestiones que les afecten, también en materia sucesoria.

1. *El desigual concepto de discapacidad en materia sucesoria*

Al principio de esta obra ya analizamos el concepto de persona con discapacidad y las cuestiones relativas a la voluntad

---

1 Así lo proclama el Preámbulo de la Ley 8/2021 cuando señala: "Se impone así el cambio de un sistema como el hasta ahora vigente en nuestro ordenamiento jurídico, en el que predomina la sustitución en la toma de las decisiones que afectan a las personas con discapacidad, por otro basado en el respeto a la voluntad y las preferencias de la persona quien, como regla general, será la encargada de tomar sus propias decisiones" o "La reforma que el artículo segundo introduce en el Código Civil es la más extensa y de mayor calado, pues sienta las bases del nuevo sistema basado en el respeto a la voluntad y las preferencias de la persona con discapacidad, el cual informa toda la norma y se extrapola a través de las demás modificaciones legales al resto de la legislación civil y la procesal", etc.

2 Guilarte Martín-Calero, C.: El derecho a la vida familiar de las personas con discapacidad, Reus, Madrid, 2019, pp. 14 y 15.

que cobran especial importancia en materia sucesoria. Sin embargo, el concepto de discapacidad que utiliza el legislador a lo largo de los preceptos que regulan la materia sucesoria, es desigual, inconstante y variable[3]. Así, en algunos preceptos del articulado del Código Civil que regulan el Derecho de sucesiones, encontramos que se hace referencia a dificultades cognitivas o intelectuales, cuando la persona "no puede conformar o expresar su voluntad ni aun con ayuda de medios o apoyos para ello" (art. 663 CC) o cuando no "pueda comprender y manifestar el alcance de sus disposiciones" (art. 665 CC) o "afectado por alteraciones graves en su salud mental" (art. 742 CC) o si testa "antes de la enajenación mental" (art. 664 CC). En estos casos, no se hace referencia a porcentajes de discapacidad.

En otros preceptos se observa que el Código Civil atiende a determinadas discapacidades auditivas, visuales, la sordomudez o la dificultad para expresarse verbalmente, como las que se regulan en los arts. 695, 708 o 709 CC. Pero en otra parte del articulado encontramos que el legislador atiende al concepto regulado en la Ley 41/2003, de 18 noviembre, de protección patrimonial de las personas con discapacidad (en adelante Ley 41/2003), recientemente modificada por la Ley 8/2021, que regula en su art. 2, la discapacidad psíquica superior al 33% o la física o sensorial superior al 65% determinada en la correspondiente resolución administrativa que determine los porcentajes de discapacidad y las situaciones de depen-

---

3 Como el que utiliza en otras normas de nuestro ordenamiento jurídico, como el concepto de discapacidad que nos ofrece el art. 2 del RD 1/2013, de 29 de noviembre, por el que se aprueba el Texto Refundido de la Ley General de las personas con discapacidad y su inclusión social, es muy amplio. Señala el precepto que la discapacidad "es una situación que resulta de la interacción entre las personas con deficiencias previsiblemente permanentes y cualquier tipo de barreras que limiten o impidan su participación plena y efectiva en la sociedad, en igualdad de condiciones con las demás".

dencia grado II y III de acuerdo con la Ley 39/2006, de 14 de diciembre de promoción de la autonomía personal y atención a las personas en situación de dependencia[4], como en los arts. 756.7, 782, 808, 822 y 1041 CC. A este respecto, la doctrina más autoriza, señala que la inclusión de situaciones de dependencia no resulta nada apropiada ni conveniente pues la introducción de nuevas categorías exclusivamente administrativas puede provocar situaciones de desigualdad en la protección de los derechos de las personas con discapacidad y, todo ello, pese a que en el Preámbulo de la Ley 8/2021 se afirma que la discapacidad no puede depender de una resolución administrativa, cuando precisamente el legislador incluye esta categoría en numerosos preceptos[5].

En cualquier caso, se deben destacar, por un lado, los distintos conceptos de discapacidad que se contienen en los diferentes preceptos que regulan la materia sucesoria y que afectan

---

4 La Disposición Adicional Cuarta CC señala: "La referencia a la discapacidad que se realiza en los artículos 96, 756 número 7.º, 782, 808, 822 y 1041, se entenderá hecha al concepto definido en la Ley 41/2003, de 18 de noviembre, de protección patrimonial de las personas con discapacidad y de modificación del Código Civil, de la Ley de Enjuiciamiento Civil y de la Normativa Tributaria con esta finalidad, y a las personas que están en situación de dependencia de grado II o III de acuerdo con la Ley 39/2006, de 14 de diciembre, de Promoción de la Autonomía Personal y Atención a las personas en situación de dependencia.

A los efectos de los demás preceptos de este Código, salvo que otra cosa resulte de la dicción del artículo de que se trate, toda referencia a la discapacidad habrá de ser entendida a aquella que haga precisa la provisión de medidas de apoyo para el ejercicio de la capacidad jurídica".

5 De Amunátegui Rodríguez, C.: De Amunátegui Rodríguez, C.: "Comentario al art. 663 CC", en *Comentarios a la Ley 8/2021 por la que se reforma la legislación civil y procesal en materia de discapacidad,* (dir. por C. Guilarte Martín-Calero), Thomson Reuters Aranzadi, Cizur Menor, 2021, pp. 879-887, en p. 883.

a las personas con discapacidad y como pone de manifiesto De Amunátegui[6], la deficiente adaptación de las normas sucesorias a las premisas de la Convención de 2006 que, por otra parte, inspiraron la reforma por la Ley 8/2021. Asimismo, se observa una cierta falta de ajuste entre las nuevas normas reformadas y las anteriores, algunas incongruencias a las que ya nos tiene acostumbrados el legislador.

En este sentido, si bien se puede afirmar que la regulación de las medidas de apoyo se ha llevado a cabo en su integridad en materia sucesoria, la reforma ha sido insuficiente e insatisfactoria pues tan sólo se han reformado algunos preceptos aislados que no acaban de cumplir con las expectativas de la Convención (especialmente los arts. 753, 782, 808 y 822 CC) y que por si fuera poco deben cohonestarse con algunos redactados nada menos que en 1889[7]. Sin embargo, en el apartado IV del Preámbulo de la Ley 8/2021 se señala que:

> "Particularmente afectadas van a resultar algunas reglas relativas al Derecho de sucesiones y al Derecho de contratos, cuestiones estas en las que la capacidad de ejercicio de los derechos implica la posibilidad de realizar actos jurídicos de gran transcendencia, cuya celebración, validez y eficacia debe ser tratada de conformidad con la nueva perspectiva".

Pese a tal afirmación debemos comentar que no se ha alcanzado plenamente dicho objetivo dado que la reforma es parcial, tan sólo de algunos preceptos y se queda "muy corta" en lo que a protección y mejora de las personas con discapacidad se refiere. Y, por otra parte, la reforma supone un daño tremendo en la línea de flotación de uno de los principios fundamenta-

---

6 De Amunátegui Rodríguez, C.: "El artículo 663 CC", cit., en p. 879.

7 *Vid.* asimismo, en este sentido, De Amunátegui Rodríguez, C.: "Comentario al art. 663 CC", cit., p. 880.

les del derecho sucesorio como son las legítimas mediante la reforma del art. 808 CC, entre otras cuestiones.

Por otra parte, en el ámbito de la terminología empleada y mantenida (pese a la reforma por la Ley 8/2021) se observa que aquellos preceptos no modificados por la reforma y que siguen siendo plenamente aplicables, plantean algunas dificultades en relación con su redacción si atendemos al nuevo paradigma de la discapacidad. Ante ello, conviene hacer una crítica a la incomprensible subsistencia de ciertos vocablos mal alineados con la Convención, como los que se contemplan en el art. 664 CC que no ha sido reformado y que establece la validez del testamento otorgado antes de "la enajenación mental". O al sinsentido de algunos preceptos tal y como han quedado redactados, como los arts. 663 y 665 CC por poner un ejemplo[8].

Con todo, en el ámbito sucesorio, cobra especial importancia la voluntad, verdadera columna vertebral de esta cuestión, y la posibilidad o imposibilidad de conformarla por una parte, o de expresarla por otra, aun con apoyos ya sean voluntarios o judiciales. Y en esta cuestión se debe proteger la igualdad de todas las personas, sin discriminación alguna, pero protegiendo sus derechos para que puedan conformar su voluntad

8 Como pone de manifiesto De Amunátegui Rodríguez, C.: "Comentario al art. 663 CC", cit., p. 880, para quien este tipo de dificultades comenzó con la modificación de 2003 que ya condenó al fracaso muchas novedades introducidas en el Código Civil por sus problemas de entendimiento que probablemente se reproduzcan en las medidas introducidas por esta ley (Ley 8/2021). Para la autora, existe una inercia en proteger económicamente a las personas con discapacidad con la grave consecuencia, contraria a la Convención, de la postergación de los aspectos personales y el protagonismo del sujeto "protegido". Asimismo, Diaz Alabart, S.: "Derecho de sucesiones y discapacidad", en *El nuevo sistema de apoyo a las personas con discapacidad y su incidencia en el ejercicio de su capacidad jurídica* (coord. por N. Álvarez Lata), Thomson Reuters Aranzadi, Cizur Menor, 2022, pp. 191-238 en p. 212.

y expresarla, también en materia sucesoria, como no podía ser de otra manera.

II. LA CAPACIDAD PARA TESTAR

Y ello cobra especial relevancia en lo referente a la capacidad de testar de las personas con discapacidad para "controlar sus propios asuntos económicos"[9] que, entre otros, comprenden el destino de sus bienes para después de su muerte, de acuerdo con su voluntad y preferencias.

Muchos preceptos relativos a la capacidad de testar y a la forma de otorgar testamento han sido objeto de alguna modificación por la Ley 8/2021 como los arts. 663, 665, 695, 697, 708, 709, 742, 753 y 782 CC. No todos con gran fortuna y coherencia[10].

En todo caso, la reforma por la Ley 8/2021 está planteada fundamentalmente para las personas con discapacidad cognitiva o intelectual y con ciertas discapacidades sensoriales, a las que la regulación anterior de los arts. 708 y 709 CC, les imponía ciertas restricciones atentatorias a su igualdad con los de-

---

9 Según regula el art. 12.5 Convención.

10 En opinión de De Amunátegui Rodríguez, C.: "Tratamiento de la discapacidad en la regulación de la sucesión en el Código Civil", en *Dolencias del Derecho civil de sucesiones. 130 años después de la aprobación del Código Civil* (dir. por P. M. Estellés Peralta), Tirant lo Blanch, Valencia, 2022, pp. 411-469, concretamente en p. 446, la redacción definitiva ha empeorado notablemente respecto de la que se contenía en el Proyecto, pues por una parte, parece prescindir de la tradicional expresión como regla general de presunción de capacidad para pasar a mencionar inadecuadamente, el término apoyos, lo que inmediatamente se relaciona con discapacidad, cuando la coherencia y cumplimiento de los principios de la Convención obliga a prescindir de tales reglas restrictivas.

más testadores, y que resultaban discriminatorias si atendemos al espíritu y finalidad de la Convención.

En este sentido, en la Sección Primera del Capítulo Primero. De los Testamentos, del Título III. De las sucesiones, del Código Civil, pese a la reforma por la Ley 8/2021, sigue denominándose "De la capacidad para disponer por testamento" y ello es razonable porque el legislador exige un cierto grado de entendimiento y voluntad a la hora de conformar válidamente y con eficacia "las últimas voluntades" del sujeto[11]. En consecuencia, el art. 662 CC que principia el Capítulo y la Sección que estamos analizando, establece una regla general en relación a la capacidad para testar o testamentifacción activa (podrán testar todos), y en consecuencia, contempla la existencia de posibles excepciones (aquellos a quienes la ley lo prohíbe expresamente) basadas en la concurrencia en el testador de circunstancias (posiblemente físicas pero especialmente psíquicas) que se presuponen, en el caso de los menores de catorce años, o que implican que la persona carece de la voluntad o consciencia necesarias, del suficiente discernimiento, para disponer voluntariamente, de acuerdo con sus deseos y preferencias, de su patrimonio para después de su muerte[12].

---

[11] No es únicamente el art. 662 CC el que se refiere a la cuestión de la capacidad sino que encontramos referencia a la misma en los arts. 664, 666 y 685 CC.

[12] La STS 4 octubre 2007 (*Tol 1156485*), en referencia a la expresión del art. 663 CC anterior a la reforma de no encontrarse el testador en "su cabal juicio", no significaba que el sujeto padeciera una enfermedad mental prolongada en el tiempo sino que también abarcaba cualquier causa de alteración psíquica que impidiera la facultad de determinarse con discernimiento y espontaneidad, privando al testador del indispensable conocimiento para la correcta comprensión de sus actos y de la capacidad de entender y querer el alcance y significado del acto que se pretende realizar, testar.

Con anterioridad a la reforma por la Ley 8/2021 y atendiendo a los postulados de la Convención, la STS 15 marzo 2018 [13] ya se señaló que:

> "la finalidad de las normas que regulan la capacidad para otorgar testamento es garantizar la suficiencia mental del testador respecto del propio acto de testar. En consecuencia, con independencia de cuál sea la causa de la discapacidad que da lugar a la modificación de la capacidad de obrar, y con independencia de que la enfermedad se mantenga estable o evolucione, de manera que la persona recupere sus facultades, el art. 665 CC ofrece un cauce para que la persona con la capacidad modificada judicialmente pueda ejercer la facultad de testar".

Esta sentencia se basa, para ello, en el principio de presunción de capacidad, que ya resultaba de nuestro ordenamiento y que ha quedado reforzado por la Convención sobre los Derechos de las Personas con Discapacidad, y que implica que no es posible fundamentar la falta de capacidad para testar ni por analogía ni por interpretación extensiva de otra incapacidad. Y en tal sentido señala que:

> "De manera específica para el testamento, el art. 662 CC establece que pueden testar todos aquellos a quienes la ley no lo prohíbe «expresamente». De esta manera se consagra legalmente el principio de que la capacidad para testar es la regla general y la incapacidad la excepción. En consecuencia, no cabe basar la falta de capacidad para testar ni por analogía ni por interpretación extensiva de otra incapacidad".

A lo que añade que:

> "Atendiendo a su diferente naturaleza y caracteres, la disposición de bienes mortis causa no puede equipararse a

---

13 STS 15 marzo 2018 (*Tol 6548076*). Igualmente, la STS 16 mayo 2017 (*Tol 6113490*).

> los actos de disposición inter vivos y existe una regulación específica para el otorgamiento de testamento por las personas con discapacidad mental o intelectual".

A su vez, las incapacidades o impedimentos para testar que hoy por hoy sigue regulando el precepto son de alcance general, se aplican a todos los tipos de testamento aunque a su vez, el legislador introdujera ciertas condiciones de capacidad adicionales para otorgar ciertas formas de testamento (v. gr. los contemplados en los arts. 688 y 708 CC)[14].

Actualmente la capacidad para testar se ha transformado en un derecho de carácter privado que concierne a la persona y que tiene carácter personalísimo, pero históricamente[15] se configuraba como una cuestión de iuris publici. En atención a esta naturaleza personalísima se impide su realización por terceros (art. 670 CC), esto es, por representantes ya sean voluntarios o legales. De todo ello se deriva que el incapaz para testar muere intestado pese a la sustitución pupilar y la extinta ejemplar en las que el sustituto tan solo recibe los bienes que el ascendiente haya dejado al sustituido[16]. En todo caso, de la regla del art. 662 CC -precepto no reformado- se deduce que la capacidad para testar es la regla general, que se presume siempre, y que la incapacidad es la excepción y que por ello

---

14 En el mismo sentido y aplicable a la nueva regulación, ya lo planteaba así Puig Ferriol, L.: "Comentario al art. 662 CC", en *Comentario del Código Civil* (dir. por C. Paz Ares, L. Diez Picazo, et al.), Tomo I, Ministerio de Justicia, 2011, pp. 1668 y ss., en p. 1668.

15 En la Roma clásica únicamente disponían de testamentifactio activa los que gozaban de plena capacidad jurídica y de obrar, lo que era un atributo de los ciudadanos romanos libres por lo que quedaban excluidos los esclavos. Además, se exigía que el testador estuviere en su sano juicio al hacer testamento con independencia de su salud física, según el Digesto 28.1.2, 28.1.4 y 28.1.6.

16 En igual sentido, Puig Ferriol, L.: "Comentario al art. 662 CC", cit., p. 1669.

debe ser acreditada de modo evidente e incontestable como ya exigía alguna jurisprudencia antigua y alguna otra más reciente. Destaca en este sentido la SAP Madrid 13 mayo 2024[17] que entiende que:

> "La aplicación del derecho realizada por el juzgador de primera instancia en la sentencia recurrida y atendiendo a que en relación con la capacidad del testador es un principio general indiscutido, en cuanto recogido en el Código civil y la jurisprudencia, el que la capacidad de las personas se presume siempre, mientras que su incapacidad, en cuanto excepción, debe ser probada de modo evidente y completo, máxime en un supuesto de testamento abierto, como es el litigioso, en el que el notario viene obligado por ley a asegurarse de que tiene el testador la capacidad legal necesaria para testar y la aseveración notarial acerca de la capacidad del testador adquiere especial relevancia de certidumbre y por ella es preciso pasar, mientras no se demuestre cumplidamente en vía judicial su incapacidad, destruyendo la enérgica presunción iuris tantum que revela el acto del otorgamiento, en el que se ha llenado el requisito de depurar la capacidad del testador a través de la apreciación subjetiva que de ella haya formado el notario, así como que la falta de capacidad del testador por causa de enfermedad mental ha de referirse forzosamente al preciso momento de hacer la declaración testamentaria y acreditarse por quien pretende su nulidad, procede la desestimación de los motivos principales del recurso de apelación".

Por su parte la STS 26 octubre 2022[18] destaca que se debe aportar una prueba:

---

17 SAP Madrid 13 mayo 2024 (*Tol 10136415*).

18 STS 26 octubre 2022 (*Tol 9274725*). En el mismo sentido STS 15 diciembre 2021 (*Tol 8707495*). *Vid.* asimismo, SAP Madrid 23 mayo 2024 (*Tol 10149281*).

"determinante que sirva para acreditar la falta de entendimiento del testador en el momento de otorgar el testamento y rige, por tanto, la presunción de capacidad".

No obstante, el art. 663 CC viene a establecer dos claras prohibiciones para testar: a los menores de 14 años con independencia de su madurez y a aquellos que en el momento de testar no puedan conformar o expresar su voluntad ni con ayuda de medios o apoyos. En opinión de De Amunátegui[19], el precepto chirría con los principios de la Convención pues se centra, amén de los menores de 14 años, en las personas con discapacidad mayores de 14 años (art. 663.2 CC) saliendo de la regla general, y por tanto, infringiendo el principio de igualdad. No obstante, para Díaz Alabart[20] el art. 663 no contempla únicamente a las personas con discapacidad sino que puede afectar a personas que por otras razones muy distintas, como la intoxicación por fármacos o estupefacientes, no estén en condiciones (las exigidas por el legislador) de otorgar válidamente su voluntad testamentaria. Por ello, me parece que la redacción del precepto anterior a la reforma, para ser acorde a la Convención, hubiera necesitado de otro enfoque modificando la letra del precepto que rezaba que no estaba capacitado para testar "el que habitual o accidentalmente no se hallare en su cabal juicio" por "el que habitual o accidentalmente no pueda

---

19 De Amunátegui Rodríguez, C.: "El artículo 663 CC", cit., p. 886. Para la autora, la letra del precepto cuando afirma que "no pueda conformar o expresar su voluntad ni aun con ayuda de medios o apoyos para ello" es muy desafortunada y no comparte "el aparente alejamiento en la materia de las aptitudes y situaciones intelectuales para utilizar un concepto equívoco, con el peligro de que puedan incluirse en esta restricción personas que tengan limitaciones de facultades que no afecten a lo que son las conocidas como aptitudes de discernimiento o entendimiento, pero que puedan asociarse al término 'expresar'; de no ser así, lo adecuado habría sido sustituir la conjunción 'o' por la de 'y'.

20 Diaz Alabart, S.: "Derecho de sucesiones", cit., p. 193.

conformar su voluntad" para evidenciar que no puede testar la persona, cualquiera, que no pueda conformar su voluntad habitual o accidentalmente en el momento de testar[21].

La SAP Santander 23 septiembre 2021[22], resolviendo un recurso de apelación contra la Sentencia del JPI de Santander 2 diciembre 2020, anterior a la entrada en vigor de la Ley 8/2021, que había declarado la discapacidad plena del demandado para regir su persona y bienes y "para otorgar testamento" y aplicando al caso la Disposición Transitoria Sexta de la Ley 8/2021[23], señala que:

> "La decisión judicial, en cualquier caso, no debe incluir la mera privación de derechos, como una consecuencia directa de la discapacidad, sin perjuicio de las limitaciones que puedan ocasionar la o las medidas de apoyo acordadas. La Disposición transitoria primera indica que las 'meras privaciones de derechos de las personas con discapacidad, o de su ejercicio, quedarán sin efecto' a partir de la entrada en vigor de la ley".

En consecuencia, la citada SAP excluye que pueda incluirse en el fallo mención alguna a la declaración de la persona como incapacitado, discapaz o discapacitado, sin que pueda subsistir la prohibición para otorgar testamento

---

21 El texto propuesto por la Asociación de Profesores de Derecho Civil propone en su art.362.2 "quienes no tienen capacidad natural el momento del otorgamiento".

22 SAP Santander 23 septiembre 2021 (*Tol 8605648*).

23 DT 6 Ley 8/2021 dispone que: "Los procesos relativos a la capacidad de las personas que se estén tramitando a la entrada en vigor de la presente Ley se regirán por lo dispuesto en ella, especialmente en lo que se refiere al contenido de la sentencia, conservando en todo caso su validez las actuaciones que se hubieran practicado hasta ese momento".

"con el fin de que, en su caso, se sigan los nuevos preceptos legales, fundamentalmente, el régimen de los artículos 663.2 y 665 CC y concordantes".

1. *La capacidad la comprender y manifestar el alcance de las disposiciones testamentarias*

Establecida la presunción general de capacidad para testar en el art. 662 CC, ésta queda limitada por el art. 663 CC para los menores de 14 años y para aquellos que en el momento de testar no puedan conformar o expresar su voluntad ni aun con la ayuda de medios o apoyos para ello, en una clara alusión a las personas con discapacidad. Así pues, las causas que impiden otorgar testamento son restrictivas: la edad y la imposibilidad de conformar o de expresar la voluntad. Ni es posible la interpretación extensiva ni la analogía del precepto para privar a las personas de su derecho a testar.

Así las cosas y teniendo en cuenta la redacción actual del art. 663 CC reformado hay que señalar que no es lo mismo tener una discapacidad que no afecta a la capacidad de comprender ni de querer que, y esto es más grave, carecer de discernimiento o entendimiento suficiente, que es radicalmente distinto de la dificultad de expresarse de modo comprensible para los demás. La dicción del precepto no puede ser más desafortunada. El vocablo "expresar" utilizado no solo viene asociado a la consecución final de la previa conformación de voluntad, sino que por el uso de la disyuntiva "o" en vez de la copulativa "y" podría considerarse de manera independiente, acercándose en exceso a situaciones físicas o sensoriales, todo lo cual puede conducir a lecturas erróneas, amén de que resulta absolutamente inadecuado utilizar continuamente referencias a la discapacidad, aunque sea de manera indirecta[24].

La SAP Pontevedra 18 noviembre 2021[25] determina que

> "no puede llegarse a una conclusión de nulidad pues la imposibilidad física que se documenta a ese momento (Parkinson, principalmente, con colapso intestinal y neumonía. que lo mantenían encamado y sondado, con comunicación gestual y capacidad cognitiva)"

No son suficientes para apreciar falta de capacidad en el testador. Y que:

> "La autenticidad de su voluntad se encuentra amparada por la fe notarial y en ello incide el que no tuviese limitada la capacidad cognitiva como aquel y la prueba médica analizada permiten concluir".

En todo caso, la nueva redacción del precepto, al igual que la antigua, poseen el mismo denominador común: para poder otorgar testamento es preciso poseer en dicho momento capacidad de entender y de querer las disposiciones testamentarias. Por tanto, se le prohíbe llevarlo a cabo a quien, por cualquier motivo, no tiene la aptitud precisa para adoptar sus propias decisiones y/o expresar su voluntad. Si bien con la nueva redacción se incide expresamente, como novedad, en que pueda contar con un apoyo que le ayude, o bien en la toma de dicha decisión, o bien en la comunicación de la voluntad[26].

---

24 De Amunátegui Rodríguez, C.: "Tratamiento de la discapacidad", cit., p. 447, para quien no es peyorativo el uso de la tradicional expresión "cabal juicio", que también comparto, ni la fórmula empleada por el Proyecto, que no prosperó, de tener "afectadas las facultades necesarias para hacerlo".

25 SAP Pontevedra 18 noviembre 2021 (*Tol 8782203*).

26 Así, Rodríguez Guitián, A. M.: "Artículo 663· CC", en *Comentarios al Código Civil* (coord. por A. Cañizares Laso), Tirant lo Blanch, Valen-

La Observación General Primera de 2014[27] al art. 12 de la Convención, de 31 de marzo a 11 de abril de 2014, del Comité sobre los Derechos de las Personas con Discapacidad (en adelante, la Observación General) entiende la capacidad mental como algo distinto de la capacidad jurídica y la conceptúa como la "aptitud de una persona para adoptar decisiones, que naturalmente varía de una persona a otra y puede ser diferente para una persona determinada en función de muchos factores, entre ellos factores ambientales y sociales".

Su ausencia o deterioro no justifica en ningún caso la negación de la capacidad de ser titular de derechos ni (y aquí radica la clave esencial de la reforma que analizamos) la negación de la capacidad de actuar en Derecho[28], pero sí puede afectar a la capacidad de testar.

La SAP Sevilla 27 febrero 2024[29], estimó que:

> "Se pueden presentar dos supuestos:
>
> a) no pueda conocerse la voluntad de la persona con discapacidad. La voluntad de la persona con discapacidad es inaccesible por presentar un mayor deterioro de sus facultades, así cuando dice la ley, 'pese a haberse hecho un esfuerzo considerable, no sea posible determinar la voluntad, deseos y preferencias de la persona' y por no poder conocerse la voluntad de la persona con discapacidad, no pueda complementarse, siendo, por lo tanto, necesario acudir a una actuación sustitutiva o de representación.

---

cia, 2023, p. 3258.

27 Observación General núm. 1.22.

28 *Vid.* Albert Márquez, M.: "El derecho a comprender el derecho y el ejercicio de la capacidad jurídica de las personas con discapacidad", en *Ejercicio de la capacidad jurídica por las personas con discapacidad tras la Ley 8/2021, de 2 de junio* (dir. M. Pereña Vicente y Mª. del M. Heras Hernández), Tirant lo Blanch, Valencia, 2022, pp. 185-218, en p. 188.

29 SAP Sevilla 27 febrero 2024 (*Tol 10122719*).

b) cuando la persona pueda expresar su voluntad y por lo tanto, conocerse pero la misma no pueda formarse libremente, por sufrir una enfermedad que anule gravemente su facultad de discernimiento. En el segundo caso (voluntad expresada pero no libremente) hay que englobar las enfermedades, que comprometen la aptitud natural de entender y querer (capacidades cognitivas) de quienes las padecen, cometiendo -en palabras del TS- una 'crueldad social', contraria al principio constitucional de dignidad de la persona si no se adoptase medidas de representación incluso en contra de su voluntad".

1.1. La capacidad de comprender

La Observación General excluye, desde mi punto de vista, la consideración de aquellas personas con una discapacidad que les afecta cognitiva y volitivamente hasta el punto de imposibilitarles la conformación y/o comunicación de su voluntad y preferencias, en muchas ocasiones, desde el nacimiento y de modo irreversible, lo que también desactiva la posibilidad de "reconstruir" su voluntad para apoyarle desde el respeto a sus preferencias y deseos. Se trata de personas que no pueden beneficiarse del sistema de apoyos previsto, no pueden ejercer su derecho a la toma de decisiones, y ni siquiera pueden renunciar a él explícitamente. Simplemente no es posible, en estos casos excepcionales, interpretar su voluntad o preferencias[30].

Estas situaciones pueden producirse en los casos de enfermedad mental degenerativa como el alzhéimer, que depende de la fase de la enfermedad; o bien debido a otras enfermedades mentales de las que hay listadas más de 400 actualmente, que impidan a la persona comprender verdaderamente el alcance de sus actos. Algunas de ellas, y pese a que la persona se expresa perfectamente, pueden provocar una grave desco-

---

30 Albert Márquez, M.: "El derecho a comprender", cit., p. 189.

nexión con la realidad[31]. En definitiva, la "discapacidad" para testar no es cualquier deficiencia (aún severa) que afecte negativamente a la realización de los actos de la vida diaria de la persona sino que únicamente es significativa aquella discapacidad -permanente o temporal- cognitiva o conductual que afecte negativamente a su capacidad de discernimiento, entendimiento o comprensión del acto que va a celebrar. Sin importar si estas deficiencias son congénitas o sobrevenidas. Lo que se exige a la persona con discapacidad para testar válidamente, como cualquier otra, es que posea la capacidad natural que exige la ley.

Conforme a la SAP Madrid 22 febrero 2022[32]

> "para que la acción de nulidad de testamento basada en la falta de capacidad del testador pueda prosperar, la incapacidad o afección mental ha de ser grave, hasta el extremo de hacer desaparecer la personalidad psíquica en la vida de relación de quien la padece, con exclusión de la conciencia de sus propios actos".

En la SAP Madrid 13 mayo 2024[33] se afirma que:

> "la capacidad exigida para otorgar testamento es aquella suficiente para comprender la naturaleza del acto y los contenidos que se desea modificar ya que el otorgamiento de testamento no es un acto complejo, sino que se trata de una decisión que expresa una voluntad cuya estructura jurídica corresponde al notario, no al testador y (...) que Dª. S. tenía un lenguaje fluido, entendía cada concepto que se le daba, era capaz de repetir lo que se le dijera y leía y escribía bien, es indicativo de que Dª S. tenía sus facultades mentales suficientemente conservadas (...) capacidad que

[31] En el caso del autismo, se trata de un trastorno del neurodesarrollo que cursa con gran afectación funcional y una disfunción interpersonal grave, según los casos, que repercute en su capacidad.

[32] SAP Madrid 22 febrero 2022 (*Tol 8924485*).

[33] SAP Madrid 13 mayo 2024 (*Tol 10136415*).

igualmente constató y reflejó expresamente el notario autorizante en el testamento abierto... por lo que un simple deterioro cognitivo leve como el que presentaba Dª S. al tiempo de otorgar el segundo testamento no puede motivar la declaración de nulidad de su testamento por falta de capacidad".

La STS 6 julio 2022[34] señala que:

"En el desarrollo del motivo, el recurrente alega, en resumen, que el doctor que visitó al causante 10 días antes de otorgar testamento dijo que podía tener momentos de lucidez y los dos peritos de parte afirmaron que en ninguna parte de la historia clínica se refleja que el testador tuviera demencia y que tener pequeños fallos de memoria no significa estar demente o incapacitado y tener metástasis cerebral no equivale a tener demencia. También sostiene que el notario que, conocía al causante desde hacía muchos años, manifestó en juicio de forma clara y categórica que le explicó al finado el testamento y este lo entendió perfectamente y lo ratificó".

La SAP Cáceres 6 julio 2022[35] señaló que:

"resulta de acusada trascendencia, a los efectos de declarar la validez del testamento cuestionado, la aplicación de la Ley 8/2021, de 2 de junio, por la que se reforma la legislación civil y procesal para el apoyo a las personas con discapacidad en el ejercicio de su capacidad jurídica (que entró en vigor el día 3 de septiembre de 2021).

De este modo, el artículo 663 del Código Civil queda redactado como sigue: 'No pueden testar: 1.º La persona menor de catorce años. 2.º La persona que en el momento de testar no pueda conformar o expresar su voluntad ni aun con ayuda de medios o apoyos para ello'; el artículo 665: 'La persona con discapacidad podrá otorgar testamento cuando, a juicio del notario, pueda comprender y manifestar el alcance de sus disposiciones. El Notario procurará

---

34 STS 6 julio 2022 (*Tol 9124700*).

35 SAP Cáceres 6 julio 2022 (*Tol 9230042*).

que la persona otorgante desarrolle su propio proceso de toma de decisiones apoyándole en su comprensión y razonamiento y facilitando, con los ajustes que resulten necesarios, que pueda expresar su voluntad, deseos y preferencias', y el artículo 695: 'El testador expresará oralmente, por escrito o mediante cualquier medio técnico, material o humano su última voluntad al notario. Redactado por este el testamento con arreglo a ella y con expresión del lugar, año, mes, día y hora de su otorgamiento y advertido el testador del derecho que tiene a leerlo por sí, lo leerá el notario en alta voz para que el testador manifieste si está conforme con su voluntad. Si lo estuviere, será firmado en el acto por el testador que pueda hacerlo y, en su caso, por los testigos y demás personas que deban concurrir. Si el testador declara que no sabe o no puede firmar, lo hará por él y a su ruego uno de los testigos. Cuando el testador tenga dificultad o imposibilidad para leer el testamento o para oír la lectura de su contenido, el Notario se asegurará, utilizando los medios técnicos, materiales o humanos adecuados, de que el testador ha entendido la información y explicaciones necesarias y de que conoce que el testamento recoge fielmente su voluntad'; suprimiéndose el ordinal 2º del artículo 697, pasando el ordinal 3º a ser 2º.

Por tanto, el elenco probatorio al que se ha hecho referencia es el que permite determinar, con toda garantía, que no existieron las maquinaciones insidiosas a las que se refiere la parte apelante, que se dicen realizadas por los demandados para doblegar la voluntad de la causante y así apartar de su sucesión a los demandantes y a su padre; y, tras esa exégesis, la declaración de Dª. F. carece de relevancia, como tampoco hubiera sido relevante la declaración de la testigo que no se ha admitido en este Proceso, ni en la primera ni en la segunda instancia, Dª. A., en los términos que, con anterioridad, se han expuesto en esta misma Resolución al abordar la alegación previa del Recurso. Por tanto, esa trama que se dice urdida por los demandados y sus cónyuges no se ha acreditado; en tanto que lo que sí se ha demostrado ha sido una voluntad libre (y explicada en el acto de los sucesivos otorgamientos) de Dª. C. de incluir en su sucesión a quien consideró oportuno en cada momento al no estar limitada en ningún orden su capacidad testamentaria para decidir el destino de su patrimonio; sobre todo cuando - como ya se significado- D. E. había perdido toda la confianza que había depositado en el mismo Dª. C., como así lo expuso ante el notario cuando le excluyó de la sucesión; sin que tuviera que dar ningún otro tipo de explicación, porque ésa, por sí misma, puede explicar en términos lógicos el sentido de su voluntad.

Sobre la vertiente del motivo que se rubrica con los términos: 'Efectos reflejos que producen estas maquinaciones insidiosas y artificios utilizados para desviar la libre determinación de la testadora a la hora de instituir sus herederos testamentarios', poco más habría que añadir a las consideraciones fácticas y jurídicas ya expuestas hasta ahora, desde el momento en que ninguna consecuencia puede producirse cuando no se advierte la presencia de maquinaciones insidiosas ni artificios algunos. Este Tribunal no otorga ninguna trascendencia al hecho de que el cuarto de los testamentos se hubiera otorgado en la Notaría de M. (Cáceres) en lugar de en la de C. (Cáceres), en la medida en que puede obedecer a múltiples causas, de la propia voluntad de la testadora, y no como imposición de los demandados; com de la misma manera tampoco resulta trascendente que la notaria autorizante del último testamento se acogiera a su secreto profesional en su declaración, dado que lo importante es que, en el instrumento público, se refleje el juicio de capacidad.

Sí conviene reparar en la alegación efectuada en esta sede cuando se dice que 'tales han sido las presiones, amenazas y a la postre violencia moral infringida frente a la testadora que finalmente ha desheredado a unos niños menores de edad (...)'. En este sentido, si fuera cierto tal aserto, no cabe duda de que el notario lo habría advertido y considerado en el juicio de capacidad, donde apreció lo contrario; pero es que, además, los demandantes, hijos de D. E., no han sido desheredados porque no son herederos forzosos de Dª. C., como tampoco lo es este último, y solo puede desheredarse a un heredero forzoso. Los demandantes, y antes su padre, D. E., han sido excluidos del testamento por la voluntad libre de la causante apreciada en el momento del otorgamiento, decisión que no necesita ninguna otra justificación".

Con independencia de las referencias jurídicas y jurisprudenciales que traigamos a este análisis, para que la autonomía y voluntad de la persona con discapacidad sean una realidad, es necesario insistir en la importancia de comprensión de la persona para que pueda adoptar sus propias decisiones. Y para ello, en ocasiones, opina Albert que habrá que poner a disposición de las personas con discapacidad los apoyos que sean necesarios para ese ejercicio. Porque no hay auténtica toma de decisiones sin comprensión. Porque la adopción de las propias decisiones "no se remonta solo a la voluntad, sino que contiene elementos intelectivos y volitivos que se integran en lo que llamamos proceso deliberativo. Esa comprensión es especialmente relevante cuando lo que ha de comprenderse es el Derecho", es decir, cuáles son los derechos que asisten a la persona y su alcance y efectos y ello es un elemento indispensable para el ejercicio de la autonomía de las personas con discapacidad cognitiva. Querer testar, por ejemplo, exige un conocimiento y comprensión de lo que significa el testamento, de cómo ha de expresarse la voluntad para que tenga eficacia jurídica y de cuáles son los límites materiales de la capacidad de testar. Por ello, para la persona, comprender los derechos que se tienen, conforma sus expectativas, sus juicios, la comprensión de su propia realidad y la conformación de su voluntad y deseos. Comprender el derecho a testar abre las posibilidades de identificar nuevos proyectos de la voluntad, sin ir más lejos, el deseo mismo de hacer testamento. Sin embargo, el lenguaje jurídico resulta ya en sí mismo, algo complejo para la gran mayoría de las personas[36], lo que comporta a las que padecen discapacidad cognitiva o del desarrollo una mayor dificultad para su com-

---

36 Albert Márquez, M.: "El derecho a comprender", cit., p. 194-201, para quien, asimismo, "a pesar de que el legislador se refiere de manera constante a la voluntad y a los deseos de la persona, es preciso poner de manifiesto que, así como no hay voluntad sin deliberación, sí puede, en cambio, haber volición sin la presencia de ciertas formas de deseo, coyunturales, momentáneas y reactivas. De hecho, la volición auténtica puede resultar contraria a la satisfacción del deseo".

prensión[37]. He aquí un supuesto indicado para prestar apoyos que bien puede desempeñar el notario.

1.2. La capacidad de manifestar o expresar la voluntad

Se da en los casos en que la persona no puede hablar o no puede construir frases de manera coherente aunque sí comprenden la entidad del acto que van a llevar a cabo (como en el caso de quienes han sufrido un ictus o un traumatismo cerebral). En estas situaciones se requerirá la ayuda de familiares o especialistas, incluso que "traduzcan" los pensamientos y deseos de estas personas. Asimismo, se facilita la utilización de medios técnicos, materiales o humanos tanto a la hora de dar instrucciones al notario como de prestar su conformidad al instrumento notarial que contiene su voluntad testamentaria y que analizamos más adelante.

No obstante, el problema no es ya tanto la dificultad para comunicar o expresar su voluntad sino en su formación, pues la intervención de una persona (medios humanos) en la formación de la voluntad del testador no es posible si atendemos

---

37 Se ha planteado en este sentido una propuesta para mejorar el lenguaje jurídico y hacerlo más claro y accesible a las personas con la firma del «Protocolo general de colaboración para el fomento de un lenguaje jurídico moderno y accesible para la ciudadanía», de 11 de marzo de 2021, entre el Ministerio de Justicia, el Tribunal Supremo y el Consejo General del Poder Judicial; la Fiscalía General del Estado; la Real Academia Española; la Real Academia de Jurisprudencia y Legislación de España; el Consejo General de la Abogacía Española; el Consejo General de Procuradores de España; el Consejo General de los Colegios Oficiales de Graduados Sociales de España y la Conferencia de Decanas y Decanos de Derecho de España. Y en 2022, se crea la Comisión para claridad y modernización del lenguaje jurídico por Orden/JUS/2022, de 12 de septiembre.

a la naturaleza personalísima de la voluntad testamentaria[38]; ni siquiera del notario.

1.3. El momento de apreciar la capacidad del testador y el juicio de capacidad del notario autorizante

El momento para apreciar la capacidad de testar es el del otorgamiento del testamento de acuerdo con el art. 666 CC. Es en ese acto cuando se debe apreciar la capacidad del testador.

El art. 665 CC en su nueva redacción tras la reforma establece que "la persona con discapacidad podrá otorgar testamento cuando, a juicio del Notario, pueda comprender y manifestar el alcance de sus disposiciones. El notario procurará que la persona otorgante desarrolle su propio proceso de toma de decisiones apoyándole en su comprensión y razonamiento y facilitando, con los ajustes que resulten necesarios, que pueda expresar su voluntad, deseos y preferencias". Este precepto ya ha sido objeto de numerosas críticas por parte de la doctrina cuando en 1991 fue reformado por la Ley 30/1991, de 20 de diciembre, de modificación del Código Civil en materia de testamentos (en adelante Ley 30/1991) en el sentido de que de la capacidad de entender de una persona es una situación fáctica que no se puede denegar a priori por ningún tribunal y que tan sólo se puede determinar en el momento preciso de otorgar el negocio jurídico de que se trate, como en el caso de testar[39]. Así pues, treinta años después el legislador ha modifi-

---

38 *Vid.* Diaz Alabart, S.: "Derecho de sucesiones", cit., p. 205.

39 En tal sentido, Albaladejo García, M.: "Los cambios introducidos en el art. 665 por la Ley de modificación del Código Civil en materia de testamentos", *Revista de Derecho Privado,* 1992, p. 717; Gómez Laplaza, C. y Díaz Alabart, C.: "La capacidad testamentaria de los incapacitados", en *Estudios de Derecho de Sucesiones. Liber Amicorum T. F. Torres García* (dir. por A. Domínguez Luelmo y M. P. García Rubio), La Ley, 2014, pp. 529-546.

cado tan criticado texto y ha establecido en una versión 'mejorada' del precepto[40], que será el notario quien determine si la persona que acude a él para testar puede o no "comprender y manifestar el alcance de sus disposiciones"[41].

La citada STS 6 julio 2022[42] señala que:

> "Ha de probarse de forma indudable la ausencia de capacidad mental del testador en el momento del otorgamiento ante el notario del testamento impugnado para poder determinar su nulidad y que la aseveración notarial sobre el juicio del testador pueda ser desvirtuada, pero para ello son precisas pruebas cumplidas y convincentes.
>
> (...) También sostiene que el notario que, conocía al causante desde hacía muchos años, manifestó en juicio de forma clara y categórica que le explicó al finado el testamento y este lo entendió perfectamente y lo ratificó.

---

40 Así lo entiende Diaz Alabart, S.: "Derecho de sucesiones", cit., p. 194, para quien se mejorado sustancialmente la versión anterior al desaparecer de la redacción del precepto, "el error de pensar que un tribunal puede determinar a futuro si una persona con discapacidad puede o, no, otorgar testamento".

41 De nuevo De Amunátegui Rodríguez, C.: "Tratamiento de la discapacidad", cit., p. 448, lamenta la inadecuada redacción actual del art. 665 CC pues aquí ya de manera explícita se asocia la aptitud para testar con la discapacidad, que a juicio de la autora plantea innumerables problemas. Y es que el legislador, en vez de aprobar el texto del Proyecto que disponía que si el que pretende hacer testamento "se encontrara en una situación que hiciera dudar fundamentalmente al notario de su aptitud para otorgarlo, éste designará dos expertos que previamente lo reconozcan y dictaminen favorablemente sobre dicha aptitud". Ciertamente, la norma propuesta rompía con la tan criticada letra del antiguo art. 665 en su redacción dada por la reforma de la Ley 30/1991, aplicando su sentido original en la línea ya apuntada por la interesante STS 15 marzo 2018 (*Tol 6548070*).

42 STS 6 julio 2022 (*Tol 9124700*).

Curiosamente, a lo largo de los años precedentes ha habido numerosas impugnaciones de testamentos otorgados por personas con demencia senil o alzhéimer grave, etc. fundamentadas en la presunción iuris tantum del juicio de capacidad del notario, puesto que se trata de una mera cuestión de hecho determinar si el testador, en el momento de otorgar testamento se halla en condiciones de hacerlo válidamente[43]. En la actual redacción, ya no será un tribunal quien determine a futuro la capacidad del testador, es ahora mismo, el notario únicamente quien deberá determinar las condiciones del testador de manera tal que se impidan las impugnaciones comentadas. Ello reviste especial importancia[44] si atendemos al hecho de que las impugnaciones del testamento posteriores a la muerte del testador pueden suponer la anulación de su voluntad y preferencias en relación con sus bienes y más que proteger al testador se protege al entorno familiar cuyo interés protegible ya se arbitra a través del sistema de las legítimas[45].

---

43 Así, la STS 18 octubre 2023 (*Tol 9741668*), entre otras.

44 Como ponen de relieve Gómez Laplaza, C. y Díaz Alabart, C.: "La capacidad testamentaria", cit., pp. 542 y siguientes.

45 La ya citada STS 4 octubre 2007 (*Tol 1156485*) señaló en su día que indudablemente, la voluntad testamentaria no puede ser atrapada en un documento notarial en un momento de la vida de la persona en que no podía expresarla de forma libre y consciente ni deseaba dejar patente su voluntad. Por otra parte, la SAP Sevilla 8 mayo 2000 (*Tol 246777*) anuló la sentencia de Instancia que desestimó la demanda que pretendía la nulidad testamentaria y mantuvo que la testadora, anciana, tenía capacidad legal suficiente para otorgar testamento derivada de la fe pública notarial expresada en el documento, porque estima la AP que la constatación de la capacidad del testador por el notario en la escritura de otorgamiento, no supone que dé fe de un acto que concluye sino que meramente expresa su apreciación subjetiva acerca de las condiciones de la otorgante; que si bien el juicio notarial acerca de la capacidad de testamentación está asistido de una relevante certidumbre, no conforma presunción "iuris et de iure" sino "iuris tantum".

Pues bien, el precepto continúa en la línea de conferir al notario una función muy relevante cual es la de apreciar la capacidad del pretendido otorgante. La necesidad de que el notario lleve a cabo el juicio de capacidad, la aptitud para testar, se exige en los arts. 685, 696 y 707.4 CC. Si se quiere ser respetuoso con los postulados de la Convención y de la reforma por la Ley 8/2021, la valoración notarial sobre la capacidad para testar debe sustraerse de la presencia de discapacidad en el futuro otorgante porque las adicciones o la edad avanzada, entre otras muchas causas, también pueden influir en la capacidad de entender y querer[46]. A su vez, desaparece de la redacción del artículo comentado cualquier alusión a facultativos, prueba del alejamiento de los modelos médicos[47] aunque pueda -no deba- el notario valerse de los mismos y de otros peritos o expertos si lo considera pertinente para mejor cumplir su función, no siempre fácil ni exenta de responsabilidad.

La STS 3 febrero 2023[48] estimó que:

---

46 En el mismo sentido, De Amunátegui Rodríguez, C.: "Veintiocho. El artículo 665 CC", en *Comentarios a la Ley 8/2021 por la que se reforma la legislación civil y procesal en materia de discapacidad*, (dir. por C. Guilarte Martín-Calero), Thomson Reuters Aranzadi, Cizur Menor, 2021, pp. 887-893, en p. 889.

47 Interesante la crítica de Carrasco Perera, Á.: "Contratación por discapacitados con y sin apoyos", en *El nuevo sistema de apoyo a las personas con* discapacidad y su incidencia en el ejercicio de su capacidad jurídica (coord. por N. Álvarez Lata), Thomson Reuters Aranzadi, Cizur Menor, 2022, pp. 239-276, en p. 240, en el sentido de que el legislador se aparta del modelo biomédico reduccionista, ante la bandera de la antipsiquiatría; asimismo, Porxas Roig, M. A.: *El dogma de las capacidades y la racionalidad. Un análisis crítico sobre el tratamiento jurídico de las personas diagnosticadas con problemas de salud mental*, Centro de Estudios Políticos y Constitucionales, Madrid, 2022, pp. 30 y ss.

48 STS 3 febrero 2023 (*Tol 9448691*).

> "Las personas con deficiencias sensoriales, mentales o intelectuales, sin capacidad modificada por sentencia al tiempo del otorgamiento del testamento impugnado, así como, actualmente, todas las personas, sean o no discapaces, pueden testar cuando el notario aprecie su capacidad sin necesidad de un preceptivo informe médico, que suponía entonces un tratamiento jurídico diferente, y todo ello sin perjuicio, claro está, de su impugnación judicial.
>
> El requisito del doble informe de especialista para testar no está contemplado en la nueva redacción del precepto tras la Ley 8/2021, de 2 de junio, dictada precisamente para adecuar nuestra legislación interna a las exigencias derivadas del Convenio de Nueva York"

Como señala Valls i Xufré[49], si la persona tiene voluntad de testar y con los apoyos necesarios puede expresarla, al notario no le queda ni el recurso de librarse, como en otros casos, remitiendo al interesado al juez, quien no tiene competencia para autorizar testamentos.

En todo caso, y salvo los supuestos en que a la persona se le haya impuesto un régimen de apoyos obligatorio, el notario no indagará si la persona que actúa ante él padece alguna discapacidad y el alcance de la misma, aunque la sospeche, pero sí debe calificar la suficiencia del consentimiento que dicha persona preste. No existe verdadero consentimiento sin una comprensión al menos suficiente del acto y de sus consecuencias jurídicas. Ahora bien, la distinción entre comprensión suficiente e insuficiente no está definida legalmente y va quedar a la prudente apreciación notarial, que no puede ni debe exigir a la persona otorgante una comprensión y un conocimiento o consentimiento plenos y perfectos, pues ello sería tanto como negar el derecho a obrar con discapacidad o reducir ese dere-

---

49 Valls i Xufré, J. M.: "El papel del notario en el nuevo régimen de apoyos", en *Ejercicio de la capacidad jurídica por las personas con discapacidad tras la Ley 8/2021, de 2 de junio* (dir. M. Pereña Vicente y Mª. del M. Heras Hernández), Tirant lo Blanch, Valencia, 2022, p. 112.

cho tan sólo a las personas cuya discapacidad sea imperceptible o irrelevante. Asimismo, el derecho a actuar por sí y no representado por otros, se extiende también a aquellas personas que puedan requerir apoyos más intensos, máxime en materia sucesoria si atendemos al carácter personalísimo del testamento[50]. Lo que viene a significar que el apoyo no puede sustituir la voluntad del apoyado sino que debe respetar la voluntad, deseos y preferencias de éste, sin incurrir en influencia indebida o conflicto de intereses -lo que el notario deberá verificar- y además de la intervención de la persona que presta el apoyo -no sustitutiva de la voluntad del otorgante-, el otorgamiento también debe ser comprendido y consentido suficientemente por la persona con discapacidad. En todo caso, el notario debe procurar que la persona con discapacidad participe lo máximo que le sea posible en el otorgamiento sin que pueda considerarse suficiente una conducta ausente, desentendida o absorta[51].

En el caso de que el notario no aprecie, a su juicio, capacidad en el testador para comprender el alcance de sus disposiciones y manifestar que lo comprende[52], nada obsta para poder testar,

---

50 Así Marín Calero, C.: *La integración de las personas con discapacidad en el Derecho Civil. Una crítica constructiva a la Ley 8/2021*, Aferre, Barcelona, 2022, p. 30-31.

51 Marín Calero, C.: *La integración de las personas*, cit., p. 41.

52 De acuerdo con las nuevas responsabilidades que la Ley otorga al notario, en ciertos casos, como apunta Valls i Xufré, J. M.: "El papel del notario", cit., p. 112, el notario "puede aconsejar que la persona discapacitada otorgue un testamento ológrafo, cuya consecuencia final será pasar la cuestión de la capacidad al ámbito judicial, pues como veremos en la adveración se juzga la autenticidad, pero no la capacidad, que seguramente será discutida por quien se sienta perjudicado por el testamento. Al notariado no le queda más remedio que asumir su función y compromiso social para procurar que todo aquél que quiera testar y pueda hacerlo con los apoyos necesarios, pueda solicitar su ministerio a tal efecto".

acudir nuevamente al notario para otorgar testamento en el futuro si se dan las condiciones de capacidad[53]. Sin embargo, el notario no puede negar arbitrariamente la suficiencia del conocimiento y consentimiento al acto cuando el otorgante no adopte "una buena decisión" a juicio del notario. Las personas no están obligadas a actuar con acierto (tampoco las personas con discapacidad) y una "mala decisión" comprendida y consentida, no debe ser impedida por el juicio notarial; si acaso deba el notario informar sobre las consecuencias y responsabilidades de tal actuación, pero no vetarla ni sancionarla[54].

1.4. Los apoyos que garanticen el pleno ejercicio de la capacidad de testar

La Convención de 2006, al referirse al ejercicio de la capacidad jurídica por las personas con discapacidad, exige que se proporcionen mecanismos de apoyo para garantizar a esas personas el pleno ejercicio de su capacidad jurídica para realizar por sí mismos los actos o negocios jurídicos que deseen, restringiendo al máximo la sustitución por un tercero en el ejercicio de su capacidad jurídica, imposible en materia testamentaria por el carácter personalísimo del testamento. Por ello, y atendiendo especialmente a su art. 12, se impone el facilitar la toma de las propias decisiones de las personas con discapacidad (principalmente intelectual) en el ejercicio de su capacidad jurídica mediante los apoyos que puedan necesitar para superar las dificultades que se presenten.

No deja muy claro el art. 665 CC el contenido de los apoyos que debe prestar el notario a la persona necesitada de ellos. En todo caso, el notario prestará a la persona todo el apoyo que

---

53 En el mismo sentido, De Amunátegui Rodríguez, C.: "Veintiocho", cit., p. 889.

54 *Vid* al respecto, Marín Calero, C.: La integración, cit., p. 31.

precise más leve o más intenso[55], toda la ayuda con la que llevar adelante sus deseos y preferencias sin que ello suponga que deban superar su discapacidad y hacerla irrelevante, porque "su primer derecho, anterior a la Convención, es a su propia discapacidad, a tenerla y, aun con ella, recibir respeto a su modo de ser y apoyo en sus esfuerzos y planes de vida"[56]. El derecho a que se respete su voluntad v decisiones e incluso a tomar malas decisiones, a equivocarse, como todos[57]. Téngase en cuenta que el apoyo al ejercicio de los derechos es para la persona con discapacidad un derecho y no un deber, derecho que no está condicionado a la previa alegación o acreditación de estar en situación de discapacidad[58]. En suma, se debe significar que la discapacidad, por sí sola, no comporta la obligación de recibir apoyos, salvo que los tenga establecidos de manera obligato-

---

55 *Vid.* asimismo, Valls i Xufé, J. M.: "El papel del notario", cit., p. 105 para quien, la función notarial ha asistido a los otorgantes en la formación del consentimiento, mediante su labor profesional de asesorar y aconsejar los medios jurídicos más adecuados para los fines del testador. Tras la reforma se exige al notario un plus en esa función porque la ley considera al notario como un verdadero apoyo institucional, lo cual supone una mayor implicación del notario, que no es ni ha sido nunca un mero espectador, pero que ahora se convierte en un verdadero actor de un proceso en el que le toca dirigir a los demás actores para que la persona con discapacidad pueda formar y expresar su voluntad.

56 Marín Calero, C.: *La integración*, cit., p. 25.

57 Sobre estas cuestiones, Guilarte Martín-Calero, C.: *El derecho a la vida familiar de las personas con discapacidad*, Reus, Madrid, 2019, y De Salas Murillo, S.: "Significado jurídico del 'apoyo en el ejercicio de la capacidad jurídica' de las personas con discapacidad: presente tras diez años de Convención", *Revista Doctrinal Aranzadi Civil-Mercantil*, núm. 5, 2018. *Vid.* asimismo, Barba, V.: "El art. 12", cit., p. 49, para quien "no basta con que se tenga en cuenta la voluntad, los deseos y preferencias de la persona con discapacidad, o que el titular de la ayuda lo escuche, si no se respeta exactamente esa decisión o si, tras escucharla, se prefiere una decisión diferente".

58 Así, Marín Calero, C.: *La integración de las personas*, cit., p. 29.

ria[59], porque como resalta Marín, la persona con discapacidad tiene derecho a ejercer su capacidad en las mismas condiciones que las demás, y ese apoyo no se impone a ninguna otra categoría de personas, por tanto, ninguna persona tiene la obligación de identificarse ante el notario como discapacitada ni tiene la obligación (aunque está en su derecho) de utilizar las disposiciones supuestamente protectoras de su "condición"[60].

Ahora bien, de prestarse el apoyo, no se trata de que el tercero que apoya sustituya a la persona con discapacidad, sino de que aquel ponga a disposición de ésta su apoyo, adaptado a la situación concreta de la persona con discapacidad, para que pueda tomar sus propias decisiones. De esta manera, las personas con discapacidad recuperan su protagonismo y participan en el proceso de toma de decisiones. En suma, a la persona con discapacidad se le reconoce su capacidad de asumir responsabilidades tomando las decisiones que le afectan, con

---

59 *Vid.* sobre esta cuestión De Salas Murillo, S.: "¿Existe un derecho a no recibir apoyos?", *Revista Crítica de Derecho Inmobiliario*, núm. 780, 2020, pp. 227 y ss. Asimismo, Pereña Vicente, M.: "La curatela: los nuevos estándares de intervención, nombramiento, remoción y actuación tras la Ley 8/2021, en *El nuevo sistema de apoyo a las personas con discapacidad y su incidencia en el ejercicio de su capacidad jurídica* (coord. por N. Álvarez Lata), Thomson Reuters Aranzadi, Cizur Menor, 2022, pp. 125-160, en pp. 137 y 138, para quien La ley 8/2021 no consagra explícitamente el derecho a rechazar los apoyos, y por tanto, la voluntad contraria de la persona que los precisa no puede impedir la constitución de una curatela. Tampoco puede deducirse del conjunto de la regulación ni de la Convención un derecho a rechazar los apoyos. En el mismo sentido, De Verda, J. R.: "Primeras resoluciones judiciales aplicando la Ley 8/2021, de 2 de junio en materia de discapacidad", *Diario La Ley*, núm. 10021, 3 de marzo 2022.

60 Marín Calero, C.: *La integración de las personas*, cit., p. 29, para quien si la persona se identifica en su condición de discapacitada, el notario actuante puede solicitar información adicional sobre sus circunstancias con el fin de adaptar mejor su actuación.

el apoyo que sea necesario en cada momento, como protagonista activo en el desarrollo de su proyecto vital. En general, la intervención del tercero que apoya no tiene por objeto decidir por la persona con discapacidad intelectual sustituyéndola en la toma de decisiones, sino que va dirigida a ayudar a ésta a decidir, acompañándola en la decisión, decidiendo con la persona y para la persona con discapacidad. Se busca el respeto de la libertad y autonomía de la persona. Así pues, con el apoyo se trata de facilitar a las personas con discapacidad, los medios necesarios, incluida la asistencia de terceros, para que puedan desarrollar su libertad y autonomía personal[61].

En todo caso, y si bien la modificación del Código Civil no se ocupa especialmente de la tipología de apoyos que se pueden recibir[62], el art. 25 de Ley del Notariado establece, con carácter general, que para "garantizar la accesibilidad de las personas con discapacidad que comparezcan ante Notario, estas podrán utilizar los apoyos, instrumentos y ajustes razonables que resulten precisos, incluyendo sistemas aumentativos y alternativos, braille, lectura fácil, pictogramas, dispositivos multimedia de fácil acceso, intérpretes, sistemas de apoyos a la comunicación oral, lengua de signos, lenguaje dactilológico, sistemas de comunicación táctil y otros dispositivos que permitan la comunicación, así como cualquier otro que resulte preciso" y es aplicación al tema que nos ocupa. En opinión de De Amunátegui[63], que comparto, como partes de esos "ajustes"

---

61 Sánchez Hernández, A.: "Consideraciones sobre la reforma de la legislación civil en materia de discapacidad: de la incapacitación al apoyo", *REDUR 19*, diciembre 2021, pp. 23-55.

62 Tampoco la Convención que, si bien ordena a los Estados Parte proporcionar apoyos a las personas con discapacidad, no los define. Sin embargo, en su art. 4.7 menciona los apoyos de tipo tecnológico y poco más.

63 De Amunátegui Rodríguez, C.: "Tratamiento de la discapacidad", cit., p. 449.

que necesite el notario quedará incluido el recurso a facultativos y otros expertos o peritos cuando sean necesarios para para emitir su correspondiente juicio, especialmente en los casos en que el testador esté aquejado de una enfermedad mental o un deterioro cognitivo. En consecuencia, después de la reforma, se sigue admitiendo que el notario también pueda recurrir a esos dos facultativos, aunque ya no es preceptivo-[64] para que le apoyen en su juicio de capacidad, pero también puede valerse de otros profesionales que apoyen al testador en su proceso de formación de una voluntad libre, sin influencias indebidas y siempre en presencia del notario. Al igual que en el caso de testigos, en el acta previa o en el propio testamento comparecerán los coadyuvantes afirmando junto con el notario la aptitud suficiente y la expresada voluntad del testador[65].

En consecuencia, podemos considerar el apoyo como una ayuda. En relación con la capacidad de testar, el notario es el primer apoyo de la persona -el apoyo institucional-. Este apoyo notarial es compatible y complementario de cualesquiera otros que necesite, voluntaria u obligatoriamente, la persona.

Así podemos encontrar otras distintas formas de apoyo no institucional, como el apoyo voluntario o el apoyo obligatorio, del que la persona con discapacidad no puede prescindir. En el caso del apoyo voluntario, éste puede haber sido, incluso, preconstituido por la persona afectada previamente a su situación de necesidad de apoyos, designando a las personas que lo prestarán y sus limitaciones. Debemos destacar la preferencia en materia de apoyos, que determinen las medidas preventivas adoptadas por la persona en previsión de una futura necesidad de los mismos[66]. El apoyo no significa tomar la mejor decisión para la persona con discapacidad, sino permitir que la persona

---

64 STS 3 febrero 2023 (*Tol 9448691*) señala que:

65 Valls i Xufré, J. M.: "El papel del notario", cit., p. 112.

66 Diaz Alabart, S.: "Derecho de sucesiones", cit., p. 211.

tome su propia decisión, aunque no sea la mejor o no conlleve a la consecución de su mejor interés[67]. Luego ningún apoyo puede sustituir la voluntad del otorgante que es soberana (art. 670 CC), tan sólo podrá ayudar a la persona en la asunción de sus propias decisiones libre de abusos, influencias indebidas o conflictos de intereses[68].

---

67 Barba, V.: "El art. 12", cit., p. 51, para quien" la cláusula general del interés superior de la persona con discapacidad ha sido el instrumento para tomar decisiones que responden al interés de sus familiares o al interés de una comunidad, especialmente en los casos en que se trataba 'proteger' los bienes de la persona, en beneficio exclusivo de los propios herederos, o en los que se prohibía la realización de un acto personal (matrimonio), por suponer que la persona estaba engañada o equivocada, o en todos los casos en que se impedía la realización de un testamento, por encontrarse en una condición vulnerable. En todos estos casos, es muy difícil establecer qué es lo que realmente interesa a la persona, y en muchos casos no se ha tomado una decisión que le permita desarrollar y desenvolver su personalidad, sino una que permita el mejor acomodo posible de todas las partes implicadas".

68 En esta misma línea Valls i Xufré, J. M.: "El papel del notario", cit., p. 113, para quien el testamento "debe otorgarse por el propio testador con discapacidad, con los apoyos singulares que el notario estime conveniente en el momento del otorgamiento, con independencia de que exista un curador judicial o incluso un asistente voluntario con facultades representativas, sin perjuicio de que si el notario lo juzga conveniente pueda intervenir en el acta previa cuya finalidad se acentúa aquí a mi entender, por la trascendencia del acto. También es verdad que la intervención de ciertos apoyos como el de los facultativos puede ser de interés hacerla constar en el propio testamento, a fin de reforzar el juicio notarial de la aptitud del testador. Por consiguiente, con o sin acta previa, el testamento ha de otorgarlo inexcusablemente el testador, no pudiéndose acudir al nombramiento de apoderado para testar ni como nuntius, a diferencia de como apuntábamos antes al tratar en general de la expresión de la voluntad manifestada mediante apoyos para actos concretos".

Así lo evidencia la STS 3 febrero 2023[69] al estimar que:

> "las personas con discapacidad 'tienen capacidad jurídica en igualdad de condiciones con las demás en todos los aspectos de la vida', y, por lo tanto, para testar, sin que, por la naturaleza personalísima del acto, pueda concurrir asistida por otra persona para conformar su voluntad testamentaria, y siempre que pueda comprender y manifestar sus disposiciones mortis causa, como es el caso que nos ocupa".

1.5. La influencia indebida

La necesaria protección del testador vulnerable, en la mayoría de los casos, por motivos de discapacidad pero también de ancianidad, ha llevado al legislador por la reforma en materia de capacidad jurídica por la Ley 8/2021, a actualizar algunas de las medidas de naturaleza preventiva que históricamente han tenido por finalidad evitar la manipulación del testador, influyendo en su voluntas testatoris según señala Pérez Gallardo[70]. Para el autor, el avance de la vejez conlleva, en una buena parte de los casos, una situación de vulnerabilidad, susceptible de convertir a la persona en fácilmente manipulable y sugestionable, por quienes ejercen ascendencia sobre ellos, al romperse ese equilibrio de poder tan necesario para la independencia y

---

69 STS 3 febrero 2023 (*Tol 9448691*).

70 Pérez Gallardo, L. B.: "El testador vulnerable y las influencias indebidas. Los antídotos que dispensa el artículo 753 del Código civil (a propósito de la Reforma sobre la capacidad jurídica en el derecho)", en *Ejercicio de la capacidad jurídica por las personas con discapacidad tras la Ley 8/2021, de 2 de junio* (dir. M. Pereña Vicente y Mª. del M. Heras Hernández), Tirant lo Blanch, Valencia, 2022, pp. 555-585, en p.559-560, para quien "en la propia medida en que se transita hacia una ancianidad avanzada, tales personas se hacen más dependientes, afectiva, espiritual y materialmente, de sus más cercanos apoyos, en la mayoría de esos casos, los cuidadores".

autonomía de toda persona. Se trata sin dudas de lo que la doctrina, esencialmente anglosajona, llama testador vulnerable"[71]. Se puede definir en opinión de Vaquer Aloy como la persona de edad avanzada y salud débil que vive sola[72]. Se trata de una persona frágil[73].

La influencia indebida o influencia abusiva, que hace referencia a la persona que presta una medida de apoyo pero que también puede provenir de terceros, es uno de los conceptos esenciales de la Convención para la protección de las personas con discapacidad, relacionada con los vicios del consentimiento -como el dolo o la intimidación- pero limitada a quienes prestan el apoyo. En opinión de Vaquer Aloy, la persona vulnerable requiere de una especial protección si se tiene en cuenta "que frente a ellos no hay engaño, no hay intimidación, tampoco error ni violencia, es decir, los vicios tradicionales de la voluntad, sino la captación de la voluntad de manera más o menos sibilina hasta conseguir que forme y exprese una voluntad testamentaria favorable a quien ha ejercido esa influencia"[74]. Pese a ser tan importante, carece de sustantividad propia en

---

71 Pérez Gallardo, L. B.: "El testador vulnerable", cit. p. 556.

72 Vaquer Aloy, A.: "La protección del testador vulnerable", en *Estudios de Derecho Privado,* OlejniK, Santiago de Chile, 2020, p. 143.

73 Zurita Martín, I.: "La protección de la libertad de testar de las personas vulnerables", en *La libertad de testar y sus límites* (coord. por A. Vaquer Aloy et al.), Marcial Pons, Madrid, 2018, pp. 83-112, en p. 84, para quien esta fragilidad, la situación de precariedad física o psíquica en la que puede hallarse el testador a la hora de otorgar testamento, lo "convierte en un sujeto especialmente vulnerable por causa, no solo de la trascendencia del acto de disposición patrimonial que realiza, sino, sobre todo, de los intereses particulares de otras personas que pueden abusar de su posición de debilidad". Para Pérez Gallardo, L. B.: "El testador vulnerable", cit., pp. 558-559, esta fragilidad lo lleva a depender cada día más de sus familiares o de cuidadores que le asisten en su casa o en los centros geriátricos o de cuidado de salud donde suele ser internado.

74 Vaquer Aloy, A.: "La protección", cit., p. 143.

nuestro Código Civil[75]. Tiene un componente subjetivo que cuestiona la libertad en el consentimiento debido al abuso o aprovechamiento de una situación de confianza o de debilidad o dependencia; a su vez, al componente subjetivo se le añade otro componente objetivo, que conlleva la utilización o aprovechamiento de una situación ventajosa para beneficio personal del manipulador[76].

De acuerdo con la Observación General núm. 1.22:

> "Aunque todas las personas pueden ser objeto de 'influencia indebida', este riesgo puede verse exacerbado en el caso de aquellas que dependen del apoyo de otros para adoptar decisiones. Se considera que hay influencia indebida cuando la calidad de la interacción entre la persona que presta el apoyo y la que lo recibe presenta señales de miedo, agresión, amenaza, engaño o manipulación. Las salvaguardias para el ejercicio de la capacidad jurídica deben incluir la protección contra la influencia indebida; sin embargo, la protección debe respetar los derechos, la voluntad y las preferencias de la persona, incluido el derecho a asumir riesgos y a cometer errores"[77].

Como se aprecia del texto transcrito, la influencia indebida se considera cuando proviene de quien presta apoyos pese a que la influencia también puede provenir del entorno perso-

---

75 Guilarte Martín-Calero, C.: "Las grandes líneas del nuevo sistema de apoyos regulado en el Código Civil Español", en *El nuevo sistema de apoyo a las personas con discapacidad y su incidencia en el ejercicio de su capacidad jurídica* (coord. por N. Álvarez Lata), Thomson Reuters Aranzadi, Cizur Menor, 2022, pp. 21-80, en p. 76.

76 *Vid.* Palazón Garrido, M. L.: "El abuso de debilidad, confianza o dependencia", en *Derecho Contractual Comparado* (dir. por I. Sánchez), vol. I, Civitas Thomson Reuters, 2016, p. 1303.

77 Observación General núm. 1.22 al art. 12 de la Convención, de 31 de marzo a 11 de abril de 2014, del Comité sobre los Derechos de las Personas con Discapacidad.

nal o familiar o de terceros no tan allegados[78]. Entiende Guilarte, que sobre estos aspectos deberán centrarse los informes de los peritos y expertos que tengan encomendad la promoción de la autonomía y la asistencia de las personas con discapacidad, así como quien presta el apoyo, asegurándose de que la voluntad de la persona con discapacidad es libre y sin influencia indebidas de quien apoya -¿juez y parte?- o de terceros[79] para evitar futuras impugnaciones. Difícil equilibrio. Y en esta cuerda floja, el notario es la mejor salvaguardia. El notario desempeña una importante labor de asesoramiento e información e incluso puede contribuir a la formación de la voluntad testamentaria, alejando al testador de abusos o influencias indebidas[80]. Aún con todo, el riesgo de que la persona con discapacidad pueda ser objeto de influencias indebidas no puede justificar la adopción de soluciones que desatiendan el respeto a la voluntad y preferencias de la persona[81].

2. *La capacidad de testar según los distintos testamentos notariales*

La reforma por la Ley 8/2021, tan sólo ha alcanzado en materia de otorgamiento de testamentos a los testamentos notariales abierto y cerrado. Nada más ha reformado el legislador sobre otro tipo de testamentos y la capacidad de las personas con discapacidad que desde la reforma debe entenderse plena,

---

78 Opinión contraria mantiene De Amunátegui Rodríguez, C.: "Veintiocho", cit., p. 891, quien circunscribe la influencia indebida tan sólo a la persona que presta una medida de apoyo. Para Pérez Gallardo, L. B.: "El testador vulnerable", cit., p. 562, no quedaría incluido el curador asistencial, un tema de por sí polémico.

79 Guilarte Martín-Calero, C.: "Las grandes líneas", cit., p. 77.

80 Pérez Gallardo, L. B.: "El testador vulnerable", cit., p. 577.

81 En el mismo sentido, Barba, V.: "El art. 12", cit., p. 51.

pudiendo hacer uso de otro tipo de testamentos siempre que gocen de capacidad natural suficiente para el otorgamiento[82].

2.1. La capacidad de testar en testamento notarial abierto

El testamento notarial abierto que se regula en los art. 694 y siguientes del Código Civil es el tipo de testamento más seguro en que interviene el notario. La mejor fórmula y el de mayores garantías para el testador, lo que justifica que sea el más utilizado. El testamento abierto es el que se otorga en la mayoría de los casos con preferencia a otros tipos de testamento y ha experimentado un crecimiento relevante en 2023, alcanzando las 727.536 autorizaciones y las 387.587 en el primer semestre de 2024, según datos del Centro de Información Estadística del Notariado de 2024[83]

---

82 *Vid.* Diaz Alabart, S.: *El testamento ológrafo de las personas mayores dependientes. Problemas y soluciones*, Reus, Madrid, 2018.

83 En https//www.notariado.org/portal/-/testamentos-y-poderes-generales-y-preventivos-los-actos-de-protecci%C3%B3n-patrimonial-m%C3%A1s-realizados-a-partir-de-los-65-a%C3%B1os?inheritRedirect=true&redirect=%2Fportal%2Fbuscador%3F_com_liferay_portal_search_web_search_bar_portlet_SearchBarPortlet_ INSTANCE_srTeA1Oxg99w_formDate%3D1727806203958%26start%3D0%26_com_liferay_portal_search_web_search_bar_portlet_SearchBarPortlet_ INSTANCE_srTeA1Oxg99w_emptySearchEnabled%3Dfalse%26q%3D%2528status%253A0%2529%2BAND%2B%2528%2528content%253A%2522centro%2Bde%2Binformaci%25C3%25B3n%2Bestad%25C3%25ADstica%2B2024%2522%2529%2BOR%2B%2528title_es-ES%253Acentro%2Bde%2Binformaci%25C3%25B3n%2Bestad%25C3%25ADstica%2B2024%2529%2BOR%2B%2528title%253Acentro%2Bde%2Binformaci%25C3%25B3n%2Bestad%25C3%25ADstica%2B2024%2529%2529%2B%26_com_liferay_portal_search_web_search_bar_portlet_SearchBarPortlet_INSTANCE_srTeA1Oxg99w_scope%3D. (Consultado 1 octubre 2024). Según este estudio, el otorgamiento del testamento abierto

En éste, la función notarial no consiste únicamente en informar, asesorar o esculpir la voluntad testamentaria sino también en controlar la "posible" e indebida influencia que pudieran ejercer sobre el testador sus cuidadores o los empleados del establecimiento geriátrico o asistencial. El notario debe velar por que la manifestación de voluntad testamentaria se externalice libre de todo vicio. En el caso de que se otorgue testamento notarial abierto, el apoyo notarial consistirá entre otros, en prestar ayuda al testador para que adopte sus propias decisiones de acuerdo con sus deseos y preferencias, facilitando las informaciones y aclaraciones necesarias para ello, ajustes razonables y control de las influencias indebidas[84].

Se inicia con la manifestación de la voluntad testamentaria al notario autorizante, por lo que la formación de la voluntad libre y sin vicios o influencias indebidas es clave para la validez del testamento.

En el testamento notarial abierto es conocida la voluntad del testador tanto por el notario como por los testigos que concurran a su otorgamiento, concurrencia testifical que ahora queda limitada a los casos en que el testador declare que no sabe o que no puede firmar el testamento o cuando el testador o el notario lo soliciten de conformidad con el art. 697 CC.

La reforma de los arts. 695 y 697 CC supone una aportación muy escasa[85], aun así, trata de corregir la discriminación

---

notarial es un acto notarial que comienza a ser más frecuente a partir de los 45 años (en 18,1% de los casos), con un claro incremento a partir de los 65 años (45,8%).

84 En este sentido, Pérez Gallardo, L. B.: "El testador vulnerable", cit., p. 576.

85 Diaz Alabart, S.: "Derecho de sucesiones", cit., p. 211, pues entiende que sirve cualquier medio para comprobar que la voluntad testamentaria concuerda con las instrucciones facilitadas al notario y el posterior instrumento redactado por el mismo; y que para ello habría bastado con señalarlo así directamente sin más.

que suponía el otorgamiento del testamento a las personas con discapacidad sensorial que exigía unos requisitos extraordinarios que obligaban a la concurrencia obligatoria de testigos en el momento del otorgamiento del testamento como en el de su firma si el testador padecía una discapacidad visual o auditiva, esto es, si era "ciego o enteramente sordo", con el fin de garantizar la autenticidad de la voluntad testamentaria y su coincidencia con lo leído por el notario según recogía el testamento[86]; y con el efecto de que se atentaba a la confidenciali-

---

86 En tal sentido, la SAP Barcelona 27 junio 2024 (*Tol 10210490*) en relación con esta cuestión en la legislación civil catalana determina en el caso enjuiciado de una persona no totalmente ciega pero sí parcial y progresivamente ciega que "el testador podía realizar actos jurídicos con plena eficacia dado que la discapacidad sensorial que progresivamente fue afectando a su sentido de la vista no restringía su autogobierno pudiendo manifestar su voluntad consciente y libremente con la debida comprensión y discernimiento y así lo había hecho en anteriores ocasiones en actos dispositivos intervivos. Debemos entonces valorar si con arreglo a los principios antes expuestos cuando no se ha discutido la plena capacidad del testador para adoptar sus propias decisiones ni se hallaba privado por completo del sentido de la vista, la presencia de dos testigos resultaba imprescindible para validar el testamento. La respuesta debe ser negativa (...). No cabe una interpretación extensiva de lo que suponía una restricción. De esta forma, interpretando el precepto legal a la luz de la Convención de Nueva York, en la medida en que el testador no era propiamente ciego y sí podía firmar, debemos entender que si no consideró necesario expresar o declarar a la Notaria que no podía leer el documento por sí mismo era porque juzgaba que con la lectura del testamento por parte de la fedataria pública era suficiente por recoger su manifestación de voluntad (en un testamento por demás muy simple) como así consta en el instrumento público otorgado, resultando por ello innecesaria la presencia de dos testigos para la plena validez del acto". "Nótese que sin perjuicio de que el notario deba ofrecer al testador el apoyo y los medios necesarios para testar en función de la clase de impedimento o dificultad sensorial que presente en su capacidad de comprensión y sus habilidades comunicativas, es este último quien ha de solicitar

dad de la última voluntad en estos casos, pese a la reforma por la Ley 30/1991 que prácticamente suprimió la concurrencia de testigos en el testamento notarial abierto, precisamente para garantizar la confidencialidad de la última voluntad testamentaria[87]. Las medidas introducidas por la reforma de la Ley 8/2021 pretenden eliminar las especiales características del testamento abierto notarial basadas en la discapacidad sensorial del otorgante a fin de reforzar la autonomía y la actuación sin discriminaciones de las personas con discapacidad y situarlas en igualdad de condiciones con las demás a la hora de otorgar testamento[88], lo que es más acorde y coherente con el art. 12 de la Convención[89] y ya había sido puesto de manifiesto por la jurisprudencia[90].

En la actual redacción del art. 695 CC el testador expresará al notario, oralmente o por escrito "o mediante cualquier medio técnico, material o humano", esto es, de cualquier forma inteligible, su voluntad testamentaria. Determina el art. 2 de la Convención que la "comunicación" incluirá los lenguajes[91], la visualización de textos, el Braille, la comunicación tác-

---

el documento en sistema braille cuando las dificultades afecten al sentido de la vista".

87 *Vid.* en tal sentido, Represa Polo, M. P.: "Veintinueve. El artículo 695 CC", en *Comentarios a la Ley 8/2021 por la que se reforma la legislación civil y procesal en materia de discapacidad*, (dir. por C. Guilarte Martín-Calero), Thomson Reuters Aranzadi, Cizur Menor, 2021, pp. 893-900, en p. 894.

88 Esto es ahora, además, mucho más sencillo pues las personas con limitaciones visuales o auditivas tienen a su disposición distintos medios técnicos para comunicar, comprender, leer u oír el testamento antes de su firma.

89 *Vid.* De Salas Murillo, S.: "Significado jurídico", cit.

90 SSTS 24 noviembre 2004 (*Tol 527627*), 21 marzo 2006 (*Tol 866948*), 20 marzo 2012 (*Tol 2494144*), entre otras.

91 Se entenderá por "lenguaje" tanto el lenguaje oral como la lengua de señas y otras formas de comunicación no verbal (art. 2 Convención).

til, los macrotipos, los dispositivos multimedia de fácil acceso, así como el lenguaje escrito, los sistemas auditivos, el lenguaje sencillo, los medios de voz digitalizada y otros modos, medios y formatos aumentativos o alternativos de comunicación, incluida la tecnología de la información y las comunicaciones de fácil acceso. Ello significa, que a partir de la reforma cualquier persona con discapacidad sensorial podrá otorgar testamento notarial abierto sin especialidad alguna (a diferencia de la regulación anterior) salvo en la forma de comunicar su última voluntad y la posterior ratificación de la misma[92].

Los modos en que se puede expresar el testador son básicamente el modo oral por el que testador dará instrucciones al notario de viva voz, presencialmente o por teléfono[93]; el modo escrito que admite tanto la escritura manual como mecánica o el sistema Braille y la lengua de signos que ni es oral ni escrito, pero es perfectamente válido tanto el utilizado por las personas sordas y sordociegas[94] como cualquier otro que haga inteligible la voluntad del testador aunque ello no se haya recogido expresamente en el nuevo texto del art. 695 CC[95].

En este sentido, la STS 24 noviembre 2004[96] en la que se resuelve la impugnación de un testamento abierto otorgado por una persona cuya dolencia le impedía expresarse verbalmente

---

92 Represa Polo, M. P.: "El artículo 695 CC", cit., p. 897.

93 En este sentido, Diaz Alabart, S.: "Derecho de sucesiones", cit., p. 203.

94 Y reconocido por la Ley 27/2007, de 23 de octubre, por la que se reconocen las lenguas de signos españolas y se regulan los medios de apoyo a la comunicación oral de las personas sordas, con discapacidad auditiva y sordociegas y el Real Decreto 674/2023, de 18 de julio, por el que se aprueba el Reglamento de las condiciones de utilización de la lengua de signos española y de los medios de apoyo a la comunicación oral para las personas sordas, con discapacidad auditiva y sordociegas.

95 Diaz Alabart, S.: "Derecho de sucesiones", cit., p. 209.

96 STS 24 noviembre 2004 (*Tol 527627*).

o escribir y que se comunicaba con el notario con movimientos de la mano, desestimando la petición de nulidad del mismo, señaló que:

> "Del factum de la sentencia recurrida logrado a través de una hermenéusis lógica y racional, se infiere de una manera nítida, a pesar de lo que pretende la parte recurrente, que el testador Juan Alberto en el momento del otorgamiento del testamento en cuestión no presentaba duda alguna al notario otorgante que tenía la capacidad suficiente para tal otorgamiento, tanto, no sólo por la manera de comportarse, sino también por su gestualidad perfectamente comprensible ante temas importantes del testamento.
>
> Es más, después de un análisis exhaustivo de la prueba pericial y testifical, que fue practicada en la primera instancia y que es acogida en la sentencia recurrida, se llega a la conclusión que Juan Alberto gozaba de capacidad suficiente para otorgar el testamento de 24 de abril de 1998.
>
> Dicho todo lo anterior y partiendo de la base de la capacidad del testador para otorgar el testamento en cuestión, tampoco cabe duda alguna que el mismo en tal acto de otorgamiento, pudo manifestar su voluntad, ya que en el presente caso hubo comunicación directa entre el testador y el notario, de tal forma que éste recibió de aquél la expresión de su última voluntad, como un requisito sustancial del negocio jurídico de testamento abierto, sin que además, por otra parte, ello, sea un requisito que exija una formalidad expresa y concreta.
>
> En resumen, que en el presente caso el testamento cuestionado está hecho de conformidad con la voluntad del testador, sobre todo cuando las instrucciones que dio el testador eran de una gran simplicidad, y que su lectura sólo necesitaba unos movimientos afirmativos de cabeza. Todo lo cual impide que pueda entrar en juego, con todas sus consecuencias, las prescripciones del artículo 709 del Código Civil.
>
> Es más, doctrina científica moderna que esta Sala acoge, tiene dicho que a pesar de lo preceptuado en el artículo 695 del Código Civil, la regla general del mismo -la expresión directa de voluntad del testador al notario-, no es absoluta; el testador puede expresar su última voluntad

> mediatamente valiéndose de un abogado o de mandatario cualquiera".

La fase de otorgamiento del testamento notarial abierto es la que ha sido objeto de una mayor modificación por la ley 8/2021 para adaptar la regulación civil a los postulados de igualdad y no discriminación de la Convención. Con la nueva redacción del art. 697 CC, ya no es obligatoria la presencia de testigos si el otorgante padece una limitación sensorial, pero estará en su derecho, si es su deseo, de hacerse acompañar por testigos que verifiquen que lo leído por el notario se corresponde con el documento escrito que recoge sus últimas voluntades. En todo caso, si el testador, para preservar la confidencialidad de su voluntad testamentaria -o por otro motivo- prescinde de la presencia de testigos, en este caso, el notario deberá garantizar o facilitar que el testador pueda leer u oír la lectura del testamento con los medios de apoyo suficientes, de acuerdo con la regulación civil y notarial[97]. Ahora bien, si el grado de discapacidad visual unido al hecho de no conocer el sistema Braille o la imposibilidad total de comunicación entre el testador y el notario por otras causas[98], sería oportuno, esta vez sí, la concurrencia de testigos a petición del notario si esque no han sido requeridos previamente por el testador. Porque el notario debe asegurarse de que el testador es conocedor de que lo contenido en el testamento se corresponde con su voluntad testamentaria para que pueda prestar su conformidad. De lo contrario, ante la falta de testigos -si los rechaza el testador-, podrá denegar el otorgamiento.

---

97 *Vid.* en este sentido, Represa Polo, M. P.: "El artículo 695 CC", cit., p. 898, quien aconseja acudir a aquellas notarias dotadas de los mejores sistemas de apoyo y ayuda a los testadores con discapacidad.

98 Como la discapacidad auditiva severa cuando el testador no conoce el lenguaje de signos ni sabe leer.

En todo caso, al ser el testamento un acto personalísimo no podrá otorgarse a través de apoyos representativos, es decir, no puede el curador otorgarlo en representación del testador, porque nadie puede ser sustituido ni representado en su voluntad testamentaria, ni complementado en la misma[99].

Así la STS 15 marzo 2018[100] señaló que:

> "[...] ni el tutor, como representante legal puede otorgar testamento en lugar de la persona con la capacidad modificada judicialmente ni el curador puede completar su capacidad cuando sea ella quien otorgue el testamento".

Se basa, para ello, en el principio de presunción de capacidad que ya resultaba de nuestro ordenamiento y ha quedado reforzado por la Convención sobre los Derechos de las Personas con Discapacidad, y que implica que no cabe basar la falta de capacidad para testar ni por analogía ni por interpretación extensiva de otra incapacidad.

Por otra parte, la STS 3 febrero 2023[101] estimó que:

> "El requisito del doble informe de especialista para testar no está contemplado en la nueva redacción del precepto tras la Ley 8/2021, de 2 de junio, dictada precisamente para adecuar nuestra legislación interna a las exigencias derivadas del Convenio de Nueva York, que sin embargo sí estaba vigente al tiempo del otorgamiento, y que reconocía que las personas con discapacidad "tienen capacidad jurídica en igualdad de condiciones con las demás en todos los aspectos de la vida", y, por lo tanto, para testar, sin que,

---

99 Por todos, De Amunátegui Rodríguez, C.: "Testamento otorgado por personas que sufren discapacidad psíquica o tienen su capacidad modificada judicialmente", *Revista de Derecho Privado*, julio-agosto, 2018, p. 21 y Diaz Alabart, S.: "Derecho de sucesiones", cit., p. 211.

100 STS 15 marzo 2018 (*Tol 6548076*).

101 STS 3 febrero 2023 (*Tol 9448691*).

> por la naturaleza personalísima del acto, pueda concurrir asistida por otra persona para conformar su voluntad testamentaria, y siempre que pueda comprender y manifestar sus disposiciones mortis causa , como es el caso que nos ocupa".

2.2. La capacidad de testar en testamento notarial cerrado

Con el fin de corregir las discriminaciones de las personas con discapacidad en su capacidad de testar, fundamentalmente las afectadas por una discapacidad sensorial, se han reformado otros preceptos del Código Civil como los arts. 706, 708, 709 y 742 CC, relativos al testamento notarial cerrado. La característica del testamento notarial cerrado, además de que debe ser escrito, es que permite no revelar la última voluntad del testador (art. 680 CC). Esta última voluntad se entrega por el testador al notario mediante un escrito, bien de manera manuscrita o por cualquier medio técnico incluido el soporte electrónico o por otra persona a su ruego de acuerdo con la nueva redacción del art. 706 CC.

La reforma por la Ley 8/2021 ha mejorado sustancialmente la situación de las personas con discapacidad visual pues se suprime del art. 708 CC, la prohibición de testar mediante testamento notarial cerrado a las personas ciegas. La razón del precepto reformado se fundamentaba en evitar la suplantación de la voluntad testamentaria de las personas con discapacidad visual que no podían comprobar que el escrito que se introducía en la cubierta a sellar era efectivamente el de su testamento y última voluntad. Tras la reforma, los arts. 708 y 709 CC prevén, para evitar lo mismo, que las personas con discapacidad visual (del grado que sea) pueda valerse de medios mecánicos o tecnológicos[102], de la escritura Braille. El avance es risible y lastimoso si atendemos a que ha habido que esperar al 2021 para incorporar, al menos, un tipo de escritura, la Braille o cecografía, que lleva aplicándose desde 1821[103]. Para Represa, además de lo antedicho, sigue constituyendo un riesgo que el carácter impersonal de la escritura Braille no permita asegurar con total certeza que el testamento entregado al notario es el que contiene la última voluntad del testador aunque supone un riesgo similar al otorgado por cualquier otro medio mecánico de los que permite el art. 706 CC que únicamente quedará salvado por la firma del testador[104]. En este sentido, la nueva redacción del art. 709 CC ha incluido un nuevo párrafo por el que "las personas con discapacidad visual, al hacer la presentación del testamento, deberán haber expresado en la cubierta, por medios mecánicos o tecnológicos que les permitan leer lo escrito, que dentro de ella se contiene su testamento, expresando el medio empleado y que el testamento está firmado por ellas".

No obstante, el nuevo párrafo primero del art. 709 CC cierra a las personas "que no puedan expresarse verbalmente" ni tampoco escribir, la posibilidad de otorgar testamento cerrado. Tampoco podrán hacerlo las personas que no sepan o no

---

102 Como mecanismos tecnológicos destaca la Blitablet, primera Tablet con texto Braille que funciona con una tecnología de elevación basada en un material líquido inteligente que produce burbujas para poder reproducir en la pantalla textos en braille. Además, también ofrece la posibilidad de representar imágenes, mapas, gráficos o figuras geométricas mediante la tecnología de elevación.

103 O desde el siglo XIII si atendemos a que, por aquel entonces, Al-Imam Al-Amadi, que era ciego, fue el primero en utilizar caracteres táctiles para la lectura.

104 Represa Polo, M. P.: "Treinta y uno. El artículo 706 CC", en *Comentarios a la Ley 8/2021 por la que se reforma la legislación civil y procesal en materia de discapacidad*, (dir. por C. Guilarte Martín-Calero), Thomson Reuters Aranzadi, Cizur Menor, 2021, pp. 900-906, en p. 903.

puedan leer, de acuerdo con el nuevo párrafo primero del art. 708 CC.

III. LA CAPACIDAD PARA SUCEDER A LAS PERSONAS CON DISCAPACIDAD

1. *Las incapacidades relativas del nuevo art. 753 CC*

Los artículos 752 y siguientes del Código Civil regulan una serie de supuestos pensados para impedir la captación de la voluntad del testador y preservar su libertad testamentaria, mediante el establecimiento de ciertas prohibiciones de disponer denominadas incapacidades relativas. A pesar de ello, llegado el caso, se declarará la nulidad y, por tanto, la ineficacia de la disposición testamentaria, pero no del testamento cuya validez se mantiene. Así pues, los arts. 752, 753 y 754 CC se fundamentan en la posibilidad o probabilidad -debido a la especial situación de vulnerabilidad del testador- de la captación de su voluntad y, en consecuencia, de una posible influencia indebida, declarando la incapacidad de suceder al testador de las personas en dichos artículos referenciadas[105]. Se trata de una mera sospecha del legislador hacia los mencionados en los citados preceptos -y no de una real y demostrada captación de voluntad o influencia indebida- con importantes consecuencias.

---

105 Zurilla Cariñana, M. A.: "Comentarios al artículo 753 Código Civil", en *Comentarios al Código Civil* (coord. por R. Bercovitz), Tirant lo Blanch, Valencia, 2023, p. 5616; y Represa Polo, M. P.: "Treinta y cinco. El artículo 753 CC", en *Comentarios a la Ley 8/2021 por la que se reforma la legislación civil y procesal en materia de discapacidad,* (dir. por C. Guilarte Martín-Calero), Thomson Reuters Aranzadi, Cizur Menor, 2021, pp. 906-919, en p. 909.

La reforma ha añadido nuevas incapacidades relativas mediante el art. 753 CC al incluir la incapacidad relativa del curador representativo anterior a la extinción de dicha curatela, según la nueva redacción del párrafo primero del precepto. Al tratarse de una norma restrictiva de derechos, quedarían fuera de la prohibición por no haber sido mencionadas, otras instituciones de apoyo como el curador no representativo, el guardador de hecho y el defensor judicial[106], como si en estos casos no fuera posible la influencia indebida y la manipulación del testador. Por otra parte, algunos autores entienden que sí queda incluido en el precepto tanto el curador representativo como el no representativo, pero no el guardador de hecho y el defensor judicial. El guardador de hecho, porque es más apropiado incluirlo en el supuesto del cuidador habitual. El defensor judicial porque su actuación es puntual careciendo de la situación de permanencia que se requiere para la posible influencia indebida o captación de la voluntad. En todo caso, siempre es posible impugnar el testamento por dolo o intimidación si el defensor judicial o el guardador de hecho han influido indebidamente en el testador[107].

---

106 En este sentido, Algaba Ros, S.: "Artículo 753 CC", en *Comentarios al Código Civil* (coord. por A. Cañizares Laso), Tirant lo Blanch, Valencia, 2023, p. 3697, para quien no se considera aplicable este apartado a los guardadores de hecho, ni curadores asistenciales o defensor judicial respecto de los que se aplicaría, en su caso, las reglas de vicios de la voluntad, si no pudieran ser incluidos en el supuesto previsto en el art. 753.3 CC.

107 En este sentido, Represa Polo, M. P.: "El artículo 753 CC", cit., p. 912, de quien disiento porque si es cierto que el riesgo de captación es posible en todas las medidas de apoyo enumeradas, se trata de una norma prohibitiva que debe interpretarse restrictivamente.

1.1. Disposiciones testamentarias en favor del curador representativo del testador

Excluida por la reforma por la Ley 8/2021, la mención al tutor de las personas con discapacidad, pues este cargo se reserva únicamente para la tutela de menores, la restricción del precepto se circunscribe al curador representativo. La redacción actual del art. 753 CC tiene como finalidad proteger a los testadores vulnerables, con discapacidad, limitando el ámbito de aplicación subjetiva de la norma a los curadores representativos y dejando fuera de la prohibición a los curadores asistenciales[108]. Parece ser que la razón se fundamenta en que la labor de los curadores asistenciales se limita a informar, ayudar, auxiliar, o sugerir las alternativas más adecuadas al proyecto de vida de la persona con discapacidad, pero sin que ello suponga ni tan siquiera complementar el ejercicio de su capacidad jurídica, que de acuerdo con el art. 282.4 CC "procurará que la persona con discapacidad pueda desarrollar su propio proceso de toma de decisiones"[109] y que el curador con facultades representativas puede, a diferencia del curador asistencial, sustituir la voluntad del curado en determinados actos (art. 288 CC). Pero olvida el legislador que es imposible la sustitución en materia testamentaria dada la naturaleza personalísima del testamento. Luego no se comprende esta medida, esta diferencia de trato entre el párrafo primero y el tercero del precepto. La

---

108 Para De Salas Murillo, S.: "Reconsideración de la prohibición de suceder: el caso del tutor o curador", *Derecho Privado y Constitución*, 35, julio-diciembre (2019), pp. 57-85, p. 64, no cabe extender la incapacidad para suceder a otros guardadores legales, como el defensor judicial. *Vid*, asimismo, sobre esta cuestión, a Alventosa del Río, J.: "Reformas en Derecho de sucesiones", en pp.451-502, en *La discapacidad: una visión integral y práctica de la Ley 8/2021, de 2 de junio* (dir. por J. R. De Verda), Tirant lo Blanch, Valencia, 2022, p. 456.

109 En este sentido, Pérez Gallardo, L. B.: "El testador vulnerable", cit., pp. 564 y 565.

influencia indebida que pueda ejercer un curador asistencial y un curador representativo es exactamente la misma. Además, la curatela representativa solo se contempla para supuestos excepcionales e imprescindibles en los que cabe plantearse si no estará afectada la capacidad de testar de la persona curada y es ociosa la prevención legislativa[110].

Quizás cuestión resida en que el legislador en su propósito de actualizar el Derecho vigente, ha equiparado el curador representativo al anterior cargo de tutor del incapacitado pese a la dicción del art. 753 CC anterior a la reforma por la Ley 8/2021 que rezaba:

> "Tampoco surtirá efecto la disposición testamentaria en favor de quien sea tutor o curador del testador, salvo cuando se haya hecho después de aprobadas definitivamente las cuentas o, en el caso en que no tuviese que rendirse éstas, después de la extinción de la tutela o curatela.
>
> Serán, sin embargo, válidas las disposiciones hechas en favor del tutor o curador que sea ascendiente, descendiente, hermano, hermana o cónyuge del testador".

De acuerdo con aquella redacción del precepto transcrito, hubiera sido más lógico incluir a los dos tipos de curador, tanto el asistencial como el representativo. Sin embargo, el párrafo primero del precepto reformado priva de eficacia a las disposiciones realizadas en favor del curador representativo, sean a título de herencia o de legado, mientras dure la curatela (representativa), sin excepción. No admite que puedan ser válidas si se otorgan en testamento notarial abierto como sí contempla el párrafo tercero del precepto comentado. Se trata de una

---

110 En tal sentido, Cerdeira Bravo de Mansilla, G.: "Prohibición legal de testar para las personas con discapacidad en el ejercicio de su capacidad jurídica", *Revista Jurídica del Notariado*, núm. 113, julio-diciembre, 2021, p.131. Y Diaz Alabart, S.: "Derecho de sucesiones", cit., p. 219.

norma preventiva que busca a toda costa garantizar la libertad dispositiva mortis causa del testador con discapacidad, que le hace vulnerable respecto de personas cuya voluntad pueda ser captada sibilinamente y sobre las que se puede ejercer notoria influencia sobre su ánimo y voluntad. Se trata de un control ex ante que evita la ulterior impugnación[111]. Y que, en consecuencia, impide que puedan resultar beneficiadas en el testamento del curado, si atendiendo a la realidad, la curatela se extingue

---

[111] Pérez Gallardo, L. B.: "El testador vulnerable", cit., pp. 564 a 567, para quien "esta medida preventiva solo atañe al curador representativo, no al asistencial. Respecto de este último no hay restricción alguna de disposiciones testamentaria a su favor. Empero, el legislador presume que el curador asistencial no pueda incidir a tal punto que ejerza influencias indebidas, o en todo caso no contempla al testador con discapacidad como un sujeto vulnerable en tanto la medida de apoyo que tiene, lo cual es sumamente discutible. Si bien es cierto que aquella persona que necesita un apoyo intenso, como lo es la curatela con facultades de representación, tendrá mayor vulnerabilidad y, en consecuencia, mayor posibilidad de ser manipulable y con ello se activa el rojo cautelar del legislador, no deja de ser posible tampoco que una persona con un curador asistencial también lo pueda ser. Hay una zona gris de difícil contorno entre el curador asistencial y el curador con facultades de representación. Que la prevención sea tan solo respecto de este último es opinable. Si verdaderamente se quiere evitar la manipulación del testador, la misma ratio existe en relación con las personas que cuentan con un curador que les asiste en el ejercicio de la capacidad jurídica: el temor fundado de la captación o sugestión existe y está presente, cualquiera sea la intensidad del apoyo, de ahí que el distingo legal sea de incierta viabilidad". Asimismo, opina que "el legislador quiere evitar no solo la sucesión respecto de aquel de quien se sospecha la posible manipulación del testador vulnerable, sino también cualquier prebenda, beneficio o ventaja que una disposición testamentaria le pueda dispensar, aunque el contenido de esta no sea patrimonial".

por la muerte de éste, a no ser que siendo familiar del testador quede excluido de la prohibición[112].

A su vez, el precepto en su párrafo primero, no prevé la extensión de la prohibición a los parientes del curador, a diferencia de lo que se contempla en los arts. 752 y 754 CC[113], que siempre han tenido como fundamento evitar disposiciones indirectas en favor de personas interpuestas[114].

1.2. Disposiciones testamentarias en favor de establecimientos y cuidadores, administradores o empleados de establecimientos en que estuviese internado el testador

Con la misma finalidad, se añaden dos párrafos más al art. 753 CC, atendiendo a los problemas derivados de una mayor expectativa de esperanza de vida y al deterioro relacional de las familias que ha llevado a muchas personas a ingresar en centros geriátricos y asistenciales que se convierten en su nuevo hogar y residencia habitual. Durante varias décadas la sociedad española y, especialmente la familia, ha sufrido una importante transformación social y afectiva que ha derivado en una nueva composición de esta basada definitivamente en la nuclear y apenas en la extensa, así como en el modelo de convivencia de los padres con los hijos. Asimismo, la incorporación de los dos miembros de la pareja al mercado de trabajo y la mejora de la esperanza de vida desencadena una auténtica dificultad en el cuidado de los mayores que se confía a personas ajenas a los

---

112 Diaz Alabart, S.: "Derecho de sucesiones", cit., p. 219.

113 En opinión de Algaba Ros, S.: "Artículo 753", cit., p. 3699, "a diferencia de los arts. 752 y 754 CC en este precepto no se mencionan a los parientes de los incapaces, lo que no impide que en su caso opere el art. 755 CC si se dan sus presupuestos".

114 En tal sentido, Represa Polo, M. P.: "El artículo 753 CC", cit., p. 913.

miembros de la familia lo que conduce al desapego derivado de las cada vez más escasas relaciones con los consanguíneos con quienes, en algunos casos -afortunadamente los menos- apenas se comunican. Por ello, y atendiendo a esta nueva realidad in cescendo, es por lo que el precepto ahora prohíbe y anula "la disposición hecha por las personas que se encuentran internadas por razones de salud o asistencia, a favor de sus cuidadores que sean titulares, administradores o empleados del establecimiento público o privado en el que aquellas estuvieran internadas. También será nula la disposición realizada a favor de los citados establecimientos", como personas jurídicas, ya sean privados o públicos.

Los establecimientos a que hace referencia el precepto serán de tipo asistencial, hospitalario, geriátrico; sanatorios, clínicas, o centros especializados, etc. que por sus características puedan acoger temporal o de manera permanente y prestar servicios a personas con problemas de salud psíquica, física o sensorial o de edad avanzada.

Del mismo párrafo segundo del art. 753 CC, se desprende que las personas físicas que presten al causante servicios de cuidado, asistenciales o de naturaleza análoga, como empleados de los establecimientos geriátricos o asistenciales no podrán ser favorecidas con disposiciones sucesorias aunque sean ordenadas en testamento notarial abierto[115] mientras el testador se encuentre internado en estos centros[116].

Si bien nada aclara el precepto, debemos entender que la prohibición tan sólo se aplica a los testamentos otorgados durante el tiempo en que el testador haya estado internado en dichos establecimientos y con independencia del valor de la atribución. El internamiento del testador parece incrementar el peligro de captación de la voluntad[117] y "hace saltar las alarmas" llevando al legislador a incrementar el nivel de sospecha de manipulación[118].

---

115 Para Pérez Gallardo, L. B.: "El testador vulnerable", cit., p. 575, "hacer extensiva la prohibición al testamento abierto o notarial me parece desproporcionada, pues el notario es un valioso apoyo institucional con el cual puede contar el testador, esté aun en situación de vulnerabilidad. No hay razón para distinguir en este orden entre los cuidadores informales que les asisten en la casa y los cuidadores formales o institucionales o el propio establecimiento geriátrico o asistencial si la voluntad testamentaria se formase con el asesoramiento y la mayéutica socrática que aplica el notario".

116 En opinión de Diaz Alabart, S.: "Derecho de sucesiones", cit., p. 221, el principio que subyace es el de evitar que, personas desaprensivas, puedan aprovecharse de la situación de discapacidad que padecen otras y que dependen en su día a día de aquéllas, por lo que es razonable la preocupación del legislador a este respecto. Sin embargo, opina Pérez Gallardo, L. B.: "El testador vulnerable", cit., p. 580, que "la posibilidad de manipular a un testador vulnerable en más tentadora y probable entre cuidadores y apoyos intensos de naturaleza familiar que respecto de cuidadores formales o asistenciales que trabajen en centros o establecimientos geriátricos".

117 De Salas Murillo, S.: "Reconsideración de la prohibición", cit., p. 66.

118 Pérez Gallardo, L. B.: "El testador vulnerable", cit., p. 575 y 580, para quien "si el internamiento no es prolongado, cabría sospechar de cualquier atribución testamentaria a favor del centro en que se interne la persona o de sus empleados. Si es prolongado, tal sospecha pudiera estar matizada, pues cabe la posibilidad de que el cuidador tenga merecimiento suficiente para una atribución patrimonial como un legado de módico valor. En tal sentido, debió pensarse

Pero nada le impide al interno testar en favor de otras personas no señaladas por el precepto aun cuando se encuentre internado en estos centros. ¿Y si testa en favor de los familiares de sus cuidadores bien sean de los titulares, administradores o empleados del establecimiento? Ello no se ha contemplado por la ley.

1.3. Disposiciones testamentarias en favor de personas físicas que presten servicios de cuidado, asistenciales o de naturaleza análoga

No todas las personas que necesitan atenciones y cuidados, ingresan en un establecimiento asistencial, hospitalario o geriátrico, sino en gran parte de los casos son atendidas en sus propios hogares por terceros. En el párrafo tercero del precepto, el legislador también establece la misma prohibición pero de manera más atenuada y permite, pero tan sólo si se ordena en testamento notarial abierto, que "las demás personas físicas que presten servicios de cuidado, asistenciales o de naturaleza

---

más la prohibición, pues un legado como al que se hace referencia, puede perfectamente ser admisible, lo cual no quiere decir que no quepan influencias indebidas o un actuar sibilino para obtener dicho legado. El legislador en la reforma pretendió cortar por lo sano y no deja lugar a dudas. No son válidas las atribuciones patrimoniales de ninguna naturaleza con independencia del valor de lo atribuido". Ahora bien, prosigue el autor citado que "la posible condición de sucesor ab intestato de cuidadores informales, tutores o curadores con facultades de representación hace callar las alarmas que alertan sobre el peligro de influencias indebidas o voluntades captatorias. La prevención del legislador en tales circunstancias se disipa. Eso sí, de tratarse de cuidadores formales cuya labor se desempeña en centros geriátricos, se entiende que ni la condición de presunto heredero ab intestato les habilita para suceder cuando el testador vulnerable quiere beneficiarle con una disposición testamentaria a su favor".

análoga al causante" puedan ser favorecidas en la sucesión de éste[119]. La indeterminación del término "naturaleza análoga" permite incluir otro tipo de actividades que puedan realizarse para asistir al testador[120].

Así pues, nos encontramos con dos excepciones: la primera, hace referencia a que, curador o cuidador, sean parientes con derecho a suceder ab intestato (art. 753 in fine CC). Aquí sí entiendo, porque así lo recoge el precepto, que queda incluido el curador no representativo y el guardador de hecho en tanto que "cuidador". Amén de ello, esta diferencia de trato hacia los parientes con derecho a heredar ab intestato, tiene su fundamento al decir de la doctrina, en la carga de afecto que se presume en las relaciones familiares y que minimizan la sospecha de captación de la voluntad del testador[121]. Al mismo tiempo, hay una novedad introducida por la reforma en relación con las personas exceptuadas de la prohibición de disponer testamentariamente en su favor: ya no son sólo los ascendientes, descendientes, hermanos y cónyuge del testador[122], sino que cabe incluir a otros parientes como los tíos, sobrinos, primos, etc., dentro del cuarto grado de consanguinidad.

La segunda excepción del art. 753.3 CC, se refiere a las personas físicas que presten al causante servicios de cuidado, asis-

---

119 Opina de Cerdeira Bravo de Mansilla, G.: "Prohibición legal", cit., p. 132, que se podría entender incluidos en el tercer párrafo del precepto tanto al curador asistencial como al guardador de hecho y al defensor judicial tanto para prevenir posibles influencias de éstos como para permitirles suceder al discapacitado si éste testó en testamento notarial abierto.

120 Algaba Ros, S.: "Artículo 753", cit., p. 3698.

121 Por todos, Diaz Alabart, S.: "Comentario al art. 753 CC", en *Comentario del Código Civil*, T. I, Ministerio de Justicia, 2011, p. 1859.

122 Señala Pérez Gallardo, L. B.: "El testador vulnerable", cit., p. 579, que no se debe pasar por alto el gazapo del legislador cuando alude a los parientes, sabiendo que entre los llamados a la sucesión está el cónyuge, que no es pariente del causante.

tenciales o de naturaleza análoga que únicamente podrán ser favorecidas con disposiciones sucesorias si y solo si son ordenadas en testamento notarial abierto para mejor control y supervisión notarial de una posible influencia indebida. Presume el legislador que en estos casos el notario será capaz de detectar una influencia indebida o captación de voluntad del testador -haciendo recaer una grave responsabilidad sobre el notario-, pero que no es capaz o no se le exige la misma diligencia y responsabilidad en los supuestos de internamiento del testador contemplados en el art. 753.2 CC[123].

1.4. Consecuencia: la ineficacia de las disposiciones testamentarias de las personas con discapacidad o vulnerables

Según ya hemos analizado, los arts. 752 y siguientes del Código Civil y especialmente el art 753, regulan la prohibición e ineficacia de ciertas disposiciones de las personas vulnerables y de las personas con discapacidad que implican una limitación al principio de libertad de disposición. En opinión de Represa[124], el legislador no cuestiona la capacidad del otorgante pero sí que puede estar sometido a una posible captación de voluntad, y plantea la insuficiencia de la medida adoptada para sancionar todos los supuestos de influencia indebida previstos en la Convención y que han quedado fuera del ámbito del precepto reformado, por lo que, plantea que se pueda impugnar el testamento por la vía de los vicios de la voluntad[125] que dan

---

123 En todo caso, queda abierta la posible impugnación por vicios del consentimiento, de consecuencias más graves, del art. 673 CC. Esta misma idea la comparte De Amunátegui Rodríguez, C.: "Tratamiento de la discapacidad", cit., p. 454.

124 Represa Polo, M. P.: "El artículo 753 CC", cit., p. 909.

125 Aunque se debe tener en cuenta, sin embargo, el criterio restrictivo de nuestra Jurisprudencia para apreciar dolo o intimidación.

lugar a la nulidad total del testamento (art. 673 CC) y no únicamente de la disposición testamentaria -sanción mucho más leve en aplicación del principio general del derecho sobre la conservación de los actos y negocios jurídicos que en Derecho de sucesiones[126] se concreta en el favor testamenti-[127].

Tampoco admite prueba en contrario. Ahora bien, si se tiene en cuenta que la finalidad de la norma no es otra que la preservación de la libre voluntad "querida" por el testador, entiendo que debe descartarse cualquier interpretación del precepto que de un modo absoluto y taxativo[128] aplique automáticamente el mismo -ope legis y iure et de iure-, sin posibilidad de prueba en contrario[129], pues ello es atentatorio, antes y ahora, de la libertad de testar.

En tal sentido, SAP Badajoz 14 septiembre 2020[130] en relación con el tema de la capacidad para testar con la legislación anterior señala que:

> "si el riesgo que corre una persona con demencia u otra deficiencia intelectual es la posible captación de su voluntad (la influencia indebida), el remedio no puede ser la eliminación del derecho. Tal solución sería más perjudicial para el discapacitado que la propia materialización del riesgo".

---

126 *Vid.* SSTS 19 mayo 2015 (*Tol 5202913*), 30 octubre 2012 (*Tol 3060021*) y 15 enero 2023 (*Tol 340703*).

127 Reconocido jurisprudencialmente por las SSTS 20 marzo 2013 (*Tol 3063331*) 15 enero 2013 (*Tol 3407803*), 10 septiembre 2015, (*Tol 5580106*), 3 junio 2014 (*Tol 4395123*) y 30 octubre 2012 (*Tol 3060021*), o la SAP Castellón 16 marzo 2022 (*Tol 9103540*), por citar algunas.

128 *Vid.* STS 19 mayo 2015 (*Tol 5202913*) que para el caso contemplado en el art. 752 CC admite que no hubo captación de la voluntad y que la liberalidad la otorgó la testadora libremente.

129 *Vid.* al respecto, Clemente Meoro, M.: "Nuevas líneas jurisprudenciales en materia sucesoria", en *Derecho de Sucesiones* (dir. por J. Alventosa y M. E. Cobas), Tirant lo Blanch, Valencia, 2107, p. 125.

130 SAP Badajoz 14 septiembre 2020 (*Tol 8103605*).

Por ello, es sorprendente la posición protectora y paternalista que adopta el legislador, que no regula si hay o no influencia debida, captación de voluntad, intimidación o dolo en la formación de la voluntad testamentaria del testador vulnerable, no siempre con discapacidad, sino si la puede haber, esto es, la posibilidad o probabilidad de que se produzca. Y ante tal posibilidad, que puede no darse, cercena la libertad de testar sin más. ¿Dónde queda el derecho a decidir libremente el testador (muy limitado en nuestra legislación), a equivocarse[131], a adoptar decisiones que otros puedan entender como "erróneas" si le conviene, porque ello es acorde a sus deseos y preferencias o para ser agradecido con quien se ha ocupado de sus necesidades vitales e incluso afectivas? Muy lejos, según parece[132]. Y, sin embargo, la posibilidad de adoptar decisiones, asumir riesgos, por ende, equivocarnos, es una manifestación del derecho a la autodeterminación, a la autonomía personal, a la propia decisión independiente -sin aprobaciones ni autorizaciones de terceros- de todas las personas y, también, de las personas con discapacidad[133].

---

131 En opinión de Castán Pérez-Gómez, S.: "La curatela ¿una nueva institución?, en *Ejercicio de la capacidad jurídica por las personas con discapacidad tras la Ley 8/2021, de 2 de junio* (dir. por M. Pereña Vicente y Mª. del M. Heras Hernández), Tirant lo Blanch, Valencia, 2022, p. 224, todos nos equivocamos pero la cuestión es que hay momentos en la vida en que somos capaces de advertir nuestros errores y otros en que no, porque nos falta esa capacidad de entendimiento y análisis.

132 Opina De Salas Murillo, S.: "Reconsideración de la prohibición", cit., p. 69, que el Código Civil "proyecta sobre estas circunstancias una suerte de tacha, o por lo menos de sospecha, de inmoralidad en los sucesores, presuntos captadores de voluntad, con el lógico correlato de la limitación de voluntad por parte del disponente, que se convierte, en el caso del art. 753, en una barrera infranqueable cuya justificación no es en absoluto clara".

133 En el mismo sentido, vid. interesante análisis de Guilarte Martín-Calero, C.: "Las grandes líneas", cit., p. 48.

En este sentido, la STS 8 abril 2016[134], anterior a la reforma de 2021, ya señalaba que:

> "Ambos preceptos son una manifestación de la protección que el ordenamiento jurídico proporciona al testador vulnerable en defensa de su libertad de testar. Se trata de normas preventivas que, como ha señalado la jurisprudencia, tienen su fundamento en garantizar la total libertad dispositiva del testador, evitándole sugestiones o captaciones en un trance que le hace vulnerable a las presiones de quien, por razón de su ministerio, puede ejercer una gran influencia en el ánimo del enfermo".

En todo caso, hay que atender al hecho de que hay enfermedades que comprometen la aptitud natural de entender y querer de quienes las padecen[135] y su voluntad. En consecuencia, los actos y negocios jurídicos que pretenden adoptar, pueden atentar a su interés personal y patrimonial, pese a que el Comité de Derechos de las Personas con Discapacidad en su Observación General núm. 1.21, declaró que el "principio del interés superior" no es salvaguardia que cumpla con el art. 12 de la Convención y, por el contrario, el paradigma de la voluntad y preferencias, debe reemplazar al del interés superior para que las personas con discapacidad disfruten del derecho a la capacidad jurídica en condiciones de igualdad con los demás[136].

---

[134] STS 8 abril 2016 (*Tol 5694636*).

[135] De Verda y Beamonte, J. R.: "La guarda de hecho de las personas con discapacidad", en *El nuevo sistema de apoyo a las personas con discapacidad y su incidencia en el ejercicio de su capacidad jurídica* (coord. por N. Álvarez Lata), Thomson Reuters Aranzadi, Cizur Menor, 2022, pp. 81-124, en p. 108.

[136] En relación con la posible permanencia del principio del mejor interés de la persona con discapacidad en algunos supuestos, De Salas Murillo, S.: "¿Existe un derecho?, cit., pp. 227 y ss., y Sánchez Gómez, A.: "Hacia un nuevo tratamiento jurídico de la discapacidad", *Revista de Derecho Civil*, núm. 5, octubre-diciembre 2020, p. 394.

A este respecto, Martínez de Aguirre[137], considera que el Comité lleva a cabo una "lectura sesgada y parcial del art. 12 de la Convención", porque ignora que el citado precepto, en su párrafo cuarto in fine menciona expresamente los intereses de las personas con discapacidad por lo que es evidente que no solo "pueden" sino que "deben" ser tomados en cuenta:

> "Los Estados Partes asegurarán que en todas las medidas relativas al ejercicio de la capacidad jurídica se proporcionen salvaguardias adecuadas y efectivas para impedir los abusos de conformidad con el derecho internacional en materia de derechos humanos. Esas salvaguardias asegurarán que las medidas relativas al ejercicio de la capacidad jurídica respeten los derechos, la voluntad y las preferencias de la persona, que no haya conflicto de intereses ni influencia indebida, que sean proporcionales y adaptadas a las circunstancias de la persona, que se apliquen en el plazo más corto posible y que estén sujetas a exámenes periódicos por parte de una autoridad o un órgano judicial competente, independiente e imparcial. Las salvaguardias serán proporcionales al grado en que dichas medidas afecten a los derechos e intereses de las personas".

Por su parte, y como señala De Verda[138], la STS 6 mayo 2021[139] sistematizando los principios inspiradores de la reforma por la Ley 8/2021, se refiere al principio del interés superior de la persona con discapacidad y señala que:

> "El interés superior del discapacitado se configura como un principio axiológico básico en la interpretación y aplicación de las normas reguladoras de las medidas de apo-

[137] Martínez de Aguirre, C.: "La Observación General Primera del Comité de Derechos de las Personas con Discapacidad: ¿interpretar o corregir?", en *Un nuevo orden jurídico para las personas con discapacidad* (dir. por G. Cerdeira Bravo de Mansilla y García Mayo, M.), Bosch, Madrid, 2021, pp. 118-119.

[138] De Verda y Beamonte, J. R.: "La guarda de hecho", cit., p. 101.

[139] STS 6 mayo 2021 (*Tol 8431634*).

> yo, que recaigan sobre las personas afectadas. Se configura como un auténtico concepto jurídico indeterminado o cláusula general de concreción, sometida a ponderación judicial según las concretas circunstancias de cada caso. La finalidad de tal principio radica en velar preferentemente por el bienestar de la persona afectada, adoptándose las medidas que sean más acordes a sus intereses, que son los que han de prevalecer en colisión con otros concurrentes de terceros".

Efectivamente, coincido con De Verda[140] en que cuando una persona tenga afectada su capacidad de formar libremente su voluntad, por sufrir una enfermedad que le impida tomar conciencia de su estado y valorar la necesidad de un apoyo -apoyo que incluso rechaza-, sería posible en aras de su interés personal y patrimonial que el apoyo (incluso del guardador) adopte decisiones que contarían sus deseos y preferencias[141]. Pero no en el caso de las disposiciones testamentarias de esta persona. En mi opinión, si el notario -en su intervención- aprecia que no tienen suficiente capacidad natural, no podrá otor-

---

140 De Verda y Beamonte, J. R.: "La guarda de hecho", cit., p. 101. Asimismo, con Martínez de Aguirre, C.: "La Observación General", cit., pp. 118-119.

141 En el mismo sentido, Guilarte Martín-Calero, C.: "Las grandes líneas", cit., pp. 38 y ss. *Vid.* a este respecto, la STS 8 septiembre 2021 (*Tol 8585229*) y la citada STS 6 mayo 2021 (*Tol 8431634*). Interesantes también las distintas posiciones doctrinales al respecto de Alberruche Díaz-Flores, M. M.: "El régimen de ineficacia en nuestro ordenamiento jurídico tras la Ley 8/2021, de 2 de junio", en *El ejercicio de la capacidad jurídica por las personas con discapacidad tras la Ley 8/2021, de 2 de junio* (dir. por M. Pereña Vicente y M del M. Heras Hernández), Tirant lo Blanch, Valencia, 2022, pp. 499 y 500; Castán Pérez-Gómez, S.: "La curatela ¿una nueva institución?", en *El ejercicio de la capacidad jurídica por las personas con discapacidad tras la Ley 8/2021, de 2 de junio* (dir. por M. Pereña Vicente y M del M. Heras Hernández), Tirant lo Blanch, Valencia, 2022, p. 225; Martínez de Aguirre, C.: "La Observación General", cit., pp. 118-119 y 121-122. *Vid.* STS 18 septiembre 2024 (*Tol 10197239*).

gar disposiciones testamentarias ni acertadas ni erradas; pero si aprecia su capacidad para testar, este tipo de disposiciones de última voluntad -que se adoptan para después de la muerte del testador- ¿en qué van a perjudicar sus intereses si a la apertura de su sucesión ya habrá fallecido? Podrá perjudicar a sus legitimarios pero esa es otra cuestión distinta. Estamos analizando si la regulación debe proteger la autonomía y la voluntad de la persona con discapacidad y no si debe proteger las expectativas sucesorias de otros.

En consecuencia, si la finalidad de la norma es precisamente "proteger la voluntad del testador", cuando quede probado que éste ha testado libremente y que el contenido del testamento coincide con su voluntad real, la eficacia del testamento no debería verse afectada, de lo contrario con el fin de proteger la voluntad del testador como ley suprema de la sucesión estaríamos desplazando o prescindiendo la misma. Por ello, bien está que el legislador en aras de salvaguardar la voluntad del testador establezca cautelas, pero siempre que no cercenen su libertad[142].

En este sentido, la SAP Madrid 27 noviembre 2019[143] ya señalaba que:

142 En este sentido, Represa Polo, M. P.: "El artículo 753 CC", cit., p. 910, entiende que el legislador podría platear presunciones iuris tantum que evitan la prueba de la captación con la dificultad que ello implica; pero mejor resultaría aún, señala la autora, que se admitiera la prueba de que no se ha producido ninguna captación de voluntad o lo que es lo mismo, que el testador otorgó testamento libre y voluntariamente, dando validez a lo querido por él, tal cual lo quiso. Véase, sobre este tema Berrocal Lanzarot, A. I.: "Las medidas voluntarias de apoyo en la Ley 8/2021, de 2 de junio: los poderes y mandatos preventivos", *Revista Crítica de Derecho Inmobiliario*, núm. 786, 2021, pp. 2392-2442, en p. 2395.

143 SAP Madrid 27 noviembre 2019 (*Tol 7805735*).

> "los padecimientos físicos que tenía el causante debido a la grave enfermedad oncológica terminal e irreversible que padecía a la fecha del otorgamiento del testamento e incluso la situación de ansiedad y dependencia en la que se encontraba el paciente, motivadas por aquella, no implican una ausencia de juicio o entendimiento en el momento de la firma del testamento aquí cuestionado. La parte ahora recurrente se ha venido limitando a invocar la situación de vulnerabilidad en la que se encontraba su padre, pero no ha justificado (ni siquiera invocado), conducta alguna llevada a cabo -indudablemente por la esposa de éste, por se a quien demandan- que haya podido torcer la voluntad de juicio del causante. En palabras del perito psiquiatra antes citado, Sr. E., la llamada vulnerabilidad a la influencia debida, precisa no sólo de la constatación de un estado por virtud del cual la persona enferma ha perdido la autonomía precisando de otra u otras personas para realizar las actividades básicas de la vida sino de una situación de aislamiento del paciente por parte de la persona que ayuda o cuida al que no puede cuidarse por sí mismo, lo que de la prueba obrante en las actuaciones no se aprecia en absoluto".

Tengamos en cuenta que el notario interviniente debe velar por evitar todo abuso o influencia indebida e incluso, debe comprobar -si ello es posible- que la persona no ha contemplado en disposiciones previas, indicadores de abuso o cautelas especiales para impedir dicho abuso o conflicto de intereses[144]. Y considerando que nuestro sistema de legítimas ejerce un importante efecto bloqueo protector de los derechos de los legitimarios (otro atentado a la libertad de testar y decidir mortis causa sobre el destino de los propios bienes) ¿a qué tantas prohibiciones?

La prohibición de disponer -que es muy amplia- afecta a los centros residenciales y asistenciales como persona jurídica pero también a sus titulares, administradores o empleados, en

---

144 Marín Calero, C.: *La integración de las personas*, cit., p. 43.

tanto que personas físicas[145] y demás personas físicas que presten servicios de cuidado, asistenciales o de naturaleza análoga e, igualmente, a los curadores representativos.

Ahora bien, la prohibición de disponer en favor de el curador representativo abarca desde la constitución de la curatela hasta el momento de su extinción según la nueva dicción del precepto. Por tanto, deben considerarse válidas la disposiciones anteriores y posteriores a estos momentos mencionados en los que no hay razón para sospechar de la voluntad captatoria ¿o sí? Entiendo que si el testamento fue otorgado en un momento anterior al nombramiento del curador con facultades de representación no hay razón para sospechar de la voluntad captatoria en éste, si no estamos en presencia de un testador vulnerable o demasiado vulnerable por edad o discapacidad. Sin embargo, cabría la hipotética posibilidad de que el curador representativo, durante el ejercicio de su apoyo, hubiera manipulado al testador para que testara en su favor una vez extinta la curatela si se supera la situación de discapacidad y, en consecuencia, ya no se requiere ninguna medida de apoyo o se adopta una nueva medida de apoyo más adecuada a la nueva situación de la persona con discapacidad (art. 291.2 CC). No obstante, en estos casos, el legislador "baja la guardia"[146].

---

145 En opinión de De Bettencourt Rodrigues, D.: "Autonomía personal, autodeterminación sucesoria y financiación del cuidado de las personas mayores en el derecho portugués", *Revista Boliviana de Derecho*, núm. 38, 2024, pp. 260-295, en p. 284, el caso en el que la asistencia es proporcionada por particulares plantea mayores dificultades: no sólo porque implica riesgos para la persona mayor atendida, sino también porque no protege la posición de quien cuida"; "la situación en la que la persona mayor contrata a alguien para que le cuide a cambio de un beneficio sucesorio será la situación que entrañe mayores riesgos, en particular, si estamos ante alguien que la persona mayor no conocía previamente y con quienes no tenía ningún tipo de vinculo, familiar o de amistad".

146 Así, Pérez Gallardo, L. B.: "El testador vulnerable", cit., p. 569.

En el caso de las personas e instituciones mencionadas en el párrafo segundo del precepto, la nulidad de las disposiciones testamentarias afecta a todos los establecimientos y residencias geriátricas o asistenciales, públicos o privados, así como a sus titulares, administradores o empleados, cuando el testador se encuentre internado en uno de estos centros, tanto si necesita o no medidas de apoyo[147]. El criterio del legislador, que aplica el mismo régimen que al curador representativo, es que en estos establecimientos existe -sea cierto y real o no- un mayor peligro de captación de voluntad de los internados y es indiferente si la disposición se otorga en testamento notarial abierto -con el consiguiente control notarial- como si no.

La prohibición alcanza a cualquier tipo de disposiciones testamentarias de contenido patrimonial en que se instituya como sucesores (en calidad de herederos o legatarios), a las personas mencionadas[148].

En este sentido, resulta muy ilustrativa la posición de Torres García y García Rubio cuando señalan que "una prohibición de suceder para las personas que se han ocupado del cuidado del testador cuando más lo necesitaba choca frontalmente con el legítimo deseo de recompensar a las personas que han

---

147 En opinión de De Bettencourt Rodrigues, D.: "Autonomía personal", cit., p. 283, cualquier beneficio adicional atribuido por la persona mayor a uno de los empleados del establecimiento puede dar lugar a sospechas legítimas sobre la existencia de una influencia indebida.

148 Diaz Alabart, S.: "Comentario al art. 752 CC", en *Comentario del Código Civil*, T. I, Ministerio de Justicia, 2011, p. 1856. Para Pérez Gallardo, L. B.: "El testador vulnerable", cit., p. 566 y 567, caben también otras disposiciones de contenido no patrimonial pues "el legislador quiere evitar no solo la sucesión respecto de aquel de quien se sospecha la posible manipulación del testador vulnerable, sino también cualquier prebenda, beneficio o ventaja que una disposición testamentaria le pueda dispensar, aunque el contenido de esta no sea patrimonial".

tenido actitudes bondadosas y generosas con el causante y, en definitiva, supone una restricción muy fuerte a la libertad de testar en sentido negativo", y "es más, la falta de retribución o retribución insuficiente en vida que muchas veces caracteriza estas formas de cuidado, hace que tampoco sean justas prohibiciones ex ante como las previstas (...), sobre todo si estas no permiten matizar en función de las circunstancias del caso"[149].

En todo caso, la prohibición nunca debería haber sido incluida en la reforma. Por ello concuerdo con De Salas en que si atendemos a que entre los postulados de la dignidad de la persona está el decidir qué destino quiere para sus bienes tras su muerte y en la elección de ese destino, "por lo que la protección y el paternalismo no se pueden volver en su contra impidiendo lo que él o ella quieren, a lo mejor con todas sus fuerzas: dejar los bienes a la persona física o jurídica que más y mejor se ha ocupado de ellos. Si el criterio del 'mejor interés de la persona con discapacidad' se considera abandonado e incluso en algunos sectores proscrito, ¿por qué ha de decidir el legislador qué es lo mejor para él en este punto prohibiéndoselo a priori?"[150].

2. *La indignidad para suceder a la persona con discapacidad del art. 756 CC*

La Ley 8/2021 también ha modificado mínimamente el art. 756 CC, que regula las causas de indignidad, en su ordinal segundo como en su ordinal séptimo, añadiendo como indigno

---

149 Torres García, T. F. y García Rubio, M. P.: "La libertad de testar: el principio de igualdad, la dignidad de la persona y el libre desarrollo de la personalidad", en *Derecho de sucesiones*, Fundación Coloquio Jurídico Europeo, Madrid, 2014, pp. 183 y 184.

150 De Salas Murillo, S.: "Reconsideración de la prohibición", cit., pp. 76 y 77.

a quien por sentencia firme sea removido del cargo de curador de una persona con discapacidad. Se adapta en este caso, la redacción del precepto a la nueva figura de apoyo que sustituye al antiguo tutor por la del curador. Pese a ello, no distingue el precepto entre curador representativo y no representativo, por lo que hay que entender que se refiere a ambos si atendemos a que la remoción del cargo del curador por la reforma de 2015, también era causa de indignidad[151].

2.1. La remoción del curador

Las causas de remoción de la curatela se enumeran en el art. 278 CC y afectan a quienes hayan incurrido en una causa legal de inhabilidad o se conduzcan mal en su desempeño por incumplimiento de los deberes propios del cargo; por notoria ineptitud de su ejercicio o cuando, en su caso, surjan problemas de convivencia graves y continuados con la persona a la que prestan apoyo. Las causas de inhabilidad son las que se enumeran en el art. 275.2 CC y comprenden a aquellos que hayan sido excluidos por la persona que precise los apoyos o bien hayan sido privados o suspendidos por resolución judicial en el ejercicio de la patria potestad o de los derechos de guarda o protección ya sea parcial o totalmente y a los que hayan sido removidos de una tutela, curatela o guarda anterior. Asimismo, a quienes se encuentren en algunas de las situaciones relacionadas en el art. 275.3 CC, bien por mala administración bien

---

[151] En tal sentido, Represa Polo, M. P.: "Treinta y seis. El artículo 756 CC", en *Comentarios a la Ley 8/2021 por la que se reforma la legislación civil y procesal en materia de discapacidad,* (dir. por C. Guilarte Martín-Calero), Thomson Reuters Aranzadi, Cizur Menor, 2021, pp. 919-927, en p. 920, para quien, siendo coherentes, la remoción del cargo del curador por la reforma de 2015, también era causa de indignidad. En el mismo sentido, Diaz Alabart, S.: "Derecho de sucesiones", cit., p. 217.

por conflictos de intereses con la persona a la que se presta los apoyos.

Ahora bien, en el caso de notoria ineptitud para ejercer el cargo a la que hace referencia el art. 278 CC, ésta no tiene por qué ser debida a culpa o dolo del curador[152] sino que puede provenir de un deterioro de la salud o por la edad avanzada del curador. En tal caso, no debería considerársele indigno para recibir la herencia de la persona con discapacidad a la venía prestando su apoyo como curador hasta ese momento. Tampoco debería quedar excluido en el caso de desacuerdos reiterados de convivencia entre el curador y el curado que tengan su causa en este último[153].

Nada menciona el precepto sobre el guardador de hecho, por lo que no cabe entenderlo incluido en la sanción del art. 756.2 CC.

El art. 756 CC contempla otras causas de indignidad que afectan a los deberes familiares. No menciona el precepto que ello esté relacionado con una persona con discapacidad, pero cabe entender que sea vulnerable, tratándose de un menor. Por consiguiente, si como señala Diaz Alabart[154] -lo que me parece muy acertado- contemplamos la sucesión no únicamente en el sentido patrimonial sino que nos detenemos en otros aspectos de carácter personal, deberemos considerar la cuestión de las atenciones debidas y el incumplimiento de los deberes familiares.

---

152 Así De Salas Murillo, S.: "Comentario al art. 278 CC", en *Comentarios al Código Civil* (coord. por R. Bercovitz), Thomson-Reuters Aranzadi, Cizur Menor, 2021, p. 514.

153 En este sentido, Diaz Alabart, S.: "Derecho de sucesiones", cit., p. 217.

154 Diaz Alabart, S.: "Derecho de sucesiones", cit., p. 212.

2.2. El incumplimiento de los deberes familiares

Dentro de las numerosas causas de indignidad del precepto, el párrafo tercero del art. 756.2 establece como causa de indignidad la condena por sentencia firme a pena grave por un delito contra los derechos y deberes familiares. Ello puesto en relación con el art. 229 del Código Penal (en adelante CP), incluye el abandono de personas con discapacidad necesitadas de especial protección. Es decir, de personas en una grave situación de vulnerabilidad. Si grave es el abandono de un menor, mayor reproche merece el abandono de un menor con discapacidad. No obstante, concretamente, este tipo de abandono no da lugar a pena grave, pues no se castiga con más de cuatro años y de acuerdo con el art. 33.2.b) CP que exige una pena de prisión superior a cinco años. Otra oportunidad desaprovechada por el legislador tanto en la reforma introducida por la Ley 8/2021 como por la Ley 15/2015, de 2 de julio, de Jurisdicción Voluntaria.

En todo caso, y al respecto existen algunos pronunciamientos como el de la STS 23 abril 2018[155] que señala que la doctrina de la Sala de lo Civil del Tribunal Supremo, interpretativa del art. 756 CC, establece que:

> "En materia de interpretaciones de las causas de indignidad para suceder, debe utilizarse un criterio restrictivo, y en caso de duda, debe estarse a favor del supuesto indigno. No se pueden confundir el aspecto sentimental, ético o moral de las circunstancias o actuaciones reprochables, con su apreciación y valoración jurídica, a efectos de la declaración de ingratitud. Debe tenerse en cuenta, el verdadero estado de necesidad económica del beneficiario. El incumplimiento debe ser grave, permanente e importante".

---

155 STS 23 abril 2018 (*Tol 6586856*).

Sin embargo, seguidamente añade que:

"Teniendo en cuenta la grave discapacidad del hijo, el incumplimiento de los deberes familiares personales del padre hacia aquél, no merecen otra calificación que la de graves y absolutos y otro tanto cabría decir de los patrimoniales, pues aunque hayan mediado algunos pagos de la obligación alimenticia convenida, sustancialmente no se ha cumplido ésta, y cómo se razona no se valora como involuntario tal incumplimiento.

No deja de ser llamativo que el demandado, aquí recurrente, ante una demanda en su contra de pérdida de patria potestad, con la gravedad que ello supone en las relaciones paternofiliales, no se personase y fuese declarado en rebeldía, pues si la demanda hubiese prosperado, lo que no sucedió por fallecer el menor en el curso del proceso, la causa de indignidad no ofrecería duda, como expresamente se prevé en el párrafo tercero del nº 2 del art. 756 CC en la redacción actual por Ley 15/2015, de 2 de julio.

Como corolario cabe concluir que, partiendo de los hechos probados, es grave y digno de reproche que el menor desde el año 2007 hasta su fallecimiento en el año 2013 careciese de una referencia paterna, de un padre que comunicase con él, le visitase y le proporcionase cariño, afectos y cuidados, obligaciones familiares de naturaleza personal de indudable transcendencia en las relaciones paternofiliales, y todo ello sin causa que lo justificase.

Pero aún es más grave y más reprochable si el menor, a causa de padecer una enfermedad a los 16 meses de edad, sufría una severa discapacidad, como consta en la sentencia recurrida, que exigía cuidados especiales.

Fruto de la gravedad de esa conducta paterna es que la reprochabilidad de la misma tenga suficiente entidad, como razona la sentencia recurrida, para acarrear, como sanción civil, su incapacidad por indignidad para suceder al menor. Tal reproche se implementa con el incumplimiento sustancial por parte del padre de las obligaciones alimenticias convenidas para el menor.

La sentencia recurrida razona porqué los pagos parciales que se hicieron por el padre, en determinadas épocas, de tal obligación patrimonial no excluyen el incumplimiento sustancial de la misma, así como también razona por qué

> no acoge las justificaciones que ofrece la parte en su defensa.
>
> Tales razonamientos, transcritos en el resumen de antecedentes, no pueden tacharse de ilógicos, absurdos o arbitrarios y, por ende, tal incumplimiento patrimonial coadyuva al personal, que es el esencial, para calificar la gravedad de la conducta del demandado, aquí recurrente, con la consecuencia en el orden sucesorio ya recogida".

2.3. No haber prestado las atenciones debidas al causante con discapacidad

El art. 756.7 CC en virtud de la Ley 41/2003 ya introdujo una nueva causa de indignidad cual es no haber prestado a la persona con discapacidad las atenciones debidas, remitiéndose el precepto a los arts. 142 y 146 CC que regulan la obligación de alimentos. En este sentido, la reforma por la Ley 8/2021 no ha cambiado ni una coma al ordinal séptimo del precepto, veinte años después de su inclusión aunque se ha ampliado su ámbito de aplicación al incluirse el concepto de persona con discapacidad en el ámbito de la Disposición Adicional Cuarta de la Ley.

Y no porque aquella redacción de 2003 fuere "perfecta". Al contrario, como pone de manifiesto Diaz Alabart, ya en el momento de la inclusión de esta causa de indignidad por la Ley 41/2003, la doctrina de manera unánime[156] puso de relieve la inconveniencia de un texto redactado de manera tan inconcreta en una norma como la comentada, especialmente sancionadora que tampoco con la reforma por la Ley 8/2021

[156] Por todos, Represa Polo, M. P.: "Indignidad y desheredación: sanciones civiles en el orden sucesorio", *Revista de Derecho Privado*, mayo-junio, 2020, p. 104.

ha tenido a bien aclarar los aspectos dudosos y el sentido último de tal regulación[157].

Por ello, algunos autores opinan que las atenciones debidas que menciona el art. 756.7 CC no se corresponden exactamente con la obligación legal de alimentos, pese a la remisión que hace el precepto a los arts. 142 y 146 CC, sino que son otra cosa[158]. Es decir, si no se trata de algo más que las atenciones u obligaciones, que como la legal de alimentos, son de contenido patrimonial. Es decir, si no se debe exigir otras atenciones debidas de cuidado y afecto. No obstante, la jurisprudencia transita por otros planteamientos más restrictivos como señaló de manera muy taxativa la STS 2 julio 2019[159] que en sus FD 3 y 4 entiende que:

> 3.- "(...) lo mantenido para el maltrato de obra como causa de desheredación, integrando en él el maltrato psicológico y emocional, no puede trasladarse a la causa de incapacidad para suceder por indignidad que es objeto de debate.
>
> La realidad social, cultural y los valores del momento no son otros que los que contempla la Ley 41/2003, de 18 de noviembre, sobre protección patrimonial de personas con discapacidad, esto es, en respuesta a una demanda social de los valores del momento respecto de estas personas. Por tanto, para acudir a la interpretación flexible de esta concreta causa no se pueden utilizar los motivos que proporcionaron la del maltrato de obra a efectos de desheredación.
>
> Tal argumento se refuerza porque el art. 756 CC ha sido reformado por la Ley de Jurisdicción Voluntaria (Ley 15/2015), y en su Exposición de Motivos afirma que 'se introduce, por considerarse necesario su adaptación a la nueva realidad social y desarrollo legislativo en el ámbito penal, una

157 Diaz Alabart, S.: "Derecho de sucesiones", cit., p. 212 y Represa Polo, M. P.: "El artículo 756 CC", cit., p. 922.

158 En base precisamente, a que el legislador no se ha remitido de manera más extensa, a los arts. 142 a 153 CC.

159 STS 2 julio 2019 (*Tol 7387266*).

> nueva regulación de las causas de indignidad para suceder'.
>
> Si la reforma tiene incidencia en el abandono, hubiese sido ocasión propicia a los valores del momento incluir en las 'atenciones debidas' (art. 756. 7 CC) obligaciones de contenido personal. Nada de esto se hizo y como sostiene la sentencia recurrida ese maltrato psicológico o emocional no puede considerarse como una negación de alimentos, que es en lo que se concreta las atenciones debidas.
>
> Que no cabe confundir una y otra atención se colige del art. 853 CC, que contempla la negación de alimentos y el maltrato de obra, en el que jurisprudencialmente se integraría el emocional o psicológico, como causas diferentes de desheredación en sus núm. 1º y 2º.
>
> 4.- Lo dicho no empece a que algún sector de la doctrina científica mantenga que en la causa 7 del art. 756 CC., se debería haber incluido el cuidado y atención personal de la persona con discapacidad. Es cierto que de conformidad con la doctrina de la sala esos incumplimientos, como maltrato psicológico o emocional, podrían ser causa de desheredación, pero también lo es que para ello será preciso que la persona con discapacidad lo sea en un grado que le permita testar".

Utiliza los mismos argumentos la SAP Asturias 24 marzo 2022[160] señala que:

> "no parece conciliable la pretensión actora con la regulación de aquellas causas de indignidad del Código Civil y su naturaleza sancionadora, lo que ha de llevar a considerar que las causas de indignidad allí expresamente previstas constituyen numerus clausus, contrariamente a lo que preconiza algún autor citado en el recurso de apelación. Por ello habrá de estarse al elenco establecido legalmente, que, conforme señala la exposición de motivos de la Ley de Jurisdicción Voluntaria fue reformado por ésta 'por considerarse necesario su adaptación a la nueva realidad social y desarrollo legislativo en el ámbito penal, una nue-

160 SAP Asturias 24 marzo 2022 (*Tol 9149247*).

> va regulación de las causas de indignidad para suceder'. Y no puede soslayarse la regulación legal y la configuración que de cada de las causas de indignidad se hace en su reforma, como se sostiene en el recurso, propugnando un criterio interpretativo contra legem. En este sentido, y dándose respuesta a la posibilidad de aplicar analógicamente el apartado séptimo, así como la interpretación integradora utilizada por TS la sentencia 258/2014, que es el argumento final del recurso de apelación formulado por la demandante, la STS 384/2019 de 2 de julio establece que la mención a las atenciones debidas a las personas con discapacidad contenida en el apartado séptimo del art. 756 CC son exclusivamente de carácter patrimonial".

O en otra sentencia anterior de la SAP Asturias 23 noviembre 2021[161]:

> "será lo primer recordar que en cuanto a la declaración de incapacidad por indignidad para suceder tanto supone como una sanción de pérdida de derechos, la interpretación de los supuestos legales no debe hacerse de forma extensiva sino de acuerdo con su tenor y reservarse para los casos graves y dotados de plena certeza (STS 24-03-2018) y, por tanto, desde esta consideración, resulta inasumible y artificiosa la equiparación que la recurrente hace del supuesto de remoción del cargo de tutor (art. 247 CC en su redacción anterior a la reforma introducida por la Ley 8/2021, de 2 de junio) cualquiera que fuese el juicio moral que a cada cual pudiese suscitar el rechazo de un descendiente a asumir la tutela de su progenitor incapacitado.
>
> En cuanto a la otra causa de indignidad, de nuevo la parte recurre al artificio para sortear los términos de la Ley y al reproche moral en pos de su interés, al pretender que la asistencia médica que, como parte de los alimentos declara el art. 142 CC, incluye la supervisión y seguimiento del estado de salud del alimentista cuando éste está afectado de un deterioro cognitivo que le impide gobernar satisfactoriamente ese ámbito vital.

---

161 SAP Asturias 23 noviembre 2021 (*Tol 8780745*).

> El ordinal 7 del art. 756 CC, introducido por la Ley 41/2003, de 18 de noviembre, de Protección de las personas con discapacidad, es explícito en remitir las 'atenciones debidas' al régimen de los alimentos tal y como se regulan en los artículos 142 y 146 del CC, lo que no es el caso, pues no se da el presupuesto de hallarse el causante en un estado o situación de necesidad por carencia de medios económicos, pues el causante era perceptor de sendas pensiones por una suma, en junto, que se aprecia suficiente para la atención de sus necesidades y ser de toda evidencia que gozaba de la asistencia médica por el Servicio Nacional de Salud, criterio objetivo que es el que, a juicio de este tribunal, es el que recoge la norma y es el seguido por nuestros Tribunales".

Pese a ello, la doctrina apartándose del criterio jurisprudencial transcrito, pone el acento en la dignidad de la persona[162] y en las relaciones familiares. Y, en consecuencia, entiende que se debería ampliar la perspectiva y entender que las atenciones que requiere una persona con discapacidad, pese a la citada sentencia que ya conocía el legislador de 2021, van más allá de las meramente patrimoniales o económicas y que incluyen las de carácter personal y afectivo[163]. Porque es absolutamente reprobable negar asistencia personal y cuidados a la persona con discapacidad cuando los necesita aunque tuviera satisfechas sus necesidades alimenticias[164], con independencia de si se está

---

162 Barba, V.: "Testamento y actos de última voluntad en el Derecho italiano", *Derecho Privado y Constitución*, núm. 35, julio-diciembre, 2019, p. 23.

163 *Vid.* entre otras, STS 18 octubre 2023 (*Tol 9741668*) y Diaz Alabart, S.: "Derecho de sucesiones", cit., p. 213.

164 Represa Polo, M. P.: "Indignidad y", cit., pp. 104 y 111, para quien cuando el llamado a la herencia de la persona con discapacidad tiene reconocida legalmente la obligación de cuidados, y aquí radica el quid -en la obligación legal de los padres respecto de los hijos, entre cónyuges, etc.-, entonces sí sería posible sancionarle cuando deje de prestar a la persona con discapacidad las atenciones puramente asistenciales a las que está obligado.

o no obligado a ello, lo que nos llevaría a plantearnos, asimismo, el abandono moral de las personas vulnerables[165]. Porque es reprobable además de insolidario y debería ser sancionable, negar la asistencia y atenciones -o si se quiere, abandonar- a quien necesita de ellas (acompañar al médico, cuidar en la enfermedad, preocuparse de si se alimenta correctamente porque quizás no puede hacer la compra ni cocinar, ayudarle en la higiene personal, paliar la soledad, etc.). En este sentido, algún atisbo se aprecia en la jurisprudencia menor como la SAP 19 septiembre 2013[166] que estima que:

> "se ha de precisar que por 'alimentos' no cabe entender únicamente la ayuda material imprescindible para el sustento, habitación, vestido, asistencia médica y educación que contempla el artículo 142 del Código Civil, sino también 'todo' lo que es indispensable para ello, como se precisa en el citado artículo y ha sido interpretado por la jurisprudencia como la exigencia de una actitud activa de atenciones, incluyendo las afectivas.
>
> Desde dicho punto de vista deben ser rechazadas las alegaciones de los recurrentes referidas a la situación económica de su difunta madre y abuela, mereciendo especial atención, por el contrario, la situación de abandono y falta de afecto que, según la causante, dieron lugar a la donación remuneratoria y modal efectuada a favor de los demandados".

Otra deficiencia en la regulación de la materia, es que el precepto exige para apartar al sucesor de la herencia, que haya negado al causante las atenciones "debidas". Luego el sucesor

---

165 En esta línea las SSTS 3 junio 2014 (*Tol 4395123*), 30 enero 2015 (*Tol 4748346*), STS de 24 mayo 2022 (*Tol 8996156*), STS 19 abril 2023 (*Tol 9524362*) y STS 18 octubre 2023 (*Tol 9741668*) que admiten el maltrato psicológico como causas de desheredación.

166 SAP Madrid 19 septiembre 2013 (*Tol 4055049*) que realizan una interpretación extensiva incluyendo en la obligación de alimentos, las atenciones personales.

para ser declarado indigno y poder ser apartado de la sucesión debía estar obligado a prestarlas legalmente. Para determinar quienes están obligados a ello legalmente, debemos tomar en consideración a las personas relacionadas en el art. 143 CC, obligadas recíprocamente a darse alimentos: padres, hijos, cónyuges y hermanos del causante -esto últimos con menor extensión-. Los demás colaterales y parientes hasta el cuarto grado que puedan ser llamados a la sucesión legítima del causante con discapacidad, quedan excluidos de la sanción de indignidad por más algún sector doctrinal entienda que en aplicación de la Exposición de Motivos de la Ley 41/2003 que modificó el precepto, podría interpretarse que cualquier sucesor puede declararse indigno por esta causa del art. 756.7 CC aunque no se encuentren obligados legalmente a prestar alimentos al causante[167]. En mi opinión, el legislador desaprovechó la oportunidad de clarificar estos extremos pudiendo, en la reforma por la Ley 8/2021, declarar indigno a quien conociendo la necesidad de asistencia patrimonial, personal o afectiva de la persona con discapacidad e incluso vulnerable por su avanzada edad y soledad, se abstenga de prestarle asistencia ya sea personalmente o por medio de terceros[168].

En cuanto a la extensión del llamamiento sucesorio, entiendo de acuerdo con la doctrina mayoritaria que esta causa también se aplica a la sucesión testada dado el ámbito de aplicación general del art. 756 CC[169].

---

[167] Represa Polo, M. P.: "El artículo 756 CC", cit., p. 924.

[168] *Vid.* asimismo, Cabezuelo Arenas, A. L.: "Por qué no se ha reformado el art. 756.7 CC sancionando con indignidad la omisión de un trato digno al discapacitado, imitando el ejemplo de otros ordenamientos?", en *Contribuciones para una reforma de la discapacidad: Un análisis transversal del apoyo jurídico a la discapacidad* (coord. por E. Muñiz Espada), 2020 Wolters Kluwers, Barcelona, 2020, pp. 365-395, en p. 372.

[169] Algaba Ros, S.: "Artículo 756", en *Comentarios al Código Civil* (coord. por A. Cañizares Laso), Tirant lo Blanch, Valencia, 2023, p. 3714.

IV. LA CAPACIDAD PARA SUCEDER DE LAS PERSONAS CON DISCAPACIDAD

No ha sido necesaria la reforma por la Ley 8/2021 para presumir la capacidad para suceder de todas las personas, mayores o menores de edad, con discapacidad o sin ella. Ahora bien, únicamente los mayores de edad y los menores emancipados podrán, por sí mismos, aceptar o repudiar las herencias a las que sean llamados. La regla general es la presunción de la capacidad para aceptar o repudiar. Analicemos esta regla en relación con las personas con discapacidad, pero antes reflexionemos sobre la extensión y las consecuencias de la aceptación y la repudiación.

1. *Reflexiones previas sobre la aceptación y repudiación de la herencia*

Los datos que proporciona el Consejo General del Notariado[170], permiten hacerse una idea bastante aproximada de que los españoles en un porcentaje elevado que duplica largamente al de aceptaciones, renuncian a las herencias a las que son llamados y cuando las aceptan, lo hacen pura y simplemente (así los datos que facilita el Consejo en relación con el año 2020 indican que se aceptaron 852 herencias a beneficio de inventario y 20.215 pura y simplemente y se renunciaron 44.581 y en 2023 las cifran aumentan ligeramente -debido al incremento de fallecimientos de los causantes- pero se mantienen los porcentajes, por lo que se aceptaron 1.345 herencias a beneficio de inventario, 25.560 pura y simplemente y se repudiaron 56.178). Así pues, estas tendencias se mantienen constantes a lo largo de los últimos diez años. Luego, conviene realizar algunas reflexiones sobre los motivos por los que de forma tan

---

[170] *Vid.* en http://www.notariado.org/liferay/web/cien/estadisticas-al-completo (consultado 2 octubre 2024).

mayoritaria renuncian los españoles a las herencias a las que son llamados, pues quizás sea por no hacer frente a las deudas del difunto causante, quizás porque no se hallan en disposición de hacer frente a los elevados impuestos que gravan estas transmisiones. En todo caso, todo ello resulta más gravoso si la persona llamada a la herencia se encuentra en situación de discapacidad y/o vulnerabilidad.

1.1. La débil posición del heredero en relación con las deudas del causante

Teniendo en cuenta el estado de la economía de las familias españolas, la aceptación de una herencia puede suponer la quiebra de la economía familiar. La muerte de un pariente, con el consiguiente dolor moral por su pérdida unido a al desconocimiento de la legislación sucesoria, la ausencia de asesoramiento legal en este punto y un cierto pundonor familiar que acompaña al español, pueden dar lugar a que el deudo se convierta en deudor de su difunto pariente y que su patrimonio personal no sea suficiente para cumplir sus propias obligaciones y las del difunto. Ello coloca a la persona con discapacidad en una situación económica muy grave que puede afectar a la atención de las propias necesidades requeridas por su situación de discapacidad.

Los tiempos cambian, y con ellos debe actualizarse el Derecho. La función social de la herencia hay buscarla actualmente en la transmisión para evitar vacíos de titularidad activa así como para liquidar las situaciones de titularidad pasiva; sin embargo, la muerte de las personas debería alterar lo menos posible las relaciones jurídicas, no obstante, sería conveniente una menor defensa del crédito (que todos reconocemos que constituye un elemento esencial de la seguridad del tráfico y del buen funcionamiento de la economía y el crédito y debe protegerse) que coloca al heredero en la posición de deudor en vez de responsable de satisfacer los créditos que no contrajo él sino su causante difunto. Se debería, en consecuencia, aplicar de manera más enérgica en nuestra legislación el favor debitoris sin que ello suponga –todo lo contrario- actuar en fraude de los derechos de los acreedores[171]. O esto, o como ya se ha indicado, el número de repudiaciones de herencias debido a las posibles deudas y a los elevados impuestos, es mayor que el de las aceptaciones.

A este respecto y en relación con la forma de aceptación de la herencia entiendo que sería apropiado realizar una inversión de la actual regulación. Me parece más acorde con la realidad social de las familias y de las personas con discapacidad que la herencia pudiera ser aceptada ope legis, a beneficio de inventario, y sólo en el caso de que con plena consciencia el heredero acepte pura y simplemente, tras un inventario, se extienda la tan temida responsabilidad ultra vires hereditatis. Esto permitiría la separación de patrimonios sin merma para el interés de los acreedores que ya contaban con los bienes del difunto y que tras su muerte ven ampliadas sus posibilidades (quizás frustradas en vida del difunto) de cobrar sus deudas, en lo que se convierte en un festín en daño del patrimonio del heredero incauto o mal asesorado[172]. Ello eliminaría la necesidad de aprobación judicial de algunas particiones como analizaremos más adelante.

---

171 *Vid.* en este sentido la interesante reflexión de Rams Albesa, J.: "Las deudas de la herencia: una vieja cuestión pendiente", en *Derecho de Sucesiones. Presente y futuro.* (XII Jornadas de la Asociación de Profesores de Derecho Civil). Servicio de Publicaciones de la Universidad de Murcia, 2006, pp. 463 y ss.

172 *Vid.* Estellés Peralta, P. M.: "La superación del Derecho de sucesiones codificado: reflexiones sobre la convenencia de una reforma", en *Dolencias del Derecho civil de sucesiones. 130 años después de la aprobación del Código Civil* (dir. por P. M. Estellés Peralta), Tirant lo Blanch, Valencia, 2022, pp. 22-59, en p. 51 y ss.

Téngase en cuenta, además, en cuanto a la responsabilidad que asume el heredero, que la solidaridad constituye la excepción en la regulación de las obligaciones (art. 1137 CC), salvo en lo referente al derecho sucesorio en que el art. 1084.I CC mejora la posición de los acreedores en detrimento de los sucesores obligados, al establecer que los acreedores podrán exigir el pago de sus deudas por entero de cualquiera de los herederos que no hubieren aceptado la herencia a beneficio de inventario o hasta donde alcance su porción hereditaria, en caso (y sólo en el caso) de haberla admitido con dicho beneficio. Por ello, es indiscutible la vinculación entre responsabilidad ultra vires y solidaria en perjuicio de los herederos, que pueden encontrase en la tesitura de responder solidariamente de todas las deudas del causante en vez de limitar ésta en proporción a las respectivas cuotas aceptadas y sin solidaridad entre ellos[173].

Como señala Rams Albesa, el análisis de la situación heredero-deudor en relación con las deudas del causante por un lado parece haber seguido el esquema que fue propio de los romanos patricios y plebeyos ennoblecidos por su fortuna, o bien se trata del resultado de una deficiente construcción de la responsabilidad del heredero llamado a efectuar las operaciones de pago. La solución al problema la considera de tal envergadura que no ve suficiente con una reforma parcial sino que propugna una reforma integral de la disciplina de las sucesiones que se vuelque en profundidad sobre las nuevas realidades propias de nuestro tiempo y nos libere de aquellos modelos históricos que tomamos prestados pero que nada tenían que ver con los nuestros y evitar lo que denomina "el parcheo

---

173 *Vid.* en este sentido, Durán Rivacorba, R. y González González, A.: "La responsabilidad de los herederos por deudas del causante" (comunicación sobre la reforma del derecho de sucesiones), en *Derecho de Sucesiones. Presente y futuro.* (XII Jornadas de la Asociación de Profesores de Derecho Civil). Servicio de Publicaciones de la Universidad de Murcia, 2006, pp. 232 y ss.

a veces más pendiente de conservar el orden numérico de los preceptos para no molestar a los memoristas del Derecho"[174].

Una vez reflexionado brevemente sobre estas cuestiones, debemos analizar la capacidad para aceptar y repudiar la herencia y para solicitar e intervenir en la partición de la misma cuando el llamado a la herencia es persona con discapacidad.

2. *Aceptación y repudiación de la herencia por las personas con discapacidad*

El art. 996 CC reformado por la Ley 8/2021 en concordancia con el art. 992 CC permiten entender que pueden aceptar o repudiar la herencia quienes tengan la libre disposición de sus bienes y, obviamente, plena capacidad como reglas generales[175]. Al mismo tiempo, el precepto no establece ninguna distinción entre los diversos tipos de aceptación existentes, es decir, la aceptación manifestada por la persona con discapacidad será efectiva con independencia de que se trate de una aceptación pura y simple o de una aceptación a beneficio de inventario[176]. No obstante, algún sector doctrinal entiende que

---

[174] Rams Albesa, J.: "Las deudas", op. cit., p. 475.

[175] Señala Lora-Tamayo Rodríguez, I.: "Algunas aplicaciones notariales en la Ley de apoyo a las personas con discapacidad en el ejercicio de su capacidad jurídica", *El notario del siglo XXI*, núm. 99, 2021, pp. 18-26, en p. 26, que "con arreglo a los principios informadores de la capacidad creemos que la solución debe ser la misma que en la aceptación: cuando haya medidas de apoyo habrá que estar a lo previsto en las mismas. Caso de no haberlas, la regla general es la de la capacidad de la persona, siempre que el notario considere que tiene capacidad natural".

[176] Núñez Núñez, M.: "La aceptación de la herencia y la intervención en la partición", en *Ejercicio de la capacidad jurídica por las personas con discapacidad tras la Ley 8/2021, de 2 de junio* (dir. por M. Pereña Vicente y M. del M. Heras Hernández), Tirant lo Blanch, Valencia, 2022, pp. 587-610, en p. 590.

la aceptación realizada por la persona con discapacidad debe entenderse a beneficio de inventario en aras de evitar riesgos a su patrimonio que quedaría así protegido las deudas del causante y las cargas de la herencia[177]. Sin embargo, ello es atentatorio del principio de igualdad aplicable a todas las personas, y en todo caso, el hecho de padecer una discapacidad, salvo que sea cognitiva, no perjudica el entendimiento y comprensión del acto de aceptación (o repudiación).

Ahora bien, si el llamado es persona con discapacidad que tuviera dispuestas medidas de apoyo será la sentencia la que deba pronunciarse sobre si la persona con discapacidad puede aceptar o repudiar por sí misma la herencia o necesita la asistencia del curador o del apoyo que hubiere nombrado voluntariamente o del apoyo específico nombrado para realizar este acto.

La anterior regulación -en relación a las herencias a las que podía ser llamado el tutelado, tanto si era menor como persona con la capacidad modificada judicialmente- exigía en el artículo 271.4 CC, la autorización judicial para "aceptar sin beneficio de inventario cualquier herencia, o para repudiar esta o las liberalidades", en tanto que son actuaciones que exigen poder de disposición. Actualmente, si la persona con discapacidad está sometida a una uratela con facultades representativas, el nuevo artículo 287.5 CC señala que el curador con facultades representativas precisa autorización judicial para "aceptar sin beneficio de inventario cualquier herencia o re-

---

177 En tal sentido, Diaz Alabart, S.: "Nuevas tendencias en torno a la responsabilidad del heredero por las deudas del causante y las cargas de la herencia", *Revista de Derecho Privado*, marzo-abril, 2021, p. 4 y ss. y Represa Polo, M. P.: "Cuarenta y dos. El artículo 996 CC", en *Comentarios a la Ley 8/2021 por la que se reforma la legislación civil y procesal en materia de discapacidad*, (dir. por C. Guilarte Martín-Calero), Thomson Reuters Aranzadi, Cizur Menor, 2021, pp. 958-965, en p. 959.

pudiar esta o las liberalidades"; y el artículo 93.2 b) LJV –tras la modificación introducida por la Ley 8/2021– señala que precisarán autorización judicial[178] "los curadores representativos y, en su caso, los defensores judiciales, para aceptar sin beneficio de inventario cualquier herencia o legado o para repudiar los mismos". La aceptación de la herencia con beneficio de inventario se exceptúa de la necesidad de autorización judicial por suponer una garantía para la persona sometida a tutela o curatela representativa al no comprometerse su patrimonio por las deudas del causante de la herencia. Así pues, la regla que establecían los preceptos antes de la reforma se mantiene. La aceptación de la herencia pura y simplemente o la renuncia -del curador con facultades representativas o del defensor judicial-, requiere la preceptiva autorización judicial[179].

En consecuencia, la persona con discapacidad podrá aceptar o repudiar la herencia por si sola, y, de haberlas, habrá que estar a lo que se haya previsto en las medidas de apoyo[180]. En todo caso, como señala Cuadrado[181] la actuación del curador o del defensor judicial siempre deberá someterse a la voluntad y preferencias del sujeto con discapacidad "de haber éste podido manifestarlas en algún momento o si es posible colegirlas de su comportamiento antecedente".

---

178 *Vid.* STS 16 julio 2024 (*Tol 10117378*) y STS 11 junio 2024 (*Tol 10052873*).

179 Núñez Núñez, M.: "La aceptación", cit., pp. 589 y 590.

180 La SAP Cádiz 17 junio 2022 (*Tol 9226651*) señala que no era motivo suficiente para constituir una curatela la aceptación de una herencia a la que estaba llamada una persona con discapacidad que ya tenía constituida una guarda de hecho.

181 Cuadrado Pérez, C.: "Modernas perspectivas en torno a la discapacidad", *Revista Crítica de Derecho Inmobiliario,* núm. 777, 2020, pp. 13-90, p. 40.

Sin embargo, el juez no se encuentra vinculado por lo que manifieste la persona con discapacidad[182] ya que, valorando su conveniencia a los intereses de los llamados a la herencia (art. 95.1 LJV), podrá denegar la autorización de la aceptación pura y simple o de la repudiación solicitadas -lo que implicará la aceptación a beneficio de inventario (art. 95.2 LJV)-. Se trata de casos en los que al juez "se le concede la capacidad de decidir, apartándose de la voluntad expresada por la persona con discapacidad, y sobre la base de otros criterios, entre los cuales habría que incluir el de la protección de los derechos e intereses de esa persona, recogidos expresamente en el art. 12 de la Convención, y muy cercanos (si no idénticos) al de su interés objetivo"[183].

3. La aceptación y repudiación de legados

En el caso del llamamiento como legatario, ante la aceptación y repudiación del legado, contemplada en el art. 93.2.b) LJV en relación con el art. 287.5 CC que exigen autorización judicial, me planteo algunas objeciones que ya ha considerado la doctrina: teniendo en cuenta que los preceptos mencionados incluyen la exigencia de autorización judicial para la aceptación y repudiación de los legados, entiende un sector doctrinal que, como "en el caso del legado no cabe responsabilidad ultra vires hereditatis, por lo que el legatario únicamente estará obligado a responder del gravamen hasta donde alcance el

---

182 El nuevo artículo 290 CC establece que antes de autorizar estos actos el juez oirá al Ministerio Fiscal y a la persona con medidas de apoyo, no se señala en ningún momento que el juez esté vinculado, según señala Núñez Núñez, M.: "La aceptación", cit., p. 595.

183 Martínez de Aguirre Aldaz, C.: "Autonomía, apoyos y protección en la reforma del Código civil sobre discapacidad psíquica", *Diario La Ley*, núm. 9851, 2021, pp. 1-9, en pp. 6 y 7.

valor de lo legado, se hace innecesaria la autorización judicial para la aceptación de legados"[184].

4. *La partición de la herencia a la que es llamada la persona con discapacidad*

Entre los cambios introducidos por la Ley 8/2021 para adaptar la materia sucesoria a los principios de dignidad e igualdad de las personas con discapacidad, hay cuatro preceptos del Código Civil que regulan la partición de la herencia a la que sea llamada la persona con discapacidad. Ahora bien, estas modificaciones apenas alcanzan a eliminar las menciones y consecuencias legales de la ya extinta incapacitación e incapacitados, de acuerdo con la Disposición Transitoria Primera (en adelante DT 1ª) dispuso que, a partir de la entrada en vigor de la nueva norma, el pasado 3 de septiembre de 2021, las meras privaciones de derechos de las personas con discapacidad, o de su ejercicio, quedaban sin efecto con carácter retroactivo. En consecuencia, toda decisión que se haya adoptado en una resolución judicial, auto o sentencia, privando de derechos a una persona por razón de su discapacidad queda sin efecto ope legis. Por consiguiente, ello conllevaba la derogación inmediata del régimen jurídico anterior en relación con la capacidad jurídica de las personas con discapacidad y determinó la ineficacia de cualquier privación de derechos o de su ejercicio derivados del contenido de los pronunciamientos judiciales anteriores a la reforma, y dejando sin efecto aquellas privaciones y limitaciones en el ejercicio de los derechos, cualquiera que fuera su

---

184 Ordás Alonso, M.: *La institución tutelar como mecanismo de protección jurídica de menores e incapacitados*, Ministerio de Trabajo y Asuntos Sociales, Madrid, 2008, p. 344. Asimismo, Núñez Núñez, M.: "La aceptación", cit., p. 592.

naturaleza, ya sea personal, patrimonial o política[185] establecidas en los pronunciamientos judiciales de modificación de la capacidad (o de incapacitación judicial) por razón de su discapacidad, reintegrándoles los mismos por ministerio de la ley, en aplicación del principio de plenitud e inalterabilidad de los derechos de las personas con discapacidad[186] y del principio de igualdad de todos ante la ley.

Por la Ley 8/2021, se reforman tres preceptos que afectan a la partición de la herencia si uno de los llamados es una persona con discapacidad: los arts. 1052, 1057 y 1060 CC, además del art. 1041 CC que se refiere a la dispensa legal de colación de los gastos realizados por los ascendientes para cubrir las necesidades especiales o extraordinarias -las no contempladas en el párrafo primero del precepto- de sus hijos o descendientes requeridas por su situación de discapacidad.

La reforma es meramente formal e insuficiente para solventar las dudas interpretativas de la regulación anterior y para corregir las discordancias entre el art. 1052 y 1058 CC[187].

---

185 Heras Hernández, M. del M.: "El régimen transitorio en la reforma de la legislación civil y procesal para el apoyo al ejercicio de la capacidad jurídica", en *Ejercicio de la capacidad jurídica por las personas con discapacidad tras la Ley 8/2021, de 2 de junio* (dir. M. Pereña Vicente y Mª. del M. Heras Hernández), Tirant lo Blanch, Valencia, 2022, p. 410.

186 En el mismo sentido, Domínguez Luelmo, A.: "Disposiciones transitorias", en *Comentarios a la Ley 8/2021 por la que se reforma la legislación civil y procesal en materia de discapacidad* (dir. C. Guilarte-Martín Calero), Thomson Reuters Aranzadi, CizurMenor, 2021, 1483-1516, p. 1484. Véase, asimismo, De Lorenzo García, R. y Pérez Bueno, L. C.: *Fundamentos del derecho de la discapacidad*, Thomson Reuters, Aranzadi, Cizur Menor, 2020.

187 En tal sentido, Represa Polo, M. P.: "Cuarenta y cuatro. Art. 1052 CC", en *Comentarios a la Ley 8/2021 por la que se reforma la legislación civil y procesal en materia de discapacidad*, (dir. por C. Guilarte Martín-

4.1. La colación del art. 1041 CC

La colación es una norma de reparto, de partición, en virtud de la cual, lo recibido en vida por el causante por título lucrativo, salvo que éste disponga otra cosa, se entiende como anticipo de su parte de la herencia. Para que tenga lugar la colación se ha de realizar necesariamente una atribución gratuita del causante en favor del heredero forzoso que tenga vocación, delación y acepte la herencia del causante (no colaciona si la repudia o es dispensado por el causante según el art. 1036 CC).

De conformidad con el art. 1035 CC, el heredero forzoso que concurra a una sucesión con otros que también lo sean, deberá traer a la masa hereditaria los bienes o valores que hubiere recibido del causante de la herencia, en vida de éste, por donación u otro título gratuito, para computarlo en la regulación de las legítimas y en la cuenta de la partición. Se fundamenta en evitar diferencias entre los herederos forzosos del causante: trata de igualar a los iguales[188]. El art. 1038 CC impone a los nietos del causante a. que sucedan por derecho de representación, la obligación de colacionar todo lo que su padre debiera colacionar si viviera aunque no lo hayan heredado y todo lo recibido para sí del causante en vida de éste una vez son llamados a su herencia por premoriencia, indignidad o desheredación de su ascendiente[189].

Seguidamente, el art. 1041.2 CC excepciona de colación los gastos realizados por los progenitores y ascendientes para cubrir las necesidades especiales de sus hijos y descendientes requeridas por su situación de discapacidad.

Calero), Thomson Reuters Aranzadi, Cizur Menor, 2021, pp. 969-980, en p. 970.

188 Sarmiento Ramos, J.: "Comentario al art. 1035 del CC", en *Comentario del Código Civil*, T. I, Ministerio de Justicia, 2011, p. 2435

189 Así, Lledó Yagüe, F.: *Compendio de Derecho Civil*, Dykinson, Madrid, 1998, p. 421.

Esta exclusión se justifica en que no son propiamente liberalidades hacia el descendiente con discapacidad sino gastos que se hacen en cumplimiento de los deberes derivados de las relaciones jurídico-familiares entre el causante y su sucesor con discapacidad, como lo son el deber de los padres de alimentar a los hijos menores o el deber de alimentos entre parientes, etc. de los arts. 142 y 154 CC[190].

El precepto tiene carácter imperativo, sin que quepa margen a la disposición en contrario, en base a la discriminación que supondría imputar a la sucesión de la persona con discapacidad los gastos -que no liberalidades- de acondicionamiento de accesos y vivienda, adquisición de sillas de ruedas, etc., en algunos casos, cuantiosos, realizados por el causante en cumplimiento de los deberes derivados de las relaciones jurídico-familiares con su hijo o descendiente, para así compensarlos. Algún sector doctrinal entiende que ello no favorece la igualdad entre los hijos, antes al contrario[191]. En todo caso, estos gastos no se computan ni imputan para la determinación de la legítima del hijo o descendiente ya sea menor o mayor de edad, aun cuando hayan supuesto un desembolso importante en relación con el patrimonio del causante, pues la colación es una norma de reparto, una norma de partición, no de protección de las legítimas[192]. La colación conlleva una corrección de las proporciones en que es adjudicado el caudal relicto basada en criterios de equidad que procura evitar desigualdades en la distribución de la herencia[193]. Por ello, estos gastos quedan excluidos también de la idea de inoficiosidad.

---

190 En tal sentido *vid.* Diaz Alabart, S.: "Derecho de sucesiones", cit., p. 229.

191 Sarmiento Ramos, J.: "Comentario al art. 1041 CC", en *Comentario del Código Civil*, T. I, Ministerio de Justicia, 2011, p. 2448.

192 Lledó Yagüe, F.: Compendio, cit. p. 412.

193 Sarmiento Ramos, J.: "Comentario al art. 1035", cit., p. 2438.

Existen pocas novedades reseñables en el precepto, cuyo párrafo segundo se introdujo por la Ley 41/2003, de 18 de noviembre de protección patrimonial de las personas con discapacidad. La nueva redacción introducida por la Ley 8/2021, tan sólo realiza ajustes terminológicos -la expresión necesidades especiales de sus hijos o descendientes requeridas por su discapacidad" es modificada por "necesidades especiales de sus hijos o descendientes requeridas por su situación de capacidad"-, en línea con los principios de la Convención[194].

Asimismo, la reforma de 2021 concreta el ámbito objetivo[195] y en opinión de Represa[196] no son colacionables los gastos realizados para atender las necesidades especiales de los hijos con discapacidad que figuren en el elenco de gastos enumerados en el párrafo primero del art. 1041 CC, gastos de alimentos, de educación o de asistencia sanitaria debido a enfermedades, sean o no extraordinarios. Además, tampoco son colacionables los gastos realizados para atender para atender las necesidades especiales de los hijos con discapacidad que no figuren en el elenco de gastos enumerados en el párrafo primero del precepto (gatos de adaptación de vivienda, vehículo adaptado, silla de ruedas, etc.). Algunos autores opinan que se trata,

---

194 Como, asimismo, la expresión "padres" se modifica por la de "progenitores", lo que deja fuera a los padres y madres adoptivos que, en puridad, no son progenitores.

195 Opina Diaz Alabart, S.: "Derecho de sucesiones", cit., p. 230, que con una interpretación correcta del precepto ya habría sido suficiente para entender la imposibilidad de colacionar estos gastos, sin necesidad de incluir el párrafo segundo, aunque ahora, con la nueva redacción pueden incluirse gastos que serían colacionables para personas que no están en situación de discapacidad.

196 Represa Polo, M. P.: "Cuarenta y tres. Art. 1041 CC", en *Comentarios a la Ley 8/2021 por la que se reforma la legislación civil y procesal en materia de discapacidad,* (dir. por C. Guilarte Martín-Calero), Thomson Reuters Aranzadi, Cizur Menor, 2021, pp. 965-969, en p. 968.

realmente, de los mismos gastos mencionados en el párrafo primero del precepto[197].

En relación con el ámbito subjetivo de precepto, el legislador de 2021 no ha querido ampliar la dispensa de colación a otros legitimarios que pudieran encontrarse en situación de discapacidad, más que a los hijos y descendientes. Por tanto, quedan fuera de la exención aquellos gastos que excedan de lo previsto en el párrafo primero del art. 1041 CC. Pues el párrafo segundo del precepto tan sólo favorece a los legitimarios descendientes. Otra oportunidad perdida por legislador de proteger a las personas con discapacidad muchas de ellas ancianas que, llegado el caso, pudieran suceder a sus descendientes[198].

Respecto del cónyuge viudo, no colaciona en la herencia de su cónyuge premuerto lo recibido de éste por atribución lucrativa, con independencia de su discapacidad tal y como ha venido estableciéndose hasta ahora[199]. No ha solventado el legislador las dudas interpretativas en esta materia, perdiendo de nuevo una importante oportunidad.

4.2. La solicitud de partición de la herencia

Con independencia de la obligación de colacionar y su ámbito objetivo, la posible contienda que pueda surgir entre los

---

197 Espejo Lerdo de Tejada, M.: "Comentario al art. 1041del CC", en *Comentarios al Código Civil* (dir. por R. Bercovitz), T. V, Tirant lo Blanch, Valencia, 2013, p. 7510.

198 Así lo manifiesta también, Diaz Alabart, S.: El discapacitado y la tangibilidad de la legítima: fideicomiso, exención de colación y derecho de habitación", *Revista Doctrinal Aranzadi Civil-Mercantil*, núm. 3, 2006, p. 34.

199 Diaz Alabart, S.: El discapacitado", cit., p. 34 y Represa Polo, M. P.: "El artículo 1041 CC", cit., p. 967. Asimismo, Espejo Lerdo de Tejada, M.: "La colación en el ámbito personal y sus efectos. Colación legal y voluntaria", *Anuario de Derecho Civil*, 1992, p. 482, entre otros.

coherederos no paraliza la partición (art. 1050 CC) que proseguirá adelante porque ningún coheredero podrá ser obligado a permanecer en división (art. 1051 CC). Atendiendo a si alguno de los llamados a la herencia es persona con medidas de apoyo, la Ley 8/2021, ha reformado los arts. 1052, 1057 y 1060 CC para adaptar estos preceptos, en principio, a un lenguaje más inclusivo y desaprovechando la oportunidad de solventar ciertas dudas interpretativas; tampoco la discordancia entre los arts. 1052 y 1058 CC[200].

El art. 1058 CC, que no ha sido objeto de reforma, establece que "cuando el testador no hubiese hecho la partición, ni encomendado a otro esta facultad, si los herederos fueren mayores y tuvieren la libre administración de sus bienes, podrán distribuir la herencia de la manera que tengan por conveniente".

Por tanto, debemos diferenciar entre las diversas clases de partición que existen en virtud de la forma de practicarse. La partición puede llevarse a cabo por el propio testador o por la persona por él designada (contador-partidor), por el llamado contador-partidor dativo o por los coherederos. Y finalmente, la partición judicial y la arbitral.

En cuanto a la capacidad para solicitar la partición por los coherederos directamente, el artículo 1052 CC exige para pedir la partición la libre administración y disposición de los bienes, mientras que el artículo 1058 CC establece que para ejecutarla se precisará, además de la libre administración de los bienes -no menciona la libre disposición-, la mayoría de edad. A la vista de lo anterior se entiende que se exige distinta capacidad para solicitar la partición –que es un acto de disposición–, que para ejecutarla, que es un acto de especificación que no excede de la mera administración, siempre, claro está, que la partición se limite a partir la herencia conforme a los artículos

200 *Vid.* Represa Polo, M. P.: "El artículo 1052 CC", cit., p. 970.

1061 y 1062 C.c., ya que si se apartara de esto, con concesiones recíprocas, estaríamos ante un acto de enajenación[201].

4.2.1. La capacidad para solicitar la partición

El art. 1052 CC, complementario del 1051 CC, establece que todo heredero que tenga la libre administración de sus bienes podrá pedir en cualquier tiempo la partición de la herencia. Pero si el heredero contase con medidas de apoyo -legales o voluntarias-, se estará a lo que se disponga en ellas. Así pues, en las mismas se determinará si la persona con discapacidad puede actuar por sí misma o por su curador asistencial o con facultades de representación o con defensor judicial, guardador, etc. Por el contrario, en la anterior redacción si la persona estaba incapacitada sólo podía pedir la partición su representante legal.

La modificación del precepto por la Ley 8/2021, ha consistido en señalar que habrá que estar a lo que dispongan las medidas de apoyo. Si nada se indica se le debe reconocer la plena capacidad, como heredero, para solicitar la partición[202].

Si las medidas de apoyo son voluntarias, el apoyo lo prestará la persona designada en el poder o mandato preventivo otorgado por la persona con discapacidad. En todo caso, y atendiendo a que no se trata de un acto personalísimo, se pretende la mínima intervención del apoyo en el ejercicio de la capacidad jurídica de la persona con discapacidad, y a lo que

---

[201] Núñez Núñez, M.: "La aceptación", cit., p. 696.

[202] Para Represa Polo, M. P.: "El artículo 1052 CC", cit., p. 971, al menos para iniciar el proceso, aunque deba intervenir asistido o representado por el curador o por el apoyo en el resto del procedimiento. Para esta autora, la partición está exenta de riesgos a diferencia de la permanencia en indivisión.

nos ocupa, en la solicitud de la partición[203]. Este derecho a pedir la partición para no permanecer en indivisión (art. 1051 CC), conlleva a su vez para el heredero, la facultad de pactar la indivisión (art. 400.2 CC). Podrá la persona con discapacidad pactar la indivisión, con carácter general, salvo que lo contario se establezca en las medidas de apoyo[204].

4.2.2. La capacidad para intervenir en la partición

La capacidad para intervenir en la partición cuando es practicada por los propios herederos, se regula en el art. 1058 CC y exige la capacidad necesaria para celebrar contratos, dada la naturaleza contractual de esta partición[205]. Si se trata de una simple adjudicación de lotes de bienes en pago de las respectivas cuotas hereditarias, es suficiente tener la libre administración de los bienes, por lo que podrá concurrir la persona con discapacidad de la cual se presume, prima facie, su capacidad general para ejercitar este acto. Si la partición conlleva la realización de actos dispositivos, debemos igualmente presumir su capacidad general a no ser que en la sentencia se establezcan determinados apoyos que pueden incluir la intervención del curador con facultades de representación, que incluso puede sustituirle en casos extremos y excepcionales[206]. En cualquier

---

203 En el mismo sentido, Diaz Alabart, S.: "Derecho de sucesiones", cit., p. 233, para quien si lo que se pretende es la mínima intervención del apoyo en los supuestos específicos en los que excepcionalmente se haya establecido, va a ser necesario "incluir un largo listado de actuaciones muy concretas en las que sea precisa la intervención del curador representativo, o en su caso del defensor judicial" con el claro riesgo de que finalmente se acabe utilizando un listado estándar de actuaciones, sin atender a la situación concreta de la persona con discapacidad.

204 *Vid.* al respecto la argumentación sobre esta cuestión comentada por Represa Polo, M. P.: "El artículo 1052 CC", cit., p. 972.

205 En tal sentido, Lledó Yagüe, F.: *Compendio*, cit., p. 398.

206 Guilarte Martín-Calero, C.: "Las grandes líneas", cit., p. 31.

caso, se procurará que la voluntad, preferencias y deseos del heredero con discapacidad sean atendidos.

Ahora bien, la partición puede resultar un "acto de suma gravedad y trascendencia susceptible de causar graves perjuicios a los interesados", por ello, se requiere en algunos casos la aprobación judicial[207].

En relación a las diversas clases de partición hereditaria, no precisarán aprobación judicial posterior aunque haya concurrido una persona con discapacidad actuando a través de un curador con facultades representativas, la partición efectuada por el testador o por el contador-partidor o la división llevada a cabo judicialmente o por árbitros[208]. Por el contrario, la partición convencional sí requiere la aprobación judicial posterior.

4.3. Partición realizada por contador-partidor

Además de la partición practica por el testador, la partición también puede realizarse por el contador-partidor, que puede ser testamentario (nombrado por el testador) o dativo (nombrado por el secretario judicial o el notario a solicitud de los herederos que representen al menos el cincuenta por ciento del haber hereditario).

En el caso de que la partición se realice por contador-partidor dativo de acuerdo con el art. 1057 CC, podrán pedir la partición aquellos coherederos que tengan un derecho efectivo sobre la herencia. Esta partición requerirá la aprobación del secretario judicial o del notario "salvo confirmación expresa de

---

[207] De La Cámara Álvarez, M.: "Comentario a los arts. 1058 a 1060 CC", en *Comentario del Código Civil*, T. I, Ministerio de Justicia, 2011, p. 2493.

[208] Núñez Núñez, M.: "La aceptación", cit., p. 599.

todos los herederos y legatarios”[209]. De esta manera, se facilita la partición de herencia cuando los herederos no se ponen de acuerdo en el modo de repartir los bienes que integran el patrimonio hereditario, con el fin de evitar un procedimiento judicial de división de patrimonios. En todo caso, se trata de un acto unilateral del contador-partidor que requiere confirmación “expresa” de los coherederos y legatarios de parte alícuota, siendo válida cualquier declaración de voluntad que manifieste el acuerdo al documento particional[210].

La nueva redacción del art. 1057.2 CC que ha sido reformado por la Ley 8/2021, establece que en el caso de que el coheredero sea persona con medidas de apoyo habrá que estar a lo establecido en ellas, bien sea la sentencia o el documento en que se establecen las medidas voluntarias. En opinión de Represa, con la nueva regulación sólo será necesario el inventario y la citación cuando el coheredero esté sometido a curatela representativa [211]. Sin embargo, el párrafo segundo del precepto sólo prevé esta citación para los sometidos a la patria potestad o tutela y no, con carácter general, para las personas que tengan dispuestas medidas de apoyo, por lo que, en estos casos, habrá que estar a las mismas y no suponer esta exigencia in totum.

---

209 Se trata únicamente de los legatarios de parte alícuota que son lo que tienen derecho a una cuota-valor y participan en la partición.

210 En el mismo sentido, Lledó Yagüe, F.: *Compendio*, cit., p. 397.

211 Represa Polo, M. P.: “Cuarenta y cinco. El artículo 1057 CC”, en *Comentarios a la Ley 8/2021 por la que se reforma la legislación civil y procesal en materia de discapacidad*, (dir. por C. Guilarte Martín-Calero), Thomson Reuters Aranzadi, Cizur Menor, 2021, pp. 969 y ss., en p. 974.

4.4. Partición convencional realizada por los propios coherederos

Cuando la partición la realicen los propios coherederos, en virtud del art. 1060 CC, se requerirá la capacidad necesaria para celebrar contratos dada la naturaleza contractual de esta partición, como hemos comentado anteriormente. A efectos negociales únicamente "son significativas las discapacidades cognitivas o conductuales no transitorias que afecten negativamente a la posibilidad de emitir un consentimiento contractual de nivel estándar"[212]. Por ello, en el caso de las personas con discapacidad, en principio cabe presumir su plena capacidad de obrar salvo en los casos en que una sentencia establezca apoyos a su favor, en cuyo caso, será dicha sentencia la que determine si su intervención la puede llevar a cabo por sí mismo o asistido por curador u otro apoyo. Téngase en cuenta que si la persona dispone de facto de un "guardador de hecho", será este quien presente los apoyos necesarios al heredero con discapacidad para que pueda desarrollar plenamente su actuación jurídica en condiciones de igualdad con los demás coherederos. Para ello se atenderá a sus deseos y preferencias y "no a su interés superior" si asumimos la interpretación dada por el Comité de Derechos de las Personas con Discapacidad en la Observación General Primera, núm. 21, cuando declaró que el "principio del interés superior" no es salvaguardia que cumpla con el art. 12 de la Convención y, por el contrario, el paradigma de la voluntad y preferencias, debe reemplazar al del interés superior para que las personas con discapacidad disfruten del derecho a la capacidad jurídica en condiciones de igualdad con los demás.

La guarda de hecho no es una medida judicialmente establecida, precisamente porque es de hecho; sin embargo, re-

---

212 Carrasco Perera, Á.: "Contratación por discapacitados", cit., p. 259.

querirá excepcionalmente autorización judicial de acuerdo con el art. 265 CC para intervenir en los actos relacionados en el art. 287 CC[213], dado que en la partición pueden tener lugar la renuncia de derechos, la condonación de deudas, la transacción, etc.

En relación con la actual regulación de la partición realizada por los propios herederos cuando alguno de ellos esté representado por curador con facultades de representación o defensor judicial designado para actuar en la partición, que se establece en el art. 1060 CC, la modificación introducida por la Ley 8/2021, es esencialmente "cosmética"[214].

Los párrafos segundo y tercero del art. 1060 CC reformado se encargan de esta cuestión en consonancia con el redundante art. 289 CC y establecen una diferenciación: en el caso de las personas con discapacidad apoyadas por un curador representativo, no se requerirá la autorización ni la intervención judicial en la partición realizada por este curador, aunque una vez practicada requerirá la aprobación judicial.

En el caso de la partición realizada por el defensor judicial designado para ello, se necesitará la aprobación judicial, salvo que al hacer el nombramiento se haya establecido otra cosa. La intervención del defensor judicial tendrá lugar cuando el curador o el guardador de hecho tengan conflicto de intereses con el heredero con discapacidad por concurrir, también ellos mismos, a la herencia. Conflicto que es potencialmente posible[215], aunque otro sea el criterio mantenido por la jurisprudencia[216]

---

213 *Ibidem*, p. 263.

214 Así, Diaz Alabart, S.: "Derecho de sucesiones", cit., p. 232.

215 Represa Polo, M. P.: "El art. 1052 CC", cit., p. 980.

216 Así, la STS 20 marzo 2012 (*Tol 2499020*), la SAP Granada 11 octubre 2019 (*Tol 7831740*) o la SAP Madrid 5 noviembre 2019 (*Tol 7699128*).

y la DGRN[217] y algún sector doctrinal que entiende que hay que analizar el caso concreto para determinar la existencia de un posible conflicto de intereses[218].

---

217 *Vid.* las RDGRN 16 octubre 2019, 5 febrero 2015, 23 mayo 2012 y 2 agosto 2012, entre otras.

218 En tal sentido, Domínguez Luelmo, A.: "Las personas con capacidad modificada judicialmente y los menores ante la partición hereditaria: Derecho transitorio", en *Un nuevo derecho para las personas con discapacidad* (dir. por G. Cerdeira Bravo y L. B. Pérez Gallardo), 2021, p. 354.

Jurisprudencia consultada

ATS 4 julio 2018 (*Tol 6666116*).
STS 24 septiembre 2024 (*Tol 10210320*).
STS 18 septiembre 2024 (*Tol 10197239*).
STS 16 julio 2024 (*Tol 10117378*).
STS 18 junio 2024 (*Tol 10081671*).
STS 12 junio 2024 (*Tol 10075613*).
STS 11 junio 2024 (*Tol 10052873*).
STS 20 octubre 2023 (*Tol 9740661*).
STS 18 octubre 2023 (*Tol 9741668*).
STS 3 octubre 2023 (*Tol 9737274*).
STS 19 abril 2023 (*Tol 9524362*).
STS 3 febrero 2023 (*Tol 9448691*).
STS 15 enero 2023 (*Tol 340703*).
STS 26 octubre 2022 (*Tol 9274725*).
STS 6 julio 2022 (*Tol 9124700*).
STS 24 mayo 2022 (*Tol 8996156*).
STS 21 diciembre 2021 (*Tol 8739270*).
STS 15 diciembre 2021 (*Tol 8707495*).
STS 2 noviembre 2021 (*Tol 8639708*).
STS 19 octubre 2021 (*Tol 8628066*).
STS 8 septiembre 2021 (*Tol 8585229*)
STS 6 mayo 2021 (*Tol 8431634*).
STS 3 diciembre 2020 (*Tol 8232122*).
STS 17 septiembre 2019 (*Tol 7504191*).
STS 2 julio 2019 (*Tol 7387266*).
STS 23 abril 2018 (*Tol 6586856*).
STS 15 marzo 2018 (*Tol 6548076*).
STS 16 mayo 2017 (*Tol 6113490*).
STS 8 abril 2016 (*Tol 5694636*).

STS 10 septiembre 2015 (*Tol 5580106*).
STS 19 mayo 2015 (*Tol 5202913*).
STS 30 enero 2015 (*Tol 4748346*).
STS 3 septiembre 2014 (*Tol 4521095*).
STS 10 junio 2014 (*Tol 4374204*).
STS 3 junio 2014 (*Tol 4395123*).
STS 20 marzo 2013 (*Tol 3063331*).
STS 15 enero 2013 (*Tol 3407803*).
STS 30 octubre 2012 (*Tol 3060021*).
STS 20 marzo 2012 (*Tol 2494144*).
STS 20 marzo 2012 (*Tol 2499020*).
STS 21 noviembre 2011 (*Tol 2299929*).
STS 27 mayo 2010 (*Tol 1864867*).
STS 4 octubre 2007 (*Tol 1156485*).
STS 21 marzo 2006 (*Tol 866948*).
STS 24 noviembre 2004 (*Tol 527627*).
STS 10 julio 2003 (*Tol 4924549*).
STS 3 diciembre 2001 (*Tol 136592*).
STS 29 marzo 2001 (*Tol 71710*).
STS 21 marzo 2001 (*Tol 71705*).
STS 9 marzo 2000 (*Tol 1478*).
STS 3 marzo 2000 (*Tol 1550*).
STS 20 septiembre 1994 (*Tol 1665583*).
STS 3 marzo 1980 (*Tol 1740711*).
STS 12 diciembre 1959 (*Tol 4349439*).
STS 12 diciembre 1958 (*Tol 4351475*).
STS 19 junio 1956 (*Tol 4379874*).
STS 6 mayo 1953 (*Tol 4446619*).
STS 23 octubre 1925 (*JC 168, 64*).
SAP Santander 17 julio 2024 (*Tol 10206218*).
SAP Alicante 12 julio 2024 (*Tol 10191743*).
SAP de Les Illes Balears 8 julio 2024 (*Tol 10210152*).
SAP Barcelona 27 junio 2024 (*Tol 10210490*).

SAP Asturias 25 junio 2024 (*Tol 10196194*).
SAP Murcia 20 junio 2024 (*Tol 10208128*).
SAP Almería 18 junio 2024 (*Tol 10191746*).
SAP Huelva 14 junio 2024 (*Tol 10197931*).
SAP Madrid 14 junio 2024 (*Tol 10193263*).
SAP Madrid 11 junio 2024 (*Tol 10202114*).
SAP Cuenca 4 junio 2024 (*Tol 10201495*).
SAP León 4 junio 2024 (*Tol 10188581*).
SAP Santander 28 mayo 2024 (*Tol 10100057*).
SAP Salamanca 27 mayo 2024 (*Tol 10184173*).
SAP Sevilla 24 mayo 2024 (*Tol 10152193*).
SAP Alicante 23 mayo 2024 (*Tol 10181007*).
SAP Alicante 23 mayo 2024 (*Tol 10168660*).
SAP Madrid 23 mayo 2024 (*Tol 10149281*).
SAP Valencia 23 mayo 2024 (*Tol 10178526*).
SAP Valladolid 22 mayo 2024 (*Tol 10182754*).
SAP Madrid 13 mayo 2024 (*Tol 10136415*).
SAP Sevilla 27 febrero 2024 (*Tol 10122719*).
SAP Huesca 15 noviembre 2023 (*Tol 9871268*).
SAP Huesca 14 julio 2023 (*Tol 9721721*).
SAP Pontevedra 14 julio 2022 (*Tol 9240857*).
SAP Cáceres 6 julio 2022 (*Tol 9230042*).
SAP Cádiz 17 junio 2022 (*Tol 9226651*).
SAP Asturias 24 marzo 2022 (*Tol 9149247*).
SAP Huesca 24 marzo 2022 (*Tol 9412381*).
SAP Castellón 16 marzo 2022 (*Tol 9103540*).
SAP Madrid 22 febrero 2022 (*Tol 8924485*).
SAP Asturias 22 diciembre 2021 (*Tol 8798811*).
SAP Valladolid 7 diciembre 2021 (*Tol 8831538*).
SAP Asturias 1 diciembre 2021 (*Tol 8790858*).
SAP Ciudad Real 29 noviembre 2021 (*Tol 8833055*).
SAP Asturias 23 noviembre 2021 (*Tol 8780745*).
SAP Ciudad Real 22 noviembre 2021 (*Tol 8787164*).

SAP Pontevedra 18 noviembre 2021 (*Tol 8782203*).
SAP Valladolid 2 noviembre 2021 (*Tol 8751314*).
SAP Santander 29 octubre 2021 (*Tol 8643464*).
SAP Cádiz 27 octubre 2021 (*Tol 8764765*).
SAP Madrid 25 octubre 2021 (*Tol 8738265*).
SAP Santander 23 septiembre 2021 (*Tol 8605648*).
SAP Córdoba 15 septiembre 2021 (*Tol 8794521*).
SAP Badajoz 14 septiembre 2020 (*Tol 8103605*).
SAP Madrid 27 noviembre 2019 (*Tol 7805735*).
SAP Barcelona 26 noviembre 2019 (*Tol 7765457*).
SAP Salamanca 19 noviembre 2019 (*Tol 7861936*).
SAP Madrid 5 noviembre 2019 (*Tol 7699128*).
SAP Granada 11 octubre 2019 (*Tol 7831740*).
SAP Lugo 31 octubre 2018 (*Tol 7020324*).
SAP Madrid 23 junio 2017 (*Tol 6321008*).
SAP Madrid 19 septiembre 2013 (*Tol 4055049*).
SAP Tenerife 26 junio 2012 (*Tol 2627637*).
SAP Bizkaia 15 noviembre 2011 (*Tol 2535891*).
SAP Soria 14 septiembre 2009 (*Tol 1428144*).
SAP Murcia 9 octubre 2007 (*Tol 7384316*).
SAP Burgos 6 octubre 2005 (*Tol 793414*).
SAP Burgos 11 marzo 2005 (*Tol 622681*).
SAP Barcelona 4 febrero 2002 (*Tol 781095*).
SAP Sevilla 8 mayo 2000 (*Tol 246777*).
STSJCat 15 diciembre 2014 (*Tol 4698369*).
STC 93/2013, de 23 de abril (*Tol 3711269*).
RDGRN 23 mayo 2012.
RDGRN 2 agosto 2012.
RDGRN 5 febrero 2015.
RDGRN 16 octubre 2019.
DGRN 27 enero 2020.

Bibliografía

Albaladejo García, M.: "Los cambios introducidos en el art. 665 por la Ley de modificación del Código Civil en materia de testamentos", Revista de Derecho Privado, 1992, p. 715-727.

Alberruche Díaz-Flores, M. M.: "El régimen de ineficacia en nuestro ordenamiento jurídico tras la Ley 8/2021, de 2 de junio", en El ejercicio de la capacidad jurídica por las personas con discapacidad tras la Ley 8/2021, de 2 de junio (dir. por M. Pereña Vicente y M del M. Heras Hernández), Tirant lo Blanch, Valencia, 2022, pp. 497-520.

Albert Márquez, M.: "El derecho a comprender el derecho y el ejercicio de la capacidad jurídica de las personas con discapacidad", en *Ejercicio de la capacidad jurídica por las personas con discapacidad tras la Ley 8/2021, de 2 de junio* (dir. M. Pereña Vicente y Mª. del M. Heras Hernández), Tirant lo Blanch, Valencia, 2022, pp. 185-218.

Alcaín Martínez, E.: "La responsabilidad civil de las personas con discapacidad: conexión entre el Derecho de Daños y el Derecho de la Discapacidad", Actualidad Civil, núm. 6, 2021, p. 1 y ss.

– "Artículo 753 CC", en Comentarios al Código Civil (coord. por A. Cañizares Laso), Tirant lo Blanch, Valencia, 2023.

– "Artículo 756", en Comentarios al Código Civil (coord. por A. Cañizares Laso), Tirant lo Blanch, Valencia, 2023.

Álvarez Lata, N.: "Setenta y siete. Disposición Adicional Cuarta CC", en Comentarios a la Ley 8/2021 por la que se reforma la legislación civil procesal en materia de discapacidad (dir. por C. Guilarte), Thomson Reuters Aranzadi, Cizur Menor, 2021, pp. 1068-1073.

Alventosa del Río, J.: "Reformas en Derecho de sucesiones", en pp.451-502, en La discapacidad: una visión integral y práctica de la Ley 8/2021, de 2 de junio (dir. por J. R. De Verda), Tirant lo Blanch, Valencia, 2022.

–Derechos sucesorios del cónyuge y reglamento sucesorio de la unión europea, Tirant lo Blanch, Valencia, 2021.

Arroyo i Amayuelas, E.: "Del mandato ordinario al mandato de protección", Revista Jurídica del Notariado, enero-marzo, 2004, pp. 9-62.

Atxutegi Gutiérrez, J.: "El derecho de alimentos sucesorio, ¿alternativa a las legítimas?, Revista Boliviana de Derecho, núm. 35, 2023, pp. 126-147.

Barba, V.: "Las condiciones que refuerzan la voluntad testamentaria", en Condiciones y negocios jurídicos mortis causa, (dir. por A. Cañizares Laso), Tirant lo Blanch, Valencia, 2023, pp. 99-136.

– "El art. 12 de la Convención sobre los derechos de las personas con discapacidad de Nueva York, de 13 de diciembre de 2006", en La discapacidad: una visión integral y práctica de la Ley 8/2021, de 2 de junio (dir. por J. R. De Verda), Tirant lo Blanch, Valencia, 2022, pp. 23-55.

– "Capacidad para otorgar testamentos, legitimarios y protección de las personas con discapacidad", La Ley Derecho de Familia, núm. 31 (Monográfico: La reforma civil y procesal de la discapacidad. Un tsunami en el ordenamiento jurídico (coord. por M. P. García Rubio), 2021, pp. 34-69.

– "Testamento y actos de última voluntad en el Derecho italiano", Derecho Privado y Constitución, núm. 35, julio-diciembre, 2019, p. 11-55.

Barrio Gallardo, A.: El largo camino hacia la libertad de testar de la legítima al derecho sucesorio de alimentos, Dykinson, Madrid, 2012.

Berrocal Lanzarot, A. I.: "Las medidas voluntarias de apoyo en la Ley 8/2021, de 2 de junio: los poderes y mandatos preventivos", Revista Crítica de Derecho Inmobiliario, núm. 786, 2021, pp. 2392-2442.

– "La cautela socini: caracterización y alcance de su validez testamentaria", Actualidad Civil, 2014, núm. 12, Sección Estudios de Jurisprudencia, Wolters Kluwer, p. 3 y ss.

Bustos Lago, J. M.: "Presentación", en El nuevo sistema de apoyo a las personas con discapacidad y su incidencia en el ejercicio de su capacidad jurídica (coord. por N. Álvarez Lata), Thomson Reuters Aranzadi, Cizur Menor, 2022, pp. 15-17.

Cabezuelo Arenas, A. L.: "Por qué no se ha reformado el art. 756.7 CC sancionando con indignidad la omisión de un trato digno al discapacitado, imitando el ejemplo de otros ordenamientos?", en Contribuciones para una reforma de la discapacidad: Un análisis transversal del apoyo jurídico a la discapacidad (coord. por E. Muñiz Espada), 2020 Wolters Kluwers, Barcelona, 2020, pp. 365-395.

Calaza López, S.: "Incógnitas procesales persistentes en el nuevo escenario sustantivo de la discapacidad", Revista de Derecho Civil, vol. IX, núm. 3, julio-septiembre, 2022, pp. 53-85.

Cámara Lapuente, S.: "Art. 782 CC", en Comentarios del Código Civil (dir. por M. P. García Rubio), Tirant lo Blanch, Valencia.

Cañizares Laso, A.: "Legítimas y libertad de testar", en Estudios de Derecho de sucesiones, Liber Amicorum T.F. Torres García (dir. por A. Domínguez Luelmo, y M. P. García Rubio), La Ley, Madrid, 2014, pp. 245-270.

Carrasco Perera, Á.: "Contratación por discapacitados con y sin apoyos", en El nuevo sistema de apoyo a las personas con discapacidad y su incidencia en el ejercicio de su capacidad jurídica (coord. por N. Álvarez Lata), Thomson Reuters Aranzadi, Cizur Menor, 2022, pp. 239-276.

– "Brújula para navegar la nueva contratación con personas con discapacidad, sus guardadores y curadores", Centro de Estudios de Consumo. Publicaciones Jurídicas, 2021.

Carrau Carbonell, J. M.: "Las limitaciones a la libertad de testar y la injusta asignación legitimaria al cónyuge viudo en el siglo XXI: propuesta de soluciones prácticas", Tribuna, Instituto de Derecho Iberoamericano, 2019.

Carrión Olmos, S.: "Conviviente de hecho y sucesión testamentaria: reflexiones desde la obsolescencia del régimen de legítimas", Revista Boliviana de Derecho, 2020, núm. 30, pp. 364-391.

Castán Pérez-Gómez, S.: "La curatela ¿una nueva institución?, en *Ejercicio de la capacidad jurídica por las personas con discapacidad tras la Ley 8/2021, de 2 de junio* (dir. por M. Pereña Vicente y Mª. del M. Heras Hernández), Tirant lo Blanch, Valencia, 2022, pp. 219-256.

Castillo López de Medrano-Villar, I.J.: "La donación mortis causa", en Dolencias del Derecho civil de sucesiones. 130 años después de la aprobación del Código Civil (dir. por P. M. Estellés Peralta), Tirant lo Blanch, Valencia, 2022, pp. 505-527.

Cerdeira Bravo de Mansilla, G.: "Prohibición legal de testar para las personas con discapacidad en el ejercicio de su capacidad jurídica", Revista Jurídica del Notariado, núm. 113, julio-diciembre, 2021, pp. 91-157.

Cervilla Garzón, M. D.: "La sustitución fideicomisaria y las personas con discapacidad", en Un nuevo orden jurídico para las personas con discapacidad (dir. por G. Cerdeira Bravo de Mansilla y M. García Mayo), Bosch-Wolters Kluwer, Madrid, 2017, pp. 691-706.

– "Planteamiento de una reforma de la sucesión intestada", en Dolencias del Derecho civil de sucesiones. 130 años después de la aprobación del Código Civil español (dir. por P. M. Estellés Peralta), Tirant lo Blanch, Valencia, 2022, pp. 613-652.

Checa Martínez, M.: "Instituciones jurídicas de Estate Planning internacional: La protección transfronteriza del patrimonio familiar", en De los retos a las oportunidades en el derecho de familia y sucesiones internacional, (dir. por B. Campuzano et al.), Tirant lo Blanch, Valencia, 2023, pp. 139-172.

Clemente Meoro, M.: "Nuevas líneas jurisprudenciales en materia sucesoria", en Derecho de Sucesiones (dir. por J. Alventosa y M. E. Cobas), Tirant lo Blanch, Valencia, 2017, pp. 89-144.

Cobas Cobiella, M. E.: "Hacia un nuevo enfoque de las legítimas», Revista de Derecho Patrimonial, 2006, núm. 17, pp. 49-65.

Cuadrado Pérez, C.: "Modernas perspectivas en torno a la discapacidad", Revista Crítica de Derecho Inmobiliario, núm. 777, 2020, pp. 13-90.

De Amunátegui Rodríguez, C.: "Las medidas voluntarias de apoyo", en La discapacidad: una visión integral y práctica de la Ley 8/2021, de 2 de junio (dir. por J. R. De Verda), Tirant lo Blanch, Valencia, 2022, pp. 107-144.

– "Tratamiento de la discapacidad en la regulación de la sucesión en el Código Civil", en Dolencias del Derecho civil de sucesiones. 130 años después de la aprobación del Código Civil (dir. por P. M. Estellés Peralta), Tirant lo Blanch, Valencia, 2022, pp. 411-469.

– "Comentario al art. 255 CC", en Comentarios a la Ley 8/2021 por la que se reforma la legislación civil y procesal en materia de discapacidad, (dir. por C. Guilarte Martín-Calero), Thomson Reuters Aranzadi, Cizur Menor, 2021, pp. 571-575.

– "Comentario al art. 663 CC", en Comentarios a la Ley 8/2021 por la que se reforma la legislación civil y procesal en materia de discapacidad, (dir. por C. Guilarte Martín-Calero), Thomson Reuters Aranzadi, Cizur Menor, 2021, pp. 879-887.

– "Veintiocho. El artículo 665 CC", en Comentarios a la Ley 8/2021 por la que se reforma la legislación civil y procesal en materia de discapacidad, (dir. por C. Guilarte Martín-Calero), Thomson Reuters Aranzadi, Cizur Menor, 2021, pp. 887-893.

– "Comentario al artículo segundo. Modificación del Código Civil. Treinta y siete. Se suprime el artículo 776", en Comentarios a la Ley 8/2021 por la que se reforma la legislación civil y procesal en materia de discapacidad, (dir. por C. Guilarte Martín-Calero), Thomson Reuters Aranzadi, 2021, pp. 927-933.

– "Comentario a los arts. 782, 808 y 813 CC", en Comentarios a la Ley 8/2021 por la que se reforma la legislación civil y procesal en materia de discapacidad, (dir. por C. Guilarte Martín-Calero), Serie Derecho de la Discapacidad, Vol. III, Thomson Reuters Aranzadi, 2021, pp. 936 y ss.

– "Se da una nueva redacción a los párrafos primero y segundo del artículo 822 CC", en Comentarios a la Ley 8/2021 por la que se reforma la legislación civil y procesal en materia de discapacidad, 3, (dir. por C. Guilarte Martín-Calero), Thomson Reuters Aranzadi, Navarra, 2021, pp. 953-958.

– "El protagonismo de la persona con discapacidad en el diseño y gestión del sistema de apoyo", en Claves para la adaptación del ordenamiento jurídico privado a la Convención de Naciones Unidas en materia de discapacidad (dir. por S. De Salas Murillo y M. V. Mayor del Hoyo), Tirant lo Blanch, Valencia, 2019, pp. 125-163.

– "Testamento otorgado por personas que sufren discapacidad psíquica o tienen su capacidad modificada judicialmente", Revista de Derecho Privado, julio-agosto, 2018, pp. 21 y ss.

– "Aspectos controvertidos del legado de habitación previsto por el artículo 822 del Código civil", en Estudios de Derecho de Sucesiones. Liber Amicorum T.F. Torres García (dir. por A. Domínguez Luelmo y M. P. García Rubio), La Ley, Wolters Kluwer, 2014, pp. 143-164.

– Incapacitación y mandato, La Ley, Madrid, 2008.

De Bettencourt Rodrigues, D.: "Autonomía personal, autodeterminación sucesoria y financiación del cuidado de las personas mayores en el derecho portugués", Revista Boliviana de Derecho, núm. 38, 2024, pp. 260-295.

De Castro, F.: Derecho Civil de España, vol. II, Civitas, Madrid, 1984.

De Fuentes García-Romero de Tejada, C.: "Sobre el concepto jurídico de persona con discapacidad y la noción de apoyos necesarios", Revista Española de Discapacidad, 4 (2), 2016, pp. 81-99.

De La Cámara Álvarez, M.: Comentario a los arts. 1058 a 1060 CC", en Comentario del Código Civil, T. I, Ministerio de Justicia, 2011, p. 2493.

De La Esperanza Rodríguez, P.: "Perspectiva de la legítima. Notas para una posible revisión", en Libro Homenaje a Ildefonso Sánchez Mera, VI, Colegios Notariales de España, Madrid, 2002, pp. 1097-1116.

De Lorenzo García, R. y Pérez Bueno, L. C.: Fundamentos del derecho de la discapacidad, Thomson Reuters, Aranzadi, Cizur Menor, 2020.

De Lorenzo, R. y Palacios, A.: "Discapacidad, derechos fundamentales y protección constitucional", en Los derechos de las personas con discapacidad. vol. 1 Aspectos jurídicos (dir. por J. Laorden), Consejo General del Poder Judicial, Madrid, 2007, p. 1 y ss.

De Salas Murillo, S.: "Comentario al art. 278 CC", en Comentarios al Código Civil (coord. por R. Bercovitz), Thomson Reuters Aranzadi, Cizur Menor, 2021, p. 514.

– Comentario al art. 276 CC", en Comentarios a la Ley 8/2021 por la que se reforma la legislación civil y procesal en materia de discapacidad, (dir. por C. Guilarte Martín-Calero), Serie Derecho de la Discapacidad, Vol. III, Thomson Reuters Aranzadi, 2021, pp. 745-755.

– "¿Existe un derecho a no recibir apoyos?", Revista Crítica de Derecho Inmobiliario, núm. 780, 2020, pp. 2227-2268.

– "Reconsideración de la prohibición de suceder: el caso del tutor o curador", Derecho Privado y Constitución, 35, julio-diciembre, 2019, pp. 57-85.

– "Significado jurídico del 'apoyo en el ejercicio de la capacidad jurídica' de las personas con discapacidad: presente tras diez años de Convención", Revista Doctrinal Aranzadi Civil-Mercantil, núm. 5, 2018.

De Verda y Beamonte, J. R.: "La guarda de hecho de las personas con discapacidad", en El nuevo sistema de apoyo a las personas con discapacidad y su incidencia en el ejercicio de su capacidad jurídica (coord. por N. Álvarez Lata), Thomson Reuters Aranzadi, Cizur Menor, 2022, pp. 81-124.

– "Principios inspiradores de la reforma en materia de discapacidad, interpretados por la reciente jurisprudencia", en La discapacidad: una visión integral y práctica de la Ley 8/2021, de 2 de junio (dir. por J. R. De Verda), Tirant lo Blanch, Valencia, 2022, pp. 56-106.

– "Usufructo testamentario de disponer en caso de necesidad apreciada según conciencia", en Dolencias del Derecho civil de sucesiones. 130 años después de la aprobación del Código Civil (dir. por P. M. Estellés Peralta), Tirant lo Blanch, Valencia, 2022, pp. 471-503.

– “Primeras resoluciones judiciales aplicando la Ley 8/2021, de 2 de junio en materia de discapacidad”, Diario La Ley, núm. 10021, 3 de marzo 2022.

Delgado Echeverria, J.: “Autonomía privada y Derecho de sucesiones”, en Autonomía de la Voluntad en el Derecho Privado: Estudios en conmemoración del 150 aniversario de la Ley del Notariado, 1, Derecho de la Persona, familia y sucesiones” (coord. por L. Prats Alventosa), Wolters Kluwer, Madrid, 2012, pp. 513-640.

– “¿Qué reformas cabe esperar en el Derecho de Sucesiones del Código Civil? (Un ejercicio de prospectiva)”, El Cronista del Estado Social y Democrático de Derecho, núm. 3, 2009, pp. 33-48.

– “Una propuesta de política del derecho en materia de sucesiones por causa de muerte”, en Derecho de Sucesiones. Presente y futuro. (XII Jornadas de la Asociación de Profesores de Derecho Civil). Servicio de Publicaciones de la Universidad de Murcia, 2006, pp. 13-172.

Diaz Alabart, S.: “Derecho de sucesiones y discapacidad”, en El nuevo sistema de apoyo a las personas con discapacidad y su incidencia en el ejercicio de su capacidad jurídica (coord. por N. Álvarez Lata), Thomson Reuters Aranzadi, Cizur Menor, 2022, pp. 191-238.

– “Nuevas tendencias en torno a la responsabilidad del heredero por las deudas del causante y las cargas de la herencia”, Revista de Derecho Privado, marzo-abril, 2021, p. 4 y ss.

– El testamento ológrafo de las personas mayores dependientes. Problemas y soluciones, Reus, Madrid, 2018.

– “Comentario al art. 752 CC”, en Comentario del Código Civil, T. I, Ministerio de Justicia, 2011, pp. 1856-1858.

– “Comentario al art. 753 CC”, en Comentario del Código Civil, T. I, Ministerio de Justicia, 2011, pp. 1859 y ss.

– “El discapacitado y la tangibilidad de la legítima: fideicomiso, exención de colación y derecho de habitación”, Revista Doctrinal Aranzadi Civil-Mercantil, núm. 3, 2006.

Domínguez Luelmo, A.: “Disposiciones transitorias”, en Comentarios a la Ley 8/2021 por la que se reforma la legislación civil y procesal en materia de discapacidad (dir. C. Guilarte-Martín Calero), Thomson Reuters Aranzadi, CizurMenor, 2021, 1483-1516.

– “Las personas con capacidad modificada judicialmente y los menores ante la partición hereditaria: Derecho transitorio”, en Un nuevo derecho para las personas con discapacidad (dir. por G. Cerdeira Bravo y L. B. Pérez Gallardo), 2021, p. 343-368.

Durán Rivacorba, R. y González González, A.: “La responsabilidad de los herederos por deudas del causante” (comunicación sobre la reforma del derecho de sucesiones), en Derecho de Sucesiones. Presente y futuro. (XII Jornadas de la Asociación de Profesores de Derecho Civil). Servicio de Publicaciones de la Universidad de Murcia, 2006, pp. 232 y ss.

Echevarría de Rada, M. T.: “La cautela socini: revisión crítica de su concepción actual”, Revista Crítica de Derecho Inmobiliario, 2020, núm. 781, pp. 2583-2619.

Espejo Lerdo de Tejada, M.: Tendencias reformistas en el Derecho español de sucesiones, Bosch, Madrid, 2010.

– “Comentario al art. 1041 del CC”, en Comentarios al Código Civil (dir. por R. Bercovitz), T. V, Tirant lo Blanch, Valencia, 2013, p. 7510.

– “La colación en el ámbito personal y sus efectos. Colación legal y voluntaria”, Anuario de Derecho Civil, 1992, p. 482, entre otros.

Estellés Peralta, P. M.: “El valor de la conyugalidad: la conveniencia de una revisión de los derechos sucesorios del cónyuge supérstite y su posible discapacidad ante la nueva realidad socio-familiar”, Actualidad Jurídica Iberoamericana, núm. 20 bis, 2024, pp. 554-601.

– “La atribución del uso de la vivienda familiar en las crisis de pareja: análisis legal y jurisprudencial del art. 96.1 CC y propuestas de lege ferenda”. Actualidad Jurídica Iberoamericana, 2023, núm. 19, pp. 200-259.

– “La familia española del siglo XXI: nuevas realidades en la sucesión mortis causa del cónyuge supérstite”, Teoría y Derecho: revista de pensamiento jurídico, 2022, núm. 33, pp. 222-251.

– “La superación del Derecho de sucesiones codificado: reflexiones sobre la conveniencia de una reforma”, en Dolencias del Derecho civil de sucesiones. 130 años después de la aprobación del Código Civil (dir. por P. M. Estellés Peralta), Tirant lo Blanch, Valencia, 2022, pp. 22-59, en p. 51 y ss.

– “Las disposiciones transitorias en la Ley 8/2021”, en La discapacidad: una visión integral y práctica de la Ley 8/2021, de 2 de junio (dir. por J. R. De Verda), Tirant lo Blanch, Valencia, 2022, pp. 791-812.

– “El concepto de vulnerabilidad: análisis legal y constitucional”, en Vivienda y colectivos vulnerables (dir. por M. D. Cervilla Garzón e I. Zurita Martín), Thomson Reuters, Aranzadi, Navarra, 2022, pp. 163-190.

Fernández Campos, J. A.: "¿El usufructo como legítima del cónyuge viudo?", en Las legítimas y la libertad de testar. Perfiles críticos y comparados (coord. por J. P. Murga y C. Hornero), Aranzadi, Cizur Menor, 2019, pp. 437-462.

Fernández De Buján, A.: "La Ley 8/2021, para el apoyo a las personas con discapacidad en el ejercicio de su capacidad jurídica: un nuevo paradigma de la discapacidad", Diario La Ley, núm. 9961, Sección Tribuna, 2021.

Galicia Aizpurua, G.: "Las legítimas en la propuesta de reforma de la Asociación de profesores de Derecho civil", en Retos y oportunidades del Derecho de sucesiones (dir. por C. Villó Travé), Thomson Reuters Aranzadi, Cizur menor, 2019, pp. 47-74.

– "En torno a la revisión de las legítimas: casos vasco y estatal", Indret, núm. 4, 2017, pp. 1 y ss.

– Legítima y troncalidad, la sucesión forzosa en el Derecho de Bizkaia, Marcial Pons, Madrid, 2002.

García Herrera, V.: "Los poderes preventivos: cuestiones derivadas de su configuración como medida de apoyo preferente y de su articulación en torno a la figura contractual del mandato", en *Ejercicio de la capacidad jurídica por las personas con discapacidad tras la Ley 8/2021, de 2 de junio* (dir. M. Pereña Vicente y Mª. del M. Heras Hernández), Tirant lo Blanch, Valencia, 2022, pp. 362-364.

García Rubio, M. P. y Torres Costas, E.: "Comentario al art. 249", en Comentario articulado a la reforma civil y procesal en materia de discapacidad (dir. por M. P. García Rubio y M. J. Moro Almaraz), Civitas Thomson Reuters, Madrid, 2022, pp. 313 y ss.

García Rubio, M P.: "La reforma operada por la Ley 8/2021 en materia de apoyo a las personas con discapacidad: planteamiento general de sus aspectos civiles", en El nuevo Derecho de las capacidades. De la incapacitación al pleno reconocimiento (dir. por E. Llamas Pombo, N. Martínez Rodríguez y E. Toral Lana), Wolters Kluwer, La Ley, Madrid, 2022, pp. 47-78.

– "Comentario al art. 1291 CC", en Comentario articulado a la reforma civil y procesal en materia de discapacidad, Aranzadi, 2022, p. 628 y ss.

– "Presentación del monográfico" en La reforma civil y procesal de la discapacidad. Un tsunami en el ordenamiento jurídico (dir. por M. P. García Rubio), La Ley Derecho de Familia, núm. 31, julio-septiembre de 2021.

– "Notas sobre el propósito y el significado del Anteproyecto de Ley por el que se reforma la legislación civil y procesal para el apoyo a las personas con discapacidad en el ejercicio de su capacidad jurídica", en Jornadas sobre el nuevo modelo de la discapacidad, (coord. por M. C. Gete-Alonso), Marcial Pons, 2020, pp. 39-62.

– "Algunas propuestas de reforma del Código Civil como consecuencia del nuevo modelo de discapacidad. En especial en materia de sucesiones, contratos y responsabilidad civil", Revista de Derecho Civil, vol. V, núm. 3, 2018.

– "Las medidas de apoyo de carácter voluntario, preventivo o anticipado", Revista de Derecho Civil, núm. 3, 2018, pp. 29-60.

Gete Alonso y Calera, M. C.: "Conceptuación de la capacidad: del paternalismo a la autonomía", en Un nuevo derecho para las personas con discapacidad (dir. por G. Cerdeira Bravo De Mansilla), Olejnik, Santiago de Chile, 2021, pp. 25-48.

Gómez Laplaza, C. y Díaz Alabart, C.: "La capacidad testamentaria de los incapacitados", en Estudios de Derecho de Sucesiones. Liber Amicorum T. F. Torres García (dir. por A. Domínguez Luelmo y M. P. García Rubio), La Ley, 2014, pp. 529-546.

González Meneses García-Valdecasas, M.: Instituciones de Derecho Privado, (coord. por J. F. Delgado de Miguel) vol. 3, t. 2, Civitas, Madrid, 2001, pp. 575-938.

Guilarte Martín-Calero, C.: "Las grandes líneas del nuevo sistema de apoyos regulado en el Código Civil Español", en Nuevos sistemas de apoyo a las personas con discapacidad y su incidencia en el ejercicio de su capacidad jurídica (coord. por N. Álvarez Lata), Thomson Reuters Aranzadi, Cizur Menor, 2022, pp. 21-80.

– "Comentario al art. 249 CC", en Comentarios a la Ley 8/2021 por la que se reforma la legislación civil y procesal en materia de discapacidad, (dir. por C. Guilarte Martín-Calero), Thomson Reuters Aranzadi, Cizur Menor, 2021, pp. 511-526.

– "Artículo 250 CC", en Comentarios a la Ley 8/2021 por la que se reforma la legislación civil procesal en materia de discapacidad (dir. por C. Guilarte), Thomsom Reuters Aranzadi, Cizur Menor, 2021, vol. III, pp. 527-552.

– El derecho a la vida familiar de las personas con discapacidad, Reus, Madrid, 2019.

Heras Hernández, M. del M.: "El régimen transitorio en la reforma de la legislación civil y procesal para el apoyo al ejercicio de la capacidad jurídica", en Ejercicio de la capacidad jurídica por las personas con discapacidad tras la Ley 8/2021, de 2 de junio (dir. por M. Pereña Vicente y M. del M. Heras Hernández), Tirant lo Blanch, Valencia, 2022, p. 407-445.

Irurzun Goicoa, D.: "La cautela socini y la práctica notarial", El notario del siglo XXI, 2011, núm. 37, pp. 158-161.

Lacruz Berdejo, J. L.: Elementos de Derecho Civil, Dykinson, Madrid, 2009.

Lama Aymá, A.: Libertad de testar y memorias testamentarias, Tirant Lo Blanch, Valencia, 2016.

Llamas Pombo, E.: "La responsabilidad civil de las personas con discapacidad", en El nuevo sistema de apoyo a las personas con discapacidad y su incidencia en el ejercicio de su capacidad jurídica (coord. por N. Álvarez Lata), Thomson Reuters Aranzadi, Cizur Menor, 2022, pp. 277-300.

Lledó Yagüe, F.: "Reforma del sistema legitimario y el principio de libertad de testar", en El patrimonio sucesorio. Reflexiones para un debate reformista, (dir. por F. Lledó Yagüe, et al.), Dykinson, Madrid, 2014.

Lledó Yagüe, F.: Compendio de Derecho Civil, Dykinson, Madrid, 1998.

López Doblas, J.: "Las Mujeres Viudas en España". Research on Ageing and Social Policy, 2016, núm. 4 (1), pp. 22-44.

López López, M. T.; González Hincapié, V.; y Sánchez Fuentes, J.: Personas mayores y solidaridad intergeneracional en la familia. El caso español, Cinca, Madrid, 2015.

Lora Tamayo Rodríguez, I.: Reforma civil y procesal para el apoyo a personas con discapacidad, Francis Lefebre, Madrid, 2021.

– "Algunas aplicaciones notariales en la Ley de apoyo a las personas con discapacidad en el ejercicio de su capacidad jurídica", El notario del siglo XXI, núm. 99, 2021, pp. 18-26.

Luna Serrano, A.: "Unas breves reflexiones para una reforma del derecho sucesorio en el contexto de la realidad actual", en El patrimonio sucesorio. Reflexiones para un debate reformista (dir. por F. Lledó Yagüe, M. P. Ferrer Vanrell y J. A. Torres Lana), Dykinson, Madrid, 2014.

Magariños Blanco, V.: Libertad para ordenar la sucesión. Libertad de testar, Dykinson, Madrid, 2022.

– "Comentarios al Anteproyecto de Ley para la reforma del Código Civil sobre discapacidad", Revista de Derecho Civil, vol. V, julio-septiembre, 2018, pp. 207 y ss.

– "Libertad de testar. Una reforma necesaria", en Autonomía de la voluntad en el Derecho Privado, T.I, Derecho de la persona, familia y sucesiones, Consejo General del Notariado, Madrid, 2012, pp. 641-690.

– "La libertad de testar", Revista de Derecho Privado, 2005, núm. 89, pp. 3-30.

Marín Calero, C.: La integración de las personas con discapacidad en el Derecho Civil. Una crítica constructiva a la Ley 8/2021, Aferre, Barcelona, 2022.

Mariño Menéndez, F.: "Introducción y aproximación a la noción de persona y grupo vulnerable en el Derecho europeo", en La protección de las personas y grupos vulnerables en el derecho europeo" (dir. por F. M., Mariño Menéndez y C. R. Fernández Liesa), Universidad Carlos III, Madrid, 2001, pp. 19-26.

Martínez de Aguirre Aldaz, C.: "Autonomía, apoyos y protección en la reforma del Código civil sobre discapacidad psíquica", Diario La Ley, núm. 9851, 2021, pp. 1-9, en pp. 6 y 7.

– "La Observación General Primera del Comité de Derechos de las Personas con Discapacidad: ¿interpretar o corregir?", en Un nuevo orden jurídico para las personas con discapacidad (dir. por G. Cerdeira Bravo de Mansilla y García Mayo, M.), Bosch, Madrid, 2021, pp. 105 y ss.

Martínez Martínez, M: "Sucesión intestada, atribuciones ex lege y protección de las personas con discapacidad", en Derecho de sucesiones y discapacidad: retos y cuestiones problemáticas, Fundación Coloquio Jurídico Europeo, Madrid, 2020, pp. 152 y ss.

Martínez Ortega, J. C.: "El facilitador: herramienta fundamental en la defensa de las personas con discapacidad", El Notario del siglo XXI, enero/febrero 2022, pp. 36 y ss.

Martínez Velencoso, M. L.: "Aspectos sustantivos del derecho hereditario", en Derecho de sucesiones (dir. por J. Alventosa del Río y M. E. Cobas Cobiella), Tirant lo Blanch, Valencia, 2017, pp. 149-725.

– "Caracterización y alcance de la 'Cautela Socini' contenida en el testamento", Revista Aranzadi Doctrinal, núm. 6 (octubre 2014), 2014, pp. 157-175.

Martos Calabrús, M. A.: "Constitución del derecho de habitación del legitimario discapacitado", en Vivienda y colectivos vulnerables (dir. por M. D. Cervilla Garzón e I. Zurita Martín), Thomson Reuters, Aranzadi, Navarra, 2022, pp. 297-327.

Mingorance Gosálvez, C.: "La sucesión mortis causa de la vivienda familiar y fallecimiento de uno de los cónyuges o unidos de hecho", Actualidad Jurídica Iberoamericana, 2023, núm. 19, pp. 600-629.

– "Las legítimas en el Derecho Civil común" en Derecho de sucesiones contemporáneo. Aspectos civiles y fiscales (dir. por C. Lasarte), Tirant lo Blanch, 2020, pp. 71-11.

Moreu Ballonga, J. L.: "El sistema legitimario en la ley aragonesa de sucesiones", Actas del Foro de Derecho Aragonés, Decimoquintos Encuentros, El Justicia de Aragón, Zaragoza, 2006.

– "Aportación a la doctrina sobre la legítima aragonesa en contemplación de su futura reforma legal", Anuario de Derecho Civil, tomo I (Revista de Derecho Civil Aragonés, III 1997-1.

Moro Almaraz, M. J.: "La tramitación legislativa de la Ley 8/2021", en La reforma civil y procesal de la discapacidad. Un tsunami en el ordenamiento jurídico (dir. por M. P. García Rubio), La Ley Derecho de Familia núm. 31, julio-septiembre de 2021, p. 10 y ss.

Núñez Núñez, M.: "La aceptación de la herencia y la intervención en la partición", en Ejercicio de la capacidad jurídica por las personas con discapacidad tras la Ley 8/2021, de 2 de junio (dir. por M. Pereña Vicente y M. del M. Heras Hernández), Tirant lo Blanch, Valencia, 2022, pp. 587-610.

Ordás Alonso, M.: La institución tutelar como mecanismo de protección jurídica de menores e incapacitados, Ministerio de Trabajo y Asuntos Sociales, Madrid, 2008.

Ortuño Muñoz, J. P.: "La mediación en el ámbito familiar", Revista Jurídica de Castilla y León, 2013, núm. 29, pp. 1-23.

Palazón Garrido, M. L.: "El abuso de debilidad, confianza o dependencia", en Derecho Contractual Comparado (dir. por I. Sánchez), vol. I, Civitas Thomson Reuters, 2016, p. 1303 y ss.

Palomino Diez, I.: "Comentario al art. 252 CC", en Comentarios a la Ley 8/2021 por la que se reforma la legislación civil y procesal en materia de discapacidad, (dir. C. Guilarte Martín-Calero), Serie Derecho de la Discapacidad, Vol. III, Thomson Reuters Aranzadi, 2021, pp. 557-561.

Parra Lucán, M. A.: "Legítimas, libertad de testar y transmisión de un patrimonio", Anuario da Faculta de Dereito da Universidade da Coruña, núm. 13, 2009, pp. 481-554.

Pau Pedrón, A.: "De la incapacitación al apoyo: el nuevo régimen de discapacidad intelectual en el Código Civil", Revista de Derecho Civil, 2018, núm. 5, julio-septiembre, pp. 5-28.

Pereña Vicente, M.: "La curatela: los nuevos estándares de intervención, nombramiento, remoción y actuación tras la Ley 8/2021, en El nuevo sistema de apoyo a las personas con discapacidad y su incidencia en el ejercicio de su capacidad jurídica (coord. por N. Álvarez Lata), Thomson Reuters Aranzadi, Cizur Menor, 2022, pp. 125-160,

– "Una contribución a la interpretación del régimen jurídico de las medidas de apoyo en el ejercicio de la capacidad jurídica consagradas en la ley 8/2021, de 2 de junio", en El ejercicio de la capacidad jurídica por las personas con discapacidad tras la Ley 8/2021, de 2 de junio, Tirant lo Blanch, 2022, pp. 125-159.

– "La protección jurídica de adultos: el estándar de intervención y el estándar de actuación: entre el interés y la voluntad", en *La voluntad de la persona protegida. Oportunidades, riesgos y salvaguardias* (dir. M. Pereña Vicente), Dykinson, Madrid, 2019, pp. 119- 141.

– "Derechos fundamentales y capacidad jurídica. Claves para una propuesta de reforma legislativa", Revista de Derecho Privado, julio/agosto 2016, pp. 9 y ss.

Pérez Bueno, L. C.: "La configuración jurídica de los ajustes razonables", en (dir. por L. C. Pérez Bueno, L. C.), 2003-2012: 10 años de legislación sobre no discriminación de personas con discapacidad en España. Estudios en homenaje a Miguel Ángel Cabra de Luna. Cinca, Madrid, 2012.

Pérez Díaz, J.: "Poder tener abuelos: la normalización demográfica española". En II Congreso: La familia en la sociedad del siglo XXI. Libro de ponencias. FAD. 2004.

Pérez Escolar, M.: "Sucesión intestada y legítima del cónyuge supérstite en el Código civil español. Revisión de fundamentos y planteamiento de fututo", Anuario de Derecho Civil, vol. 60, núm. 4, 2007, pp. 1641-1678.

– "Sucesión del cónyuge supérstite. Perspectiva histórica del Derecho romano a la época de las Recopilaciones", Revista Crítica de Derecho Inmobiliario, 2004, núm. 685, pp. 2711-2777.

– El cónyuge supérstite en la sucesión intestada, Dykinson, Madrid, 2003.

Pérez Gallardo, L. B.: "El testador vulnerable y las influencias indebidas. Los antídotos que dispensa el artículo 753 del Código civil (a propósito de la Reforma sobre la capacidad jurídica en el derecho)", en *Ejercicio de la capacidad jurídica por las personas con discapacidad tras la Ley 8/2021, de 2 de junio* (dir. M. Pereña Vicente y Mª. del M. Heras Hernández), Tirant lo Blanch, Valencia, 2022, pp. 555-585.

Porxas Roig, M. A.: El dogma de las capacidades y la racionalidad. Un análisis crítico sobre el tratamiento jurídico de las personas diagnosticadas con problemas de salud mental, Centro de Estudios Políticos y Constitucionales, Madrid, 2022, pp. 30 y ss.

Puig Ferriol, L.: "Comentario al art. 662 CC", en Comentario del Código Civil (dir. por C. Paz Ares, L. Diez Picazo, et al.), Tomo I, Ministerio de Justicia, 2011, pp. 1668 y ss., en p. 1668.

Rabanete Martínez, I. J.: "Nuevo paradigma de los poderes y mandatos preventivos", en Entre persona y Familia, (J.R. De Verda y G. Carapezza, dirs.), Reus, Madrid, 2023 pp. 461-486.

– "El problema de la interposición real de persona: contrato fiduciario y representación indirecta", Cuadernos Jurídicos del Instituto de Derecho Iberoamericano, 2020, pp. 1-173.

Rams Albesa, J.: "Las deudas de la herencia: una vieja cuestión pendiente", en Derecho de Sucesiones. Presente y futuro. (XII Jornadas de la Asociación de Profesores de Derecho Civil). Servicio de Publicaciones de la Universidad de Murcia, 2006, pp. 463 y ss.

Represa Polo, M. P.: "Veintinueve. El artículo 695 CC", en Comentarios a la Ley 8/2021 por la que se reforma la legislación civil y procesal en materia de discapacidad, (dir. por C. Guilarte Martín-Calero), Thomson Reuters Aranzadi, Cizur Menor, 2021, pp. 893-900.

– "Treinta y uno. El artículo 706 CC", en Comentarios a la Ley 8/2021 por la que se reforma la legislación civil y procesal en materia de discapacidad, (dir. por C. Guilarte Martín-Calero), Thomson Reuters Aranzadi, Cizur Menor, 2021, pp. 900-906.

– "Treinta y cinco. El artículo 753 CC", en Comentarios a la Ley 8/2021 por la que se reforma la legislación civil y procesal en materia de discapacidad, (dir. por C. Guilarte Martín-Calero), Thomson Reuters Aranzadi, Cizur Menor, 2021, pp. 906-919.

– "Treinta y seis. El artículo 756 CC", en Comentarios a la Ley 8/2021 por la que se reforma la legislación civil y procesal en materia de discapacidad, (dir. por C. Guilarte Martín-Calero), Thomson Reuters Aranzadi, Cizur Menor, 2021, pp. 919-927.

– "Cuarenta y dos. El artículo 996 CC", en Comentarios a la Ley 8/2021 por la que se reforma la legislación civil y procesal en materia de discapacidad, (dir. por C. Guilarte Martín-Calero), Thomson Reuters Aranzadi, Cizur Menor, 2021, pp. 958-965.

– "Cuarenta y tres. Art. 1041 CC", en Comentarios a la Ley 8/2021 por la que se reforma la legislación civil y procesal en materia de discapacidad, (dir. por C. Guilarte Martín-Calero), Thomson Reuters Aranzadi, Cizur Menor, 2021, pp. 965-969.

– "Cuarenta y cuatro. Art. 1052 CC", en Comentarios a la Ley 8/2021 por la que se reforma la legislación civil y procesal en materia de discapacidad, (dir. por C. Guilarte Martín-Calero), Thomson Reuters Aranzadi, Cizur Menor, 2021, pp. 969-980.

– "Cuarenta y cinco. El artículo 1057 CC", en Comentarios a la Ley 8/2021 por la que se reforma la legislación civil y procesal en materia de discapacidad, (dir. por C. Guilarte Martín-Calero), Thomson Reuters Aranzadi, Cizur Menor, 2021, pp. 974-981.

– "Indignidad y desheredación: sanciones civiles en el orden sucesorio", Revista de Derecho Privado, mayo-junio, 2020, p. 104.

Ribot Igualada, J.: "Comentario a los arts. 257 CC", en Comentarios a la Ley 8/2021 por la que se reforma la legislación civil y procesal en materia de discapacidad, (dir. por C. Guilarte Martín-Calero), Thomson Reuters Aranzadi, Cizur Menor, 2021, p. 578-603.

– "Comentario al art. 260 CC", en Comentarios a la Ley 8/2021 por la que se reforma la legislación civil y procesal en materia de discapacidad, (dir. por C. Guilarte Martín-Calero), Thomson Reuters Aranzadi, Cizur Menor, 2021, pp. 629-640.

– "Comentario al art. 262 CC", en Comentarios a la Ley 8/2021 por la que se reforma la legislación civil y procesal en materia de discapacidad, (dir. por C. Guilarte Martín-Calero), Thomson Reuters Aranzadi, Cizur Menor, 2021, pp. 644-647.

Rivera Fernández, M.: “Art. 822 CC”, en Comentarios del Código Civil (dir. por A. Cañizares Laso), Tirant, lo Blanch, Valencia, 2023, p. 3994-4001.

Roca Sastre Muncunill, R. M.: Estudios de Derecho Privado, Obligaciones y Contratos, T. I, Aranzadi, Thomson, 2009.

– “Usufructo con facultad de vender en caso de necesidad”, en Estudios de Derecho Privado, vol. II-Sucesiones, Edersa, Madrid, 1948, pp. 71-84.

Roca Trias, E.: “Una reflexión sobre la libertad de testar”, en Estudios de Derecho de sucesiones, Liber amicorum T.F. Torres García (dir. por A. Domínguez Luelmo y M. P. García Rubio), La Ley, Madrid, 2014, pp. 1245-1266.

Rodríguez Guitián, A. M.: “Artículo 663· CC”, en Comentarios al Código Civil (coord. por A. Cañizares Laso), Tirant lo Blanch, Valencia, 2023, p. 3258.

Royo Martínez, M.: Derecho sucesorio «mortis causa», Edelce, Sevilla, 1951.

Salvador Coderch, P., Lloveras i Ferrer, M. R. y Seuba Torreblanca, J. C.: “Amor et Caritas. La parella de fet en el dret successori català”, Setenes Jornades de Dret Català a Tossa. El nou dret successori de Catalunya, Promociones y Publicaciones Universitarias, Barcelona, 1994, pp. 207-226.

Sánchez de la Torre, A.: “Discapacidad, condición humana y dignidad humana”, en Fundamentos de conocimiento jurídico: la capacidad jurídica (coord. por A. Sánchez de la Torre), Dykinson, Madrid, 2005, pp. 376 y ss.

Sánchez Gómez, A.: “Hacia un nuevo tratamiento jurídico de la discapacidad”, Revista de Derecho Civil, núm. 5, octubre-diciembre 2020, pp. 385-428.

Sánchez Hernández, A.: “¿Reforma de la legítima, en particular la del cónyuge viudo ante su mayor longevidad?, en Dolencias del Derecho civil de sucesiones. 130 años después de la aprobación del Código Civil español (dir. por P. M. Estellés Peralta), Tirant lo Blanch, Valencia, 2022, pp. 193-269.

– “Aspectos generales de la reforma del Código Civil relativa a las personas con discapacidad intelectual en el ejercicio de su capacidad jurídica” Revista Boliviana de Derecho, núm. 33, enero 2022, pp. 14-51.

– "Consideraciones sobre la reforma de la legislación civil en materia de discapacidad: de la incapacitación al apoyo", REDUR 19, diciembre 2021, pp. 23-55.

– El usufructo universal vidual y el artículo 820.3 del CC, Thomson Reuters Aranzadi, Navarra, 2020.

– "Legitima y libertad de testar", en Derecho Civil. Octavo centenario de la Universidad de Salamanca, Tirant lo Blanch, Valencia, 2018, pp. 1489 a 1500.

Sanz Acosta, L.: "Alcance y validez de la 'cautela socini' en caso de petición injustificada de remoción de albacea", Actualidad Civil, 2014, núm. 12, Sección Fundamentos de Casación.

Sarmiento Ramos, J.: "Comentario al art. 1035 del CC", en Comentario del Código Civil, T. I, Ministerio de Justicia, 2011, p. 2435 y ss.

– "Comentario al art. 1041 CC", en Comentario del Código Civil, T. I, Ministerio de Justicia, 2011, p. 2448 y ss.

Solé Resina, J.: "Apoyos no formalizados en el ejercicio de la capacidad jurídica", en Un nuevo orden jurídico para las personas con discapacidad (dir. por G. Cerdeira y M. García), Bosch, Madrid, 2021, pp. 383-396.

Torres García, T. F. y García Rubio, M. P.: "La libertad de testar: el principio de igualdad, la dignidad de la persona y el libre desarrollo de la personalidad", en Derecho de sucesiones, Fundación Coloquio Jurídico Europeo, Madrid, 2014, pp. 183 y ss.

Torres García, T. F.: "Legítima, legitimarios y libertad de testar (síntesis de un sistema)", en Derecho de Sucesiones. Presente y futuro. (XII Jornadas de la Asociación de Profesores de Derecho Civil). Servicio de Publicaciones de la Universidad de Murcia, Murcia, 2006, pp. 173-230.

Trinidad Núñez, P.: "La evolución en la protección de la vulnerabilidad por el derecho Internacional de los derechos humanos", Revista Española de Relaciones Internacionales. núm. 4.

Uribe Arzate, E. y González Chávez, M. L.: "La protección jurídica de las personas vulnerables", Revista de Derecho, Universidad del Norte, núm. 27, 2007, pp. 205-229.

Vallet De Goytisolo, J. B.: "Cautelas de opción compensatoria de la legítima", en Estudios de Derecho Sucesorio, vol. III. Estudios dispersos sobre las legítimas (dir. por J. B. Vallet De Goytisolo), Montecorvo, Madrid, 1981.

– Estudios sobre donaciones, Montecorvo, Madrid, 1978.

– Limitaciones de Derecho sucesorio a la facultad de disponer, Tomo I. Las legítimas. Instituto Nacional de Estudios Jurídicos, Madrid, 1974.

– "Contenido cualitativo de la legítima de los descendientes en el Código Civil", Anuario de derecho civil, vol. 23, núm. 1, 1970, pp. 9-122.

– "Significado jurídico y social de las legítimas y de la libertad de testar", Anuario de Derecho Civil, 1966, p. 3 y ss.

Valls i Xufré, J. M.: "El papel del notario en el nuevo régimen de apoyos", en *Ejercicio de la capacidad jurídica por las personas con discapacidad tras la Ley 8/2021, de 2 de junio* (dir. por M. Pereña Vicente y Mª. del M. Heras Hernández), Tirant lo Blanch, Valencia, 2022, pp. 85-154.

– El poder preventivo, Tirant lo Blanch, Valencia, 2018.

Vaquer Aloy, A.: "La protección del testador vulnerable", en Estudios de Derecho Privado, OlejniK, Santiago de Chile, 2020, p. 143.

– "Libertad de testar y condiciones testamentarias", InDret: Revista para el análisis del Derecho, 3/julio, 2015.

– "Reflexiones sobre una eventual reforma de la legítima", InDret: Revista para el análisis del Derecho, 2007, núm. 3, pp. 1-25.

Vázquez Lemos, A.: "La cautela socini: una duda existencial", en Derecho de sucesiones: antiguas y nuevas controversias, (coord. por M. Fuenteseca y L. Noriega), Boch, Barcelona, 2020, pp. 455-475.

Yañez Rivero, F.: "The 2006 New York Convention and obligations of persons with disabilities: liability for damages within the scope of Civil Law and Common Law", Comunitania. Revista Intenacional de Trabajo Social y Ciencias Sociales, núm. 3, 2012, pp. 12 y ss.

Zurilla Cariñana, M. A.: "Comentarios al artículo 753 Código Civil", en Comentarios al Código Civil (coord. por R. Bercovitz), Tirant lo Blanch, Valencia, 2023, pp. 5616 y ss.

Zurita Martín, I.: "La protección de la libertad de testar de las personas vulnerables", en La libertad de testar y sus límites (coord. por A. Vaquer Aloy et al.), Marcial Pons, Madrid, 2018, pp. 83-112.